丛书主编　丁见民
丛书副主编　付成双　赵学功

美 洲 史 丛 书

上下求索：美国黑人领袖
杜波依斯的思想历程

张聚国　著

南开大学出版社

天　津

图书在版编目(CIP)数据

上下求索：美国黑人领袖杜波依斯的思想历程 / 张
聚国著. 一天津：南开大学出版社，2023.8
（美洲史丛书 / 丁见民主编）
ISBN 978-7-310-06447-2

Ⅰ. ①上… Ⅱ. ①张… Ⅲ. ①杜波伊斯(Du Bois,
William Edward Burghardt 1868－1963)－政治思想－研究
Ⅳ. ①D097.12

中国国家版本馆 CIP 数据核字(2023)第 125449 号

版权所有　侵权必究

上下求索：美国黑人领袖杜波依斯的思想历程
SHANGXIA QIUSUO：
MEIGUO HEIREN LINGXIU DUBOYISI DE SIXIANG LICHENG

南开大学出版社出版发行
出版人：陈　敬

地址：天津市南开区卫津路 94 号　　邮政编码：300071
营销部电话：(022)23508339　营销部传真：(022)23508542
https://nkup.nankai.edu.cn

天津创先河普业印刷有限公司印刷　全国各地新华书店经销
2023 年 8 月第 1 版　　2023 年 8 月第 1 次印刷
238×170 毫米　16 开本　16.25 印张　4 插页　272 千字
定价：159.00 元

如遇图书印装质量问题，请与本社营销部联系调换，电话：(022)23508339

南开大学中外文明交叉科学中心
资助出版

如果被压迫者站起来抗议，压迫将使压迫者付出惨重代价。

那么，鼓动，兄弟；抗议，揭示真理，拒绝沉默。

一刻的松懈，一刻的沉默，都意味着偏见之狼会咬住我们的脖颈。

——杜波依斯，《危机》杂志第 5 卷第 3 期，1913 年 1 月

这是一种独特的感觉，这种双重意识，这种总是通过别人的眼睛看待自己的感觉，通过用一种幸灾乐祸的蔑视和悲悯的眼光看待黑人的世界的卷尺衡量自己的心灵的感觉。他总是感到有两个他——一个是美国人，一个是黑人，感到他有两个灵魂、两种思想，正进行着两个不可调和的斗争，感到在他的一个黑色的身躯内部存在着两种冲突的理想，只是凭着它顽强的力量才避免了它被撕成碎片。

——杜波依斯，《黑人的灵魂》，1903 年

编者的话

自从 1492 年哥伦布发现"新大陆",美洲开始进入全世界的视野之内。不过,哥伦布认为他所到达的是东方的印度,故误将所到之地称为印度群岛,将当地原住民称为"印地人"。意大利航海家阿美利哥在随葡萄牙船队到南美洲探险后,于 1507 年出版的《阿美利哥·维斯普西四次航行记》中宣布哥伦布所发现的土地并非东方印度,而是一个新大陆。稍后学者为了纪念新大陆的发现,将这一大陆命名为"亚美利加",即美洲。此后很长时期内,欧洲人,无论是西班牙、葡萄牙还是英国、法国的探险家,都将这一大陆称为美洲。葡萄牙航海家费迪南德·麦哲伦,西班牙探险家赫尔南·科尔特斯、弗朗西斯科·皮萨罗,英国探险家弗朗西斯·德雷克、沃尔特·雷利无论在发给欧洲的报告、书信还是出版的行记中,都将新大陆称为美洲。甚至到 18 世纪后期,克雷夫科尔撰写的《一位美国农夫的来信》使用的依然是"America",而法国人托克维尔在 19 世纪 30 年代出版的名著《论美国的民主》也是如此。可以说,在"新大陆"被发现后的数百年中,美洲在欧洲人的观念中都是一个整体。

1776 年,随着英属北美 13 个殖民地的独立,美洲各区域开始走上不同的发展道路。首先独立的美国逐渐发展壮大,西进运动势如破竹,领土扩张狂飙猛进,到 19 世纪中期已经俨然成为美洲大国。接着,原在西班牙、葡萄牙殖民统治之下的广大拉丁美洲地区,也在 19 世纪 20 年代纷纷独立,建立了众多国家。不过,新独立的拉美各国在资源禀赋极为有利的情况下,却未能实现经济快速发展,社会问题丛生,现代化之路崎岖缓慢。现代学者在谈及拉美问题时,屡屡提及"现代化的陷阱"。最后,加拿大在 19 世纪中期经过与英国谈判才获得半独立地位,但此后其"国家政策"不断推进,经济发展和国家建设稳步提升,于 20 世纪初跻身经济发达国家之列。

表面上看,似乎美洲各国因为国情不同、发展道路各异而无法被等同视之，但当历史进入 19 世纪末期以后，美洲一体化的趋势却日渐明显，似乎应了"分久必合"的老话。1890 年 4 月，美国同拉美 17 个国家在华盛顿举行第一次美洲会议，决定建立美洲共和国国际联盟及其常设机构——美洲共和国商务局。1948 年在波哥大举行的第九次美洲会议通过了《美洲国家组织宪章》，联盟遂改称为"美洲国家组织"。这一国际组织包括美国、加拿大与拉丁美洲大部分国家。

除了国际政治联合外，美洲经济一体化也在第二次世界大战后迅速发展。美洲区域经济一体化首先在拉丁美洲开启。拉美一体化协会（Latin American Integration Association）是最大的经济合作组织，其前身是拉丁美洲自由贸易协会，主要成员国包括阿根廷、玻利维亚、巴西、智利、哥伦比亚、厄瓜多尔、墨西哥、巴拉圭、秘鲁、乌拉圭和委内瑞拉。此外，1969 年成立的安第斯条约组织（又称安第斯集团），由玻利维亚、智利、哥伦比亚、厄瓜多尔和秘鲁组成。1994 年，安第斯条约组织正式组建自由贸易区。1997 年，安第斯条约组织更名为安第斯共同体，开始正式运作。与此同时，加勒比共同体、中美洲共同市场、南方共同市场等区域经济一体化组织纷纷出现。其中，1995 年建立的南方共同市场是拉美地区发展最快、成效最显著的经济一体化组织。北美自由贸易区的建立，则是美洲一体化的里程碑。1992 年，美国、加拿大和墨西哥三国正式签署《北美自由贸易协定》。1994 年 1 月 1 日，协定正式生效，北美自由贸易区宣布成立。

时至今日，美洲各国在经济和政治上的联系日益紧密，美洲在政治、经济和文化等诸多方面依然是和欧洲、亚洲、非洲迥然不同的一个区域。无论是被视为一个整体的美洲，还是走上不同发展道路的美洲各国，抑或走向一体化的美洲，都值得学界从历史、文化、外交、经济等多维度、多视角进行深入研究。

南开大学美洲史研究有着悠久的历史和深厚的学术传统。20 世纪二三十年代，曾有世界史先贤从美国学成归来，在南开大学执教美国史，为后来美国史的发展开启先河。不过，南开美国史研究作为一个具有影响的学科则可以追溯到杨生茂先生。先生 1941 年远赴海外求学，师从美国著名外交史学家托马斯·贝利，1947 年回国开始执教南开大学，他培养的许多硕士生和博士生成为国内高校美国史教学和科研的骨干。1964 年，根据周恩来总理的指示，国家高教委在南开大学设立美国史研究室，杨生茂先生任主任。这是中国高校中最早的外国史专门研究机构。此后，历经杨生茂先生、张友伦先生和李剑鸣、赵学功教授三代学人的努力，南开大学美国史学科成为中国美国史研究一个颇具影响的学术点。2000 年，美国历史与文化研究中心成立，成为南开大学历史学院下属的三系三所三中心的机构之一。2017 年，以美国历史与文化研究中心为基础组建的南开大学美国研究中心，有幸入选教育部国别与区域研究（备案）基地，迎来新的发展机遇。不过，南开大学美国研究中心并非仅仅局限于历史学科。南开美国研究在薪火相传中一直都具有跨学科的多维视角特色，这可以追溯到冯承柏先生。冯先生出身于书香世家，数代都是南开学人。他一生博学多才，在美国研究、博物馆学与图书情报等数个领域都建树颇丰，在学界具有重要的影响，他为美国研究进一步开辟了交叉学科的宽广视野。在冯先生之后，南开美国研究的多学科合作传统也一直在延续，其中的领军者周恩来政府管理学院的韩召颖教授、美国研究中心的罗宣老师都是冯先生的杰出弟子。

南开大学拉丁美洲史是国家重点学科"世界史"主要分支学科之一，也是历史学院的特色学科之一。南开大学历史系拉丁美洲史研究室建立于 1964 年，梁卓生先生被任命为研究室主任。1966 年，研究室一度停办。1991 年，独立建制的拉丁美洲研究中心成立，洪国起教授为第一任主任，王晓德教授为第二任主任，董国辉教授为现任主任。2000 年南开大学实行学院制后，拉美研究中心并入历史学院。1999 年，中心成为中国拉丁美洲史研究会秘书处所在地。洪国起教授在 1991－1996 年任该研究会副理事长，1996－1999 年任代理理事长，1999—2007 年任理事长。2007—2016 年，王晓德教授担任研究会理事长，韩琦教授担任常务副理事长；2016 年后，韩琦教授担任理事长，王萍教授、董国辉教授担任副理事长。

此外，加拿大史研究也一直是南开大学世界史学科的重要组成部分。20 世纪 90 年代，张友伦先生带队编著并出版《加拿大通史简编》，开启研究先河。杨令侠、付成双教授分别担任中国加拿大研究会会长、副会长，先后担任南开大学加拿大研究中心主任。南开大学加拿大研究中心是中国加拿大研究的重镇之一，出版了众多加拿大研究成果，召开过数次大型学术研讨会。

深厚的学术传统结出丰硕的学术成果，而"美洲史丛书"就是前述研究成果的一个集中展现。这套丛书计划出版（或再版）18 部学术著作，包括杨生茂编著（朱佳寅、杨令侠编）《美国史学史论译》、张友伦主编《加拿大通史简编》、冯承柏著《美国历史与中美文化交流研究》、洪国起著《拉丁美洲史若干问题研究》、陆镜生著《美国社会主义运动史》、韩铁著《美国历史中的法与经济》、王晓德著《拉丁美洲对外关系史论》、李剑鸣著《文化的边疆：美国印第安人与白人文化关系史论》、韩琦著《拉丁美洲的经济发展：理论与历史》、赵学功著《战后美国外交政策探微》、付成双著《多重视野下的北美西部开发研究》、董国辉著《拉美结构主义发展理论研究》、杨令侠著《加拿大与美国关系史纲》、丁见民著《外来传染病与美国早期印第安人社会的变迁》、张聚国著《上下求索：美国黑人领袖杜波依斯的思想历程》、罗宣著《美国新闻媒体影响外交决策的机制研究》、王翠文著《文明互鉴与当代互动：从海上丝绸之路到中拉命运共同体》与董瑜著《美国早期政治文化史散论》。

　　与其他高校和科研机构的相关成果相比，这套丛书呈现如下特点：第一，丛书作者囊括南开大学老中青三代学者，既包括德高望重的前辈大家如杨生茂、张友伦、冯承柏、洪国起，又包括年富力强的学术中坚如王晓德、李剑鸣、赵学功、韩琦等，还包括新生代后起之秀如付成双、董国辉和董瑜等；第二，丛书研究的地理区域涵盖范围宽广，涉及从最北端的加拿大到美国，再到拉丁美洲最南端的阿根廷；第三，涉猎主题丰富广泛，涉及政治、经济、文化、外交、社会和法律等众多方面。可以说，这套丛书从整体上展现了南开大学美洲史研究的学术传统特色和专业治学水平。

　　为保证丛书的编写质量，南开大学历史学院与南开大学出版社密切合作，联手打造学术精品。南开大学中外文明交叉科学中心负责人江沛教授在担任历史学院院长时启动了"美洲史丛书"的出版工作，并利用中外文明交叉科学中心这个学术平台，提供学术出版资助。余新忠教授继任历史学院院长后，十分关心丛书的后续进展，就丛书的编辑、出版提出了不少建设性意见。南开大学世界近现代史研究中心主任杨栋梁教授对丛书的出版出谋划策，鼎力支持。此外，美国研究中心、拉丁美洲研究中心的博士及硕士研究生出力尤多，在旧版书稿与扫描文稿间校对文字，核查注释，以免出现篇牍讹误。

　　南开大学出版社的陈敬书记、王康社长极为重视"美洲史丛书"的编辑出版工作，为此召开了专门的工作会议。项目组的编辑对丛书的审校加工倾情投入，付出了艰巨的劳动。在此向南开大学出版社表示衷心的感谢！

丁见民

2022 年 4 月

目　录

导　言

　　"路漫漫其修远兮，吾将上下而求索。"这句著名的诗句出自中国战国时期楚国伟大的诗人和政治家屈原，但也可以很好地用来描述美国黑人领袖杜波依斯一生的思想历程。杜波依斯是美国黑人运动史上一位伟大的思想家和活动家。他毕生致力于探索解决黑人问题的路径，对美国社会的痼疾——种族歧视有着精辟的论述和深刻的剖析。研究他的思想与活动不仅有助于了解他本人的品格、贡献以及黑人争取权利运动的发展轨迹，而且对于理解美国黑人问题的症结和演变都有着极其重要的意义。

　　众所周知，种族问题是美国最为严重的社会痼疾，就像癌症一样长期侵蚀着美国制度的"肌体"。这种社会病症在美国持续了几个世纪，黑白关系一直处于水火难容的状态，导致美国社会频繁出现软硬暴力，严重分裂。1967年，林登·约翰逊总统任命克纳委员会调查当年蔓延全美 150 余个城市的种族骚乱。该委员会在一年后公布的研究报告中指出："我们的基本结论是，我们的国家正在走向两个社会，一个黑人的，一个白人的——隔离但不平等。"①即便到了今天，这种状况依然没有得到彻底的改变。黑人以及其他有色种族在美国社会的许多方面仍然遭受着各种形式的歧视，无论是明显的还是隐性的。在一些地区的居住区域和公立学校等领域，事实上的种族隔离仍然非常明显。种族主义的沉渣时常泛起，毒害着美国黑人和白人之间的种族关系，威胁着美国社会的安定。

　　在美国独立和建国之初，自由、平等、民主、正义的理念被写入了《独立宣言》和美国宪法，成为美国政治制度的理想和基石。然而，纵观美国历史及其当代社会，我们不难发现，在这些理念的表达和实践之间存在着深刻的矛盾。这种矛盾在美国的种族问题上尤其明显，凸显了美国的政治理想与

---

① *Report of the National Advisory Commission on Civil Disorders.* New York: Bantam Books, 1968: 1.

社会现实之间的冲突。正如美国学者卢瑟·利德基所指出的："在美国文化中最为持久的矛盾，也许就是个人自由、平等、机会和正义的官方信条，与黑人遭受的种族歧视的事实同时存在。"①

美国独立革命以来，包括杜波依斯在内的黑人活动家和白人自由主义者，通过奋笔疾书和振臂高呼，不断向世人昭示这种奴役和自由的悖论、民主理想和种族歧视现实的矛盾，使美国人"不能忘却这个问题"，使美国政府"不得不正视这个问题"。②

在美国黑人争取权利的历史中，涌现出了众多杰出的黑人领袖，如弗雷德里克·道格拉斯（Frederick Douglass）、布克·华盛顿（Booker T. Washington）、杜波依斯、马库斯·加维（Marcus Garvey）、马丁·路德·金（Martin Luther King）以及马尔科姆·X（Malcolm X）等，他们为黑人争取平等权利进行了不懈的奋斗。而杜波依斯生于 1868 年，正值美国内战后的重建时期；卒于 1963 年，又恰逢"二战"后美国广大黑人民众参与其中的群众性民权运动如火如荼，走向高潮。因此，杜波依斯的一生，跨越 19 世纪中期到 20 世纪中期近 100 年的时间，见证了美国黑人种族一个世纪的悲伤、愤怒和反抗，目睹了种族关系的百年演变，他处于各代美国黑人领袖中间，恰好起到了继往开来、承上启下的作用。

与之前和之后的很多黑人领袖相比，杜波依斯的方式有较大不同。他主要使用笔作为"匕首"和"投枪"，与美国甚至全球的种族主义进行斗争。换句话说，他以思想为武器，对美国社会针对黑人的种族歧视发起进攻。这个过程中，"他所选择的武器是不妥协的语言所驱动的宏大的思想"。③有学者评论说："杜波依斯作为黑人领袖的作用、影响和威信，并不是通过具体的实际斗争表现出来的，而是假借他的著作文章、报刊社论和演讲鼓动等形式体现出来的。换言之，作为一位美国黑人领袖，与其说杜波依斯是个黑人政治运动实践者，还不如说他是个黑人政治斗争思想家。从很大程度上讲，正是因为杜波依斯这一思想家的特点，使他对美国黑人的政治、经济、社会和文

---

① ［美］卢瑟·利德基，主编：《美国特性探索》（中译本），龙治芳，等译. 北京：中国社会科学出版社，1991 年，第 26 页。其实，在美国历史上，在"法律上"对黑人等有色种族的歧视延绵了数个世纪，经过有色人种以及正义的白人人士的共同努力，才得以彻底废除。

② 卡尔·戴格勒：《美国史求索》，载《现代美国史学的挑战——美国历史协会主席演说集 1961—1988》，王建华，等译. 上海：上海人民出版社，1990 年，第 500—501 页。

③ David Levering Lewis. *W. E. B. Du Bois: Biography of a Race, 1868-1919*. New York: Henry Holt & Company, 1993: 3.

化等问题做了长久而又深刻的探索，从而在美国黑人政治思想宝库里留下了宝贵的精神财富。"①对于杜波依斯是一位黑人思想家的定位，笔者与这位中国学者不谋而合。他的很多思想认识迄今仍不过时。

杜波依斯指出，美国白人对黑人的种族歧视和种族隔离是一种"新的奴隶制"。②美国并非"自由之邦"，而是"奴役之土"；③她宣称在世界范围为"民主"而战，然而她在国内从未实现过真正的"民主"。④他引用林肯的名言大声疾呼："这个国家不可能半奴役半自由地存在下去。"⑤

杜波依斯认为，随着科学技术的发展，世界变得越来越互联互通，地球变得越来越小，各种族、各民族、各群体之间的接触日益增加，经济联系也日益增强。在这种情况下，美国实行种族歧视和种族隔离是在逆时代潮流而动，这意味着倒退到古代社会的阶级划分和等级制度。⑥他警告美国，一个民族如果把自己的繁荣建立在剥夺其同胞受教育的权利、抹杀其抱负的基础之上，那将是极其危险的。他强调，一个民族中各群体的命运是紧密相连的，如果任何一个群体被剥夺了发展和进步的机会，那么整个国家都将付出代价。⑦第一，种族主义的存在严重损害了美国民主制度的基本原则。美国政府的国际形象因为种族主义的存在而受到了严重损害。他说："在美国黑人成为自由和平等的美国公民之前，在这片土地上不可能实现真正的民主。"⑧ 第二，种族歧视和种族隔离的存在不仅损害了人类之间应有的友爱和信任，还会加剧不同民族之间的误解和仇恨，从而引发暴力和战争。⑨第三，种族歧视和种族隔离也必然引起世界各地的有色民族和正义政府的愤怒和谴责。他认为，这种行为必将损害美国在国际舞台上的声誉和形象，遭受国际社会的

① 王恩铭：《美国黑人领袖及其政治思想研究》，上海：上海外语教育出版社，2006 年，第 93 页。

② Du Bois. "The Evolution of the Race Problem." Philip S. Foner. ed. *W. E. B. Du Bois Speaks: Speeches and Addresses*, 2 vols. New York: Pathfinder Press, 1970, 1: 198.

③ Du Bois. "The Problem of Problems." Foner. ed. *W. E. B. Du Bois Speaks*, 1: 260.

④ Herbert Aptheker. ed. *Newspaper Columns by W. E. B. Du Bois*, 2 vols. New York: Kraus-Thomson Organization Limited, 1986, 1: 294, 385.

⑤ Du Bois. "The Negro Citizen." Foner. ed. *W. E. B. Du Bois Speaks*, 2: 39.

⑥ Du Bois. "The Evolution of the Race Problem." Foner. ed. *W. E. B. Du Bois Speaks*, 1: 209-210.

⑦ Du Bois. "Is Race Separation Practicable?" Foner. ed. *W. E. B. Du Bois Speaks*, 1: 180.

⑧ Du Bois. "Race Prejudice." Foner. ed. *W. E. B. Du Bois Speaks*, 1: 214; Aptheker. ed. *Newspaper Columns by W. E. B. Du Bois*, 1: 469, 540.

⑨ Du Bois. *An ABC of Color: Selections Chosen by the Author from over a Half Century of His Writings*. New York: International Publishers, 1969: 39, 64.

谴责。①第四，种族歧视和种族隔离也必然损害美国的经济利益，因为实行种族歧视和种族隔离的美国将为世界有色民族所唾斥，这将使美国失去与这些国家的经济合作和交流的机会，从而不利于向这些国家销售商品。②杜波依斯的这些论断，为美国后来的历史所证明。种族主义破坏了美国社会的稳定，成为美国社会发展的巨大障碍，曾经使美国陷入一场内战，造成150万人伤亡；种族主义也损害了"二战"以来美国确立起来的"世界领袖"的形象，不利于其推行全球霸权，这最终迫使美国政府改弦更张，逐渐废除种族主义制度，并试图清除种族主义的遗毒。

杜波依斯希望美国能够真正履行其政治承诺，成为一个真正的自由、平等、公正和多元文化的国家，而不是一个建立在种族歧视和种族隔离基础上的国家。1906年，他在尼亚加拉运动第二次年会上宣布："我们所发动的这场战斗，不是为了我们自己，而是为了所有真正的美国人。这是一场为了实现理想的斗争，以免我们这个共同的祖国违背其建国的理念，沦为盗贼的国土和奴隶的家园——避免它高调的标榜和可怜的成就成为各国的笑柄。"③

在大学毕业后，杜波依斯一直致力于消除美国在实践中存在的对于种族问题的表白和现实之间的矛盾，以及填平理想和现实之间的鸿沟。他的一生都在苦苦探索如何解决美国乃至世界范围内的种族问题，为美国黑人以及世界各地的有色种族的前途和命运而忧虑、思考、奔走和呐喊。他认为，正是这些努力，使他的一生具有了深刻的意义。④杜波依斯的一生都致力于一个自古及今人类所向往的美好理想：避免民族、种族、群体之间的欺侮、压迫、剥削和屠杀；增进人与人之间的和平与友好，不分国籍、民族和种族，人与人之间情同手足；拆除人与人之间的种族、肤色、财富、地理等人为的隔阂，促进人与人之间的联系、了解和共同进步，实现共同的幸福；普及教育，消除贫困和疾病；承认所有民族和种族一律平等，都曾经也都能够以其独特的文化和理想对世界文明做出贡献。⑤

杜波依斯一生的思想主线是，在美国国内关注黑人种族与白人种族的关

---

① Du Bois. "Is Race Separation Practicable?" Foner. ed. *W. E. B. Du Bois Speaks*, 1: 185.

② Du Bois. "Race Prejudice." Foner. ed. *W. E. B. Du Bois Speaks*, 1: 213, 214.

③ Du Bois. "We Claim Our Rights." Foner. ed. *W. E. B. Du Bois Speaks*, 1: 171.

④ Du Bois. *Dusk of Dawn: An Essay Toward an Autobiography of a Race Concept.* New York: Schocken Books, 1968: 1.

⑤ Aptheker. ed. *Newspaper Columns by W. E. B. Du Bois*, 1: 76-77.

系问题，争取实现独立革命时期美国的《独立宣言》以及美国宪法中确立的立国原则和黑人与白人在经济、政治、社会、文化上享有完全的平等；在世界范围内，他关注包括黑人在内的所有有色种族与白人种族之间的关系问题，反对帝国主义和殖民主义，促进有色种族和民族的独立、自由和平等。总之，杜波依斯的最高理想是推进世界各种族、各民族之间的平等、和谐与共同发展，共同创造更加美好的未来。在这里，笔者想要强调的一点是，只有理解了杜波依斯的这一思想主线，才能明白杜波依斯为何在其生命的最后的二十几年里，将主要的精力集中在社会主义、反殖民主义与和平运动。

在探寻实现上述目标的过程中，杜波依斯的策略因时而异，这基于他对种族问题的认识。他曾将解决美国黑人问题比作战斗。他认为，就像现代战争一样，消除种族隔离、解决黑人问题也需要事先制订周密的计划，并在实践中采取灵活多样的策略与方法，如前进、隐蔽、迂回、后退等战术。[①]他也曾将反对种族歧视和隔离的斗争比作攻城战。他认为黑人必须随时调整攻击策略，但总体目标却是始终不变的：争取美国以及世界各地的黑人被视为人类，争取平等的收入、平等的教育和发展机会。他的这种瞄准既定目标、不断调整斗争策略的思想也基于这样一种认识："没有一种思想完美无缺和永远正确。如果要保持生命力和适应时代，必须改变它并且使之适应变化了的事实。"[②]

杜波依斯出生于 1868 年，当时美国正处在内战后的重建时期，安德鲁·约翰逊总统也因为与国会的冲突而被弹劾；他去世于 1963 年，当时民权运动正处于高潮，民主党总统林登·约翰逊也在推行"伟大社会"计划，试图彻底改变美国种族关系的格局。在这接近一个世纪的时间里，美国的种族问题一直在不断变化，因此应对方法也需要不断调整而不是一成不变的。[③]随着时代的变迁，杜波依斯对美国黑人问题的认识也不断变化，解决美国黑人问题的策略也相应做出调整，因此他的思想发展呈现出明显的阶段性。根据他对解决美国黑人问题思路的变化，他的思想历程大体上可以分为四个阶段：

---

① Du Bois. "Counsels of Despair." Nathan I. Huggins. comp. *W. E. B. Du Bois: Writings*. New York: The Library of America, 1986: 1258.

② Du Bois. *Dusk of Dawn*: 303; Du Bois. *The Autobiography of W. E. B. Du Bois: A Soliloquy on Viewing My Life from the Last Decade of Its First Century*. New York: International Publishers, 1968: 295.

③ James Weldon Johnson. "Negro Americans, What Now?" Wilson, Sondra Kathryn. ed. *The Selected Writings of James Weldon Johnson*, 2 vols. New York: Oxford University Press, 1995, 2: 153.

第一阶段（1894－1903）：这一阶段从杜波依斯在柏林大学留学归国工作开始，到 1903 年以发表《黑人的灵魂》为标志，加入挑战布克·华盛顿妥协路线的阵营结束。美国内战和南部重建并未使黑人获得真正的自由和解放。黑人仍然遭受白人的经济剥削和种族歧视，并深陷贫困的泥沼难以脱生。杜波依斯在大学时代就立志为争取黑人民族的权利和振兴而奋斗终生。1894年，刚刚走出校门的杜波依斯带着一种强烈的使命感开始执行他在求学时期就已初具雏形的雄心勃勃的计划。在这一时期，他认为，种族偏见是由于不同种族在理想、情感和目标等方面的差异而引起的误解和冲突。因此，他断言：美国黑人问题的症结，一方面在于黑人在经济和文化上落后于白人现代文明，另一方面在于白人不了解黑人的历史与现状。只要黑人达到了现代文明的标准，而白人又了解了黑人的发展能力，黑人问题也就迎刃而解。因此，杜波依斯一方面强调黑人要自强自立，振兴自己的经济、文化、教育事业，摆脱贫困和没有文化的状态，进行道德重建；另一方面，力图通过对黑人问题的系统的、全面的、科学的研究来揭示种族问题的事实与根源，促进黑白种族间的相互了解，化解种族之间的猜忌和仇恨。

第二阶段（1903－1933）：这一阶段以杜波依斯于 1903 年发表《黑人的灵魂》公开挑战布克·华盛顿为开端，到 1933 年在全国有色人种协进会工作的最后一年结束。在 19 世纪末 20 世纪初，美国种族主义愈演愈烈，南部黑人被剥夺选举权，并遭受各种形式的种族歧视、隔离和暴力。当时的黑人领袖布克·华盛顿呼吁黑人民众沉默，默许种族隔离，并强调传授农业知识和手工技艺的职业教育，以积累财富和培养基督教品格为前提条件，以获得平等权利。杜波依斯认识到布克·华盛顿妥协路线的危险性，并认为对黑人问题的科学研究在危急时刻无益，黑人必须奋起呐喊、斗争，争取自由和平等。他向布克·华盛顿的路线提出挑战，并发起尼亚加拉运动，参与创建并加入全国有色人种协进会，利用宣传、法院诉讼等形式鞭挞和努力摧毁种族歧视和隔离，为争取黑人平等权利喊出最强音。这是这一时期杜波依斯思想的主流。

同时，自 20 世纪初叶以来，南部黑人大规模迁往北部城市，使黑白种族关系的冲突扩大至全国，成为备受瞩目的城市问题。城市黑人在住房、就业、教育和社会生活中遭受的种族歧视和隔离使他们处境艰难。时而爆发的经济危机进一步加剧了这种状况，北部城市白人工人为争夺就业机会，常常与黑人发生血腥的种族暴力冲突，黑人工人则成为冲突的受害者。这使杜波依斯认识到，种族歧视不仅是一个政治问题，同时也是一个经济问题，是白人对黑人进行经济上的排斥和剥削的手段，其根源在于资本主义制度的弊端。为了缓解资本主义制度的剥削，改善黑人的经济状况，他倡导黑人实行生产与消费合作，以实现经济独立。

另外，在这一阶段，杜波依斯认识到，要摧毁种族主义的理论基础，必须使非洲摆脱野蛮落后的"黑暗大陆"（dark continent）的恶名，使非洲走上一条独立、自由和富强之路。为此，必须消除欧洲殖民主义势力对非洲的占领、统治、掠夺和剥削。因此，他积极参与泛非运动，旨在反对殖民主义和帝国主义，争取黑人民族的独立和振兴。

第三阶段（1934－1944）：这一阶段从 1934 年杜波依斯离开他战斗了 20 多年的全国有色人种协进会开始，到 1944 年他再次应聘全国有色人种协进会特别研究部主任结束。1929 年至 1933 年，美国历史上爆发了史无前例的资本主义经济危机，使整个社会陷入困境，黑人民众的经济状况更是恶化到了极点，许多人陷入了饥寒交迫的痛苦深渊。针对这种情况，杜波依斯认识到，黑人所面临的主要问题是生存问题，即如何改善黑人民众的经济状况和生活水平。同时，他也认识到，在缺乏基本生活保障的情况下，拥有政治权利和公民权利毫无意义。因此，政治权利和力量必须以经济实力为基础，而争取黑人公民权利也必须以经济实力为后盾。杜波依斯对全国有色人种协进会一直坚持的单纯鼓动路线提出了质疑。他认为，在近 1/3 个世纪的黑人权利争取过程中，仅仅依靠鼓动和抗议已经无法有效保障黑人民众的利益，必须寻求更加有效的途径。此外，大危机也让资本主义制度的弊端更加突出，使他开始怀疑资本主义制度的可持续性。这促使他开始全面致力于寻找克服资本主义弊端的途径。他尝试对资本主义经济制度实行改革，设想在黑人民众中间建立一个以消费合作为基础的黑人"经济国中国"，实现没有剥削、公平分配的"工业民主"，增强和展示黑人群体的经济力量，以便更有力地与种族歧视和种族隔离做斗争。同时，他还筹资发展黑人教育文化事业，消除黑人社会问题，改善自身形象和状况。为了给他的黑人"经济国中国"思想提供理论依据，杜波依斯提出并阐述了"自愿隔离"的思想。他认为，黑人需要"自愿隔离"，以便集中力量发展自己的经济和文化事业，不再依赖白人社会。这个观点与全国有色人种协进会产生了严重的分歧和冲突，并在黑人思想界引起了巨大的震动。最终，杜波依斯不得不离开全国有色人种协进会。

第四阶段（1944－1963）：这一阶段从 1944 年杜波依斯再次应邀到全国有色人种协进会工作开始，到他 1963 年去世结束。从 20 世纪 30 年代以来直到"二战"后，杜波依斯一直在探索克服资本主义弊端、消除资本主义经济剥削和解决黑人中的失业、贫困等问题，实现"工业民主"的道路。最终，他发现资本主义的弊端无法通过自身改革消除。在资本主义制度下，无法切实改善黑人的经济状况，黑人也不可能获得真正的平等和自由。因此，杜波依斯认为黑人的唯一出路在于采用社会主义的某些制度。他提出的"社会主义"主要是指经济意义上的社会主义，主要包括：政府控制资本并计划和指导生产，工业生产以公众福利而非私人利润为目标，建立福利国家，实行按需分配，人人各尽所能。杜波依斯的社会主义理念与他的"工业民主"理念是一致的，是他实现"工业民主"理想的途径。

19 世纪末期以来，杜波依斯一直关注着世界有色种族和民族的命运和发展。他看到，资本主义国家在种族主义的掩盖下对亚、非、拉不发达地区的侵略、扩张和争夺，频繁地引发世界大战，使美国以及世界其他地区的黑人和有色种族陷入贫困、文盲和病弱的痛苦深渊。这构成了世界范围的种族问题。杜波依斯认识到，美国黑人问题是世界范围的种族问题的一部分。不消除世界范围白人对有色种族的歧视和掠夺，美国国内的黑人问题亦难以彻底解决。正因为如此，"二战"以后，杜波依斯比以往更加热心于反对殖民主义和帝国主义，更积极地参与美国国内以及世界范围的和平运动。这一切并未背离他反对种族主义的初衷，他的思想并未如个别美国学者认为的那样在 20 世纪 40 年代出现"断层"，而是与前述其思想的核心和一生的目标一脉相承。因此，这一时期，他对泛非主义的热情不减当年。

值得注意的是，尽管杜波依斯的思想发展具有明显的阶段性，但各个阶段的划分并不是十分清晰的。他的某些思想并非在一个时间点发生突变，而是经过了一个逐渐发展、从量变到质变的过程。因此，他的某些思想要素在不同历史时期都有出现，不同时期的思想存在重叠的现象。①这说明在研究任何一个历史人物时，我们都要注意其思想的复杂性和多面性。

对杜波依斯进行研究具有重要的历史意义和现实意义。国外学者对于杜波依斯的历史地位给予了充分的肯定。有学者说，杜波依斯是"他的时代的

---

① Francis L. Broderick. *W. E. B. Du Bois: Negro Leadership in a Time of Crisis*. Calif.: Stanford University Press, 1959: 123-124.

镜子"①；有学者认为，"他既反映又影响着他的时代"②。还有学者评论道：
"研究他的生平和著作同时也就是研究美国黑人史"③。这些评价不无道理。
因此，像杜波依斯这样一位伟大的黑人思想家、活动家和著名学者自然会引
起世界各国各界人士的关注。他的名字在中国并不陌生，他先后三次来华
（1936 年、1959 年、1963 年），但人们对他的思想和活动尚无全面而深入的
了解。虽然美国学者对杜波依斯进行了大量的研究工作，但由于他的思想和
经历非常丰富，仍然有很多可以深入探究的空间。对杜波依斯的评价只是其
中之一。这个选题的研究不仅有着广阔的拓展空间，而且在国内也有较好的
研究条件。

　　首先，国内图书馆藏有杜波依斯个人的主要论著和自传：《黑人的灵魂》
（*The Souls of Black Folk*, 1903）、《黑人》（*The Negro*, 1915）、《黑水》
（*Darkwater: Voices from within the Veil*, 1920）、《美国黑人重建》（*Black
Reconstruction in America, 1860-1880,* 1935）、《黎明前的黑暗》（*Dusk of Dawn*,
1940）、《世界与非洲》（*The World and Africa* , 1947）、《为和平而战》（*In Battle
for Peace,* 1952）、《肤色 ABC》（*An ABC of Color,* 1961）、《杜波依斯自传》（*The
Autobiography of W. E. B. Du Bois,* 1968）等。有关杜波依斯的文献资料主要
有：赫伯特·阿普特克编的《杜波依斯出版著作书目注释》（1973），辑录了
杜波依斯一生所发表的报纸、杂志文章篇名及主要内容，杜波依斯所出版的
论著、小册子及主编的出版物的内容提要。这对于从宏观上厘清杜波依斯一
生思想演变的线索颇有裨益。④阿普特克编的《杜波依斯出版著作全集》（共
35 卷，1978－1987）国内能找到其中几种，如《杜波依斯的报纸专栏》⑤（两
卷，1986）、《杜波依斯的小册子与活页》⑥（1986）。还有阿普特克编的《杜

---

① Earl E. Thorpe. *The Central Theme of Black History.* Westport, Conn.: Greenwood Press, 1969: 182.

② George Shepperson. Introduction to *The Negro*, by Du Bois. London: Oxford University Press, 1970:
vii.

③ Meyer Weinberg. ed. *The World of W. E. B. Du Bois: A Quotation Sourcebook.* Westport, Conn.:
Greenwood Press, 1992: 1.

④ Herbert Aptheker. ed. *Annotated Bibliography of the Published Writings of W. E. B. Du Bois.* New
York: Kraus-Thomson Organization Limited, 1973.

⑤ Herbert Aptheker. ed. *Newspaper Columns by W. E. B. Du Bois,* 2 vols. New York: Kraus-Thomson
Organization Limited, 1986.

⑥ Herbert Aptheker. ed. *Pamphlets and Leaflets by W. E. B. Du Bois.* New York: Kraus-Thomson
Organization Limited, 1986.

波依斯：反对种族主义：未出版文章、文件、演说集，1887－1961》（1985）①、
《杜波依斯书信集》②（3 卷）之卷 1（1973）以及杜波依斯论述黑人教育问
题的《黑人民族的教育评论文集，1906－1960》（1973）。③另外还有菲利普·方
纳主编的《杜波依斯演说集》（两卷，1970）④、内森·哈金斯选编的《杜波
依斯论著选集》（1986）⑤、丹·格林等编的《杜波依斯论社会学和黑人社会》
（1978）⑥、梅耶·韦恩伯格编的《杜波依斯的世界：原始资料集》（1992）⑦、
戴维·刘易斯编的《杜波依斯读本》（1995）⑧等。遗憾的是，在国内，尚无
法获得杜波依斯的手稿。尽管如此，依据上述文献已经足以厘清杜波依斯思
想发展的总体脉络。

　　美国国内对杜波依斯研究的学术性专著主要有弗朗西斯·布罗德里克著
《杜波依斯：危急时刻的黑人领袖》（1959）⑨、埃利奥特·鲁德维克著《杜
波依斯：一个少数民族群体领袖研究》（1960）⑩、约瑟夫·德马科著《杜波

---

① Herbert Aptheker. ed. *W. E. B. Du Bois: Against Racism: Unpublished Essays, Papers, Addresses, 1887-1961.* Amherst, MA: University of Massachusetts Press, 1985.

② Herbert Aptheker. ed. *The Correspondence of W. E. B. Du Bois*, 3 vols. Amherst, MA: University of Massachusetts Press, 1973.

③ W. E. B. Du Bois. *The Education of Black People: Ten Critiques, 1906-1960.* New York: Monthly Review Press, 1973.

④ Philip S. Foner. ed. *W. E. B. Du Bois Speaks: Speeches and Addresses*, 2 vols. New York: Pathfinder Press, 1970.

⑤ Nathan I. Huggins. comp. *W. E. B. Du Bois: Writings.* New York: The Library of America, 1986.

⑥ Dan S. Green and Edwin D. Driver. eds. *W. E. B. Du Bois on Sociology and the Black Community.* Chicago: The University of Chicago Press, 1978.

⑦ Meyer Weinberg. ed. *The World of W. E. B. Du Bois: A Quotation Sourcebook.* Westport. Conn.: Greenwood Press, 1992.

⑧ David Levering Lewis. *W. E. B. Du Bois: A Reader.* New York: Henry Holt & Company, 1995.

⑨ Francis L. Broderick. *W. E. B. Du Bois: Negro Leadership in a Time of Crisis.* Calif.: Stanford University Press, 1959.

⑩ Elliott Rudwick. *W. E. B. Du Bois: A Study in Minority Group Leadership.* Philadelphia: The University of Pennsylvania Press, 1960. 鲁德维克将杜波依斯定位为黑人的"宣传家"（propagandist）。参见 Elliott Rudwick. *W. E. B. Du Bois: Propagandist of the Negro Protest.* Philadelphia: The University of Pennsylvania Press, 1968。鲁德维克的著作主要写的是杜波依斯在 20 世纪初至 30 年代的活动，对杜波依斯与布克·华盛顿以及全国有色人种协进会同事之间关系的描述非常细致，但是对 20 世纪 30 年代开始，一直到"二战"之后杜波依斯的思想发展着墨不多，给人虎头蛇尾的感觉。这与他对杜波依斯的定位有关，他将杜波依斯定位为"黑人抗议运动的代言人"（voice of the black protest movement）。他认为 20 世纪 40 年代以后，杜波依斯关注的重点不再是美国国内的黑人问题，已经对美国黑人民权运动没有多少影响。

依斯的社会思想》（1983）①、曼宁·马拉布尔著《杜波依斯：黑人激进民主主义者》（1986）②、杰拉尔德·霍恩著《黑与红：杜波依斯与美国黑人对冷战的反应，1944－1963》（1986）③和戴维·刘易斯著《杜波依斯：一个种族的自传，1868－1919》（1993）④等。

这些论著为进一步研究杜波依斯的思想提供了许多有益的启示。但是，随着时代的演进和黑人种族问题的变化，杜波依斯的思想也不断进行调整。由于其思想的复杂性和表面上的前后矛盾，即使是他的同时代人也常常对他产生误解，而后代史学家对他的评价也各执一词。因此，杜波依斯思想发展中的诸多问题都值得重新评价，以使之更贴近历史真实。

美国学者们最大的分歧是对杜波依斯 20 世纪 30 年代至 50 年代这一期间思想的评价问题。有的学者认为，在 20 世纪 30 年代，杜波依斯放弃了他之前的大多数计划，转而主张"社会化的全黑人经济"（socialized all-black economy）；在争取公民权利方面，他面对强大的种族主义，摒弃了"传统的融入主义路径"（traditional integrationist approach）。⑤在 20 世纪 30 年代末期，杜波依斯从抨击国内的种族主义转向抨击"世界范围的资本主义和帝国主义两大罪恶"。⑥如有的学者和杜波依斯的同时代人一样认为大危机之后他接受了甚至倡导种族隔离。⑦还有学者认为"二战"以后杜波依斯成为"一个没有追随者的领袖"（a leader without followers）。以 1951 年他被美国联邦政府构陷和审判为分水岭，杜波依斯离弃了黑人种族，不再为争取黑人的平等权利而斗争，转而关注和平运动与社会主义，他"之前的影响已经无影无踪"（The old spirit is there, but not a shadow of the old influence）。⑧鲁德维克认为

---

① Joseph DeMarco. *The Social Thought of W. E. B. Du Bois*. Lanham, MD: University Press of America, Inc., 1983.

② Manning Marable. *W. E. B. Du Bois: Black Radical Democrat*. Boston: Twayne Publishers, 1986.

③ Gerald Horne. *Black and Red: W. E. B. Du Bois and the Afro-American Response to the Cold War, 1944-1963*. Albany: State University of New York Press, 1986.

④ David Levering Lewis. *W. E. B. Du Bois: Biography of a Race, 1868-1919*. New York: Henry Holt & Company, 1993.

⑤ William M. Tuttle, Jr. ed. *W. E. B. Du Bois*. Englewood Cliffs, NJ: Prentice-Hall, Inc., 1973: 18.

⑥ Tuttle. ed. *W. E. B. Du Bois*: 22.

⑦ Francis L. Broderick. *W. E. B. Du Bois: Negro Leadership in a Time of Crisis*. Calif.: Stanford University Press, 1959: 169.

⑧ Broderick. *W. E. B. Du Bois*: 175, 219-220, 226, 229; Joseph DeMarco. *The Social Thought of W. E. B. Du Bois*. Lanham, MD: University Press of America, Inc., 1983: xiii.

从 20 世纪 40 年代末期开始，美国种族问题对于杜波依斯来说似乎已经处于从属地位；尤其在 20 世纪 50 年代初，他"早已失去了其显赫的地位，如今对美国黑人的影响微乎其微"；他已经远离美国黑人思想的主流，更加关注马克思列宁主义以及美国共产党的计划。尽管他仍关注黑人民权运动，但是这已经不是他"迫切关注的问题"。①在 20 世纪 40 年代，"杜波依斯在当代美国种族关系领域已经不再有任何影响……他已经成为一个令人同情的人物（a figure of pathos），如果不是悲剧性人物（if not tragedy）"。②

也有学者不同意上述学者对 20 世纪 30 年代以来以及"二战"以后杜波依斯思想的认识和评价。如杰拉尔德·霍恩认为杜波依斯"二战"以后在黑人中间仍具有深刻的影响，仍然关注着争取黑人公民权利的斗争。他在"二战"前后的思想没有剧烈变化，"二战"之前杜波依斯就具有了社会主义、反对殖民主义、争取世界和平的观点。杜波依斯热衷于反殖民主义和世界和平的问题，是因为他看到了种族主义与二者的联系。他赞赏苏联是因为苏联支持反殖民主义运动、积极主张裁军和维护世界和平并且致力于消除贫困、文盲和种族主义。霍恩还认为杜波依斯一生不变的思想核心是热衷于社会主义、争取和平与平等。③

经过对杜波依斯相关文献的研究，笔者赞同霍恩教授提出的杜波依斯在"二战"前后思想一脉相承、并未出现"断层"的观点。同时，与霍恩教授不同的是，笔者对杜波依斯的思想核心有着不同的认识。尽管在不同时期，杜波依斯的思想在表面上看来存在巨大的差异，但它们都围绕着一个一以贯之的核心展开，即消除美国国内以及全球范围内的种族主义，实现世界各种族、各民族的平等和自由发展。本书很少涉及杜波依斯不同时期的具体活动和人际关系，侧重于探索杜波依斯的思想围绕上述核心在探索解决美国种族问题路径与策略的过程中的变化及其动因，重点分析他近一个世纪生命历程中的思想源流以及他的各种思想要素之间的关联，最终揭示他的社会主义思想、反殖民主义思想以及和平思想与其争取种族平等的目标之间的关联，强调其一生思想的连续性和目标的专一性。

---

① Elliott Rudwick. *W. E. B. Du Bois: Voice of the Black Protest Movement.* Urbana: University of Illinois Press, 1982: 293-294, 296, 297.

② Rudwick. *W. E. B. Du Bois*: 322.

③ Gerald Horne. *Black and Red: W. E. B. Du Bois and the Afro-American Response to the Cold War, 1944-1963.* Albany: State University of New York Press, 1986: 4-10, 223-275.

第一章 杜波依斯的学校教育

一个人的童年经历和所受的学校教育会对他终身产生深远的影响，这一点也同样适用于美国黑人领袖杜波依斯。杜波依斯在他的童年时期以及接受学校教育时期，对美国的种族问题形成了初步的认识。他的黑人身份给他带来了一些特殊的经历，这使得他在大学时期开始认同于黑人民族，并将他自己的学校教育和未来的事业与黑人民族的前途命运紧密联系起来。他立下了一个铮铮誓言，要为打碎让黑人民族深受其害的种族歧视的枷锁、实现黑人种族复兴而终生奋斗。

一、大巴灵顿的世界

杜波依斯出生在美国历史上发生剧烈变革的时代。美国内战结束后的第三年，也就是 1868 年 2 月 23 日，在美国新英格兰地区马萨诸塞州西部小镇大巴灵顿（Great Barrington），威廉·爱德华·伯加特·杜波依斯（William Edward Burghardt Du Bois）呱呱坠地，来到了这个世界。杜波依斯的曾祖父亚历山大·杜波依斯（Alexander Du Bois）为法国胡格诺教徒的后裔，是一位船员，曾祖母为黑人。杜波依斯母亲的祖父约翰·伯加特（John Burghardt）也是黑人，曾为荷兰裔白人的家庭佣人，后来在独立革命中因服兵役而获得解放。杜波依斯的外祖母可能是荷兰人与印第安人的后裔。因此，杜波依斯同时具有白人、黑人甚至印第安人的血统。

杜波依斯的父亲阿尔弗雷德（Alfred）出生于海地，于 1867 年来到马萨诸塞州伯克夏县（Berkshire County），邂逅并与玛丽·伯加特（Mary Burghardt）结婚。阿尔弗雷德没有稳定的工作，曾经做过理发师，贩卖过东西，甚至做过布道牧师。①

杜波依斯在大巴灵顿度过了幼年时代。可以说，大巴灵顿的生活，造就了他后来的精彩人生。他的同学劳拉·米拉德（Laura Millard）后来回忆道："如果你问我的话，威尔·杜波依斯（Will Du Bois）是大巴灵顿走出来的最优秀的公民。"②大巴灵顿镇的居民以英裔和荷兰裔的白人农民和小商人为主，黑人仅占很少的一部分。全镇人口约为 5000 人，其中黑人不足 50 人。这里的种族分界线泾渭分明，但并未得到严格的维持。多数的黑人经过与白人的数代通婚融合带有一些白人的血统，而且黑人可以与白人一起做礼拜和参加公共集会。1884 年，在一次政治游行中，大巴灵顿的黑人与白人混杂在一起走在游行队伍中。③在杜波依斯的家庭遇到困难时，左邻右舍的白人总是慷慨相助，给予接济。杜波依斯甚至记得，他的一位表哥娶了一位白人女子为妻。④

在杜波依斯还不记事的时候，他的父亲就撇下妻子和孩子，浪迹天涯，从此音信渺茫，生死未卜，最后不知所终。于是，支撑家庭的重担就落在了病魔缠身的母亲羸弱的双肩上。他的母亲深知教育对自己的孩子未来生活和事业成功的重要性，通过帮人做杂活，省吃俭用，供小杜波依斯上学。杜波依斯长到六岁的时候，就上了镇上黑白合校的公立小学。

杜波依斯的童年无忧无虑，十分开心。大巴灵顿小镇上及其周边地区是孩子们游玩的天堂。这里有山川，有河流，有湖泊，有果园，也有碧绿的原野。他每天无拘无束地与白人伙伴、同学一起上学、郊游、爬山、游泳、做游戏，常常成为他们中间的"孩子王"。杜波依斯记得他应邀去过几乎所有白人小伙伴的家里。他很少有过被冷落、受歧视的经历。在这里，阶级，而不是肤色，成为社会分层的主要依据。⑤他主要从其亲属的经历和言谈之中了解到作为黑人在社会上所遭遇的种种困难。杜波依斯后来回忆道，也许通过这种途径，他对于他当时还未亲自经历过的"肤色障碍"（color bar）有了些

① Elliott Rudwick. *W. E. B. Du Bois: Voice of the Black Protest Movement.* Urbana: University of Illinois Press, 1982: 15.

② Mary White Ovington. *The Walls Came Tumbling Down.* New York: Arno Press, 1969: 240.

③ Aptheker. ed. *Newspaper Columns by W. E. B. Du Bois,* 1: 17.

④ Du Bois. *Dusk of Dawn:* 10; Du Bois. *Autobiography:* 73-74.

⑤ Francis L. Broderick. *W. E. B. Du Bois: Negro Leadership in a Time of Crisis.* Calif.: Stanford University Press, 1959: 3.

间接的认识。①然而，随着年龄的增长，他渐渐察觉到自己与别的孩子不同，他感到有人认为他棕色的皮肤是一种"不幸"，甚至是一种"罪恶"。为此，他有时暗自神伤，潸然泪下。②

1880 年上中学以后，杜波依斯对种族歧视有了切身的体会。有一次，在同学之间互赠卡片时，一位白人女孩轻蔑地瞥了一眼杜波依斯和他手中的卡片，断然拒绝接受。杜波依斯立时感到，一张无形而巨大的帷幕（vast veil）猛然落下，将他与白人孩子的世界分隔开来。③这件事情像一把利剑深深刺伤了他年少而脆弱的自尊心，在他幼小的心灵上划下了一道终生难以平复的创痕。杜波依斯这种内心的敏感性，塑造了他的性格，影响了他的一生。尽管如此，杜波依斯与他中学时的同学总体来说相处还是很友好的。他也很少遇到过其他方面的歧视。他常常与中学的同学一起爬山、野餐、滑冰，等等。杜波依斯觉得，他之所以受到同学的欢迎主要是因为他有许多特长，如跑步、讲故事、组织探险和游戏。更为重要的是他的各门功课的成绩都在班上名列前茅。另外，他还荣任校报《呐喊者》（Howler）的主编。因此，杜波依斯当时认为，"生活以及削弱肤色障碍的秘密在于出类拔萃，在于成就。……并不存在基于肤色的真正歧视。总而言之，它是个能力和勤奋的问题"。④也就是说，他当时认为，卓越的个人成就有助于打破种族壁垒。

杜波依斯从小酷爱读书，并且展示出超常的写作才能。大巴灵顿群山环绕，较为封闭。他最先通过一个名叫约翰尼·摩根（Johnny Morgan）的人在镇邮电局前面经营的书报亭了解到大山外面的世界。他每星期都要去那里兴致勃勃地翻看摆在书架上的杂志和书中的插图。在那里他第一次看到了尤利塞斯·格兰特（Ulysses Grant）总统、拉瑟福德·海斯（Rutherford Hayes）总统、1876 年民主党总统候选人塞缪尔·蒂尔登（Samuel Tilden）以及纽约州坦幕尼厅（Tammany Hall）的民主党政治大佬威廉·特威德（William Tweed）等内战后重建时期叱咤风云的政界人物的照片。在中学期间，杜波依斯表现出超常的写作能力，成为学校和当地小有名气的小记者。在摩根的帮助下，杜波依斯成为《斯普林菲尔德共和党人报》（*Springfield Republican*）的一名通讯员。他同时还是一份面向当地黑人的报纸《纽约环球报》（*New York*

---

① Du Bois. *Autobiography*: 74-75.

② Du Bois. *Darkwater: Voices from within the Veil*. New York: Schocken Books, 1969: 11.

③ Du Bois. *The Souls of Black Folk*. New York: New American Library Press, 1969: 44.

④ Du Bois. *Autobiography*: 75.

Globe）的专栏记者，常常写文章报道大巴灵顿黑人的活动，并为当地黑人社群献计献策。①例如，他建议在黑人中间设立识字协会；建议当地黑人加入"法律与秩序协会"，参与禁酒活动；建议黑人积极参加市镇会议，维护自己的政治权益；他甚至建议黑人组成一个党团会议（caucus），从而发挥黑人团体投票的作用。②这表明当时杜波依斯已经具有较强的政治意识。他成为当时这些报纸年龄最小的记者，这为杜波依斯后来的研究和写作生涯打下了良好的基础。

生于新英格兰地区的杜波依斯深受新英格兰文化、习俗以及价值观念的浸润与熏陶。用他自己的话说："在总体思想和行为方面，我变得百分之百地新英格兰化了。"③这表明新英格兰的文化和价值观对杜波依斯有深刻影响。用一位美国学者的话说："杜波依斯如果不是在一个新英格兰小镇度过最初的十七年，那么美国黑人的历史很可能就要改写了。"④虽然这种说法有些夸张，但是也不无道理。大巴灵顿在杜波依斯的身上打下了深深的烙印。首先，在大巴灵顿，他形成了对美国民主的最初概念。少年杜波依斯常常参加大巴灵顿每年春季在市政厅召开的市镇会议，倾听市民们讨论与城镇居民生活息息相关的问题，如街道、桥梁、学校的改造，等等。这使他耳濡目染，初步了解了美国的民主制度和民主程序在基层的运作过程。⑤令人称奇的是，年仅15岁的杜波依斯就表现出了强烈的民主政治意识。1883年，他在《纽约环球报》上发表文章指出，数年来大巴灵顿的黑人一直维持着这里的权力平衡。他建议镇上的黑人积极参加政府选举，但必须了解候选人的政治立场和他们对黑人的态度，并开会讨论如何投票才能选出能真正维护黑人利益的代表。他写道："如果他们行动一致，他们可能成为一支不容轻视的力量。"⑥其次，杜波依斯继承了新英格兰勤劳、节俭的清教传统。他接受了当时这一地区，也应该是当时的美国社会对于贫困根源的普遍认识，认为贫困的根源在于人的好逸恶劳，生活奢华无度，或遭遇不幸；接受救济是一种耻辱。他说："财富是工作和储蓄的结果。富人理所当然地继承着地球。整个说来，穷人自己应

---

① Aptheker. ed. *Newspaper Columns by W. E. B. Du Bois*, 1: 1-23.

② Broderick. *W. E. B. Du Bois*: 5.

③ Du Bois. *Dusk of Dawn*: 115; Du Bois. *Autobiography*: 93.

④ Arnold Rampersad. *The Art and Imagination of W. E. B. Du Bois*. Cambridge, Mass.: Harvard University Press, 1976: 1.

⑤ Du Bois. *Dusk of Dawn*: 28; Du Bois. *Autobiography*: 124.

⑥ Aptheker. ed. *Newspaper Columns by W. E. B. Du Bois*, 1: 7.

承担责任。他们或是懒惰，或是不幸。如果是因为不幸，他们的财富可以通过节俭和牺牲而轻易地得到弥补。"①杜波依斯从小就懂事、勤快、能干。上中学时，他利用课余时间帮人劈柴火、生炉子、割草坪、卖茶叶、卖报纸、跑腿，等等，挣钱补贴自己的学习。②另外，杜波依斯以后沉默寡言的性格，除了受言语不多的母亲的影响之外，在很大程度上是受大巴灵顿的生活气氛的熏染。大巴灵顿的人们克己自律，他们很少滔滔不绝，或喜怒恣肆。平时人们之间也很少打招呼。熟悉的人们之间也只是一句简短的"早安"。在这种环境下长大的杜波依斯从小也寡言少语。后来他所经历的歧视或他自己"想象中的歧视"进一步加强了他这种内向的性格。杜波依斯自己说，这一方面使他自己的内心世界更为丰富，另一方面也使他养成了压抑自己的习惯。这常令他感到困扰和苦恼。③这种沉默寡言的性格后来常常被视为孤傲和清高，成为他以后交际中的一大障碍。甚至有学者认为，这影响到了他后来作为组织机构领导的工作"成效"（effectiveness），在一定程度上导致了他后来组织的尼亚加拉运动和泛非运动的失败。④

　　在中学期间，杜波依斯幸运地遇到了一位难得的白人校长弗兰克·霍斯默（Frank A. Hosmer）。这位校长能够平等地对待他，关心他，鼓励他，从不会戴着有色眼镜来看他。对于任何一位在校学生来说，遇到这样一位好老师，其积极影响都可能伴随学生的终身。在这位校长的支持和鼓励下，他学习了代数、几何、拉丁语、希腊语等大学预备课程。他的白人同学的母亲为他购买了有关教材。霍斯默校长独具慧眼，如伯乐识骏马，看到了杜波依斯未来巨大的发展潜力。他在后来为杜波依斯申请哈佛大学写的推荐信中，对他的勤勉与优秀大加赞扬，并指出杜波依斯将来定能担当大任，因此他应该接受"最彻底的教育"。⑤霍斯默校长的推荐信，对于杜波依斯被哈佛录取应该是发挥了举足轻重的作用。

　　1884 年 6 月，杜波依斯中学毕业。在毕业典礼上，他演讲的主题是 2 月份刚刚去世的废奴主义者温德尔·菲利普斯（Wendell Phillips），他雄辩激昂

---

① Du Bois. *Autobiography*: 80; Du Bois. "A Pageant in Seven Decades, 1878-1938." Foner. ed. *W. E. B. Du Bois Speaks*, 1: 24.

② Du Bois. *Dusk of Dawn*: 13; Du Bois. *Autobiography*: 95.

③ Du Bois. *Dusk of Dawn*: 19; Du Bois. *Autobiography*: 93.

④ Rudwick. *W. E. B. Du Bois*: Introduction to the 1982 Edition.

⑤ Lewis. *W. E. B. Du Bois: Biography of a Race*: 82.

的演说引来同学和老师阵阵雷鸣般的掌声。杜波依斯对于菲利普斯充满敬佩，为他为争取黑人奴隶的解放所做出的努力感到震撼。若干年以后，杜波依斯本人将继承废奴主义者的传统，成为美国"新废奴主义运动"的领导人之一和黑人争取种族平等思想的引领者，将废奴主义者的未竟事业推向一个全新的阶段。

二、南下田纳西

　　杜波依斯梦寐以求的大学是哈佛。在他的心目中，哈佛规模最大，历史最为悠久，也最久负盛名。然而，天有不测风云，他的母亲于 1885 年 3 月 23 日突然撒手人寰，离他而去。他失去了母亲给予他的经济支持。幸运的是，镇上的牧师佩因特（Rev. C. C. Painter）从康涅狄格州的四个教堂为他募集到了足够的学费，资助他赴费斯克大学（Fisk University）学习。1885 年秋，17 岁的杜波依斯独自一人负笈南下，前往田纳西。

　　费斯克大学位于田纳西州的州府纳什维尔。它是南部重建时期在北方白人慈善家的捐助下与亚特兰大大学、霍华德大学等一起建立的几所黑人大学之一。一到费斯克，杜波依斯就感到自己步入了一个与新英格兰完全不同的世界。在以白人为主的大巴灵顿，随着年龄的增长，他与白人平等交往的机会日益减少。有许多会议、晚会和俱乐部他不得不望而却步。他内心体验着一种难以名状的孤独。然而，费斯克给他的感觉却是耳目一新的。他所在的大学部有 34 名同学，大部分都是黑人。第一次置身于如此多和他同样肤色的青年人中间，他感到"激动万分"。他觉得一种"新的、令人兴奋的和永久性的纽带"把他与他们紧紧地联系在一起。①杜波依斯体会到一种从未有过的回家的感觉，一种强烈的归属感。他觉得他属于黑人民族。他为成为黑人民族的一员而倍感自豪。在班上的一次演讲中，他激动地宣称："我是一名黑人。我为这个称谓而感到自豪！我为我流动在血管里的黑人的鲜血而骄傲。我从少年时代一切最珍贵的记忆中来到这里，不是要做一名批评家，而是要与我的民族手挽着手。"他说，20 世纪黑人演说家的使命是，要凭借真理的

---

① Du Bois. *Dusk of Dawn*: 24; Du Bois. *Autobiography*: 107; Du Bois. "A Pageant in Seven Decades." Foner. ed. *W. E. B. Du Bois Speaks*, 1: 27.

力量去拯救自己的民族。①

　　由于在大巴灵顿中学打下了良好的基础，杜波依斯一入学就进入二年级学习。他深知知识是拯救黑人民族于水火之中的巨大力量，于是如饥似渴地沉浸于浩瀚的书海。他还利用课余时间，参与了费斯克大学校刊《先驱》（*Herald*）的编辑工作。在费斯克大学三年期间，他主要学习了英语文学、英语写作、法语、德语、拉丁语、希腊语、哲学、历史、政治学、政治经济学、数学、物理、化学、天文学、自然史等课程。他还利用课余时间博览群书，阅读了古希腊诗人荷马、历史学家希罗多德、哲学家柏拉图、演说家德摩斯梯尼和悲剧家索福克勒斯以及古罗马历史学家李维、塔西佗，政治家恺撒，演说家西塞罗，诗人维吉尔、贺拉斯等人的经典作品。②功夫不负有心人，杜波依斯的刻苦努力换来了优异的成绩，受到了广大师生的一致好评。当时的费斯克大学校长伊拉斯塔斯·克拉弗思（Erastus Cravath）称赞他雄心勃勃，"才思敏捷，出类拔萃"。③

　　费斯克大学的三年是杜波依斯思想发展中的重要时期。在这段时期内，他对美国南部的黑人问题有了切身的体会和更为深刻的认识。初来南部，他感到"被猛然抛入了'黑人问题'"。他看到"这里的世界被分成了黑、白两半。这里属于黑人的一半世界受着种族偏见、法律枷锁以及知识极度的缺乏和可怕的贫困的羁绊"。④通过费斯克大学来自田纳西、佐治亚、亚拉巴马、密西西比、路易斯安那、得克萨斯等州的黑人兄弟姐妹的亲身经历以及他在南方社会的切身体会，他感受到了黑人民族的深重苦难。他目睹了在所谓"文明制度"下黑人所遭受的难以想象的各种歧视和白人针对黑人民众的令人触目惊心的野蛮与暴力：黑人遭到肆意伤害和屠杀；黑人妇女遭白人男子的强奸，而那些行凶作恶的人却逍遥法外。他看到城市和城镇黑人居住区与白人居住区泾渭分明；黑人在街道上和公共场所遭受蔑视和侮辱，在火车等公共交通工具上遭受粗暴的隔离。为了了解乡村黑人的情况，他两度利用暑假徒步几十英里（1 英里约合 1.6 千米），前往田纳西州东部威尔逊县（Wilson

---

　　① Broderick. *W. E. B. Du Bois*: 8.

　　② Aptheker. ed. *W. E. B. Du Bois: Against Racism: Unpublished Essays, Papers, Addresses, 1887-1961*. Amherst, MA: The University of Massachusetts Press, 1985: 6-12.

　　③ Broderick. *W. E. B. Du Bois*: 10.

　　④ Du Bois. "My Evolving Program for Negro Freedom." Rayford W. Logan. ed. *What the Negro Wants*. Chapel Hill, NC: The University of North Carolina Press, 1944: 36; Du Bois. *Autobiography*: 108.

County）一个贫困村庄里的黑人公立学校教学。在那里，他接触到了能吃苦耐劳的最普通的黑人民众的生活。他看到许多黑人穷得没有鞋穿，不得不赤裸着双脚，有的穿着补丁摞补丁的褴褛衣衫。他看到他所任教的黑人学校破烂不堪：校舍是一幢小木屋，没有窗户，没有黑板，没有课本，学生坐的凳子是用木板仓促钉成的，有的缺少靠背，有的没有腿儿。令他难忘的一件事是那一地区的白人督学在请他到家里吃晚饭时不愿与他同桌吃饭，等他们的家人吃完之后才让他吃。①这一切都像钢针一样刺痛着杜波依斯的心。他的心中涌起一种强烈的使命感。他的人生观就此发生了重大转变。他明确了他以后终生奋斗的目标不是争取个人的幸福，而是黑人民族的振兴。他写道："我用一个以我的美国种族为中心的世界取代了以前以自我为中心的世界。"他决心像犹太人的先知摩西领导被奴役的以色列人走出埃及一样，带领黑人摆脱受压迫的囚笼。②也就是说，正是在费斯克大学，杜波依斯为自己的未来设定了清晰的目标，下定了为黑人种族的平等奋斗终生的决心。③

在深入思考的基础上，他形成了以后争取黑人平等权利的基本策略。他指出，这是一场需要知识、智慧和行动的战斗。在这场战斗中应以"绝对的理性和美德"来战胜"仇恨、无知和反动"。他寄希望于像他自己一样受过良好教育的黑人领袖，以其知识和经验领导黑人民众。④值得一提的是，在这里，杜波依斯实际上提出了他一生不渝的斗争原则——以和平、合法的手段争取黑人平等权利。另外，他强调应该由受过良好教育的黑人领袖领导黑人民众，这一观点后来发展为"有天赋的十分之一"（the Talented Tenth）的思想，即他认为黑人争取平等权利斗争的领导力量应是占黑人人口十分之一、受过良好教育的、有知识有才华的黑人知识分子。⑤而他就是要成为这"十分之一"中的一员，后来黑人民权运动的发展，也证明了黑人领袖的作用。

① Du Bois. *Dusk of Dawn*: 30-31; Du Bois. *Autobiography*: 114-122.

② Du Bois. *Autobiography*: 112; Logan. ed. *What the Negro Wants*: 37.

③ Lewis. *W. E. B. Du Bois: Biography of a Race*: 73.

④ Logan. ed. *What the Negro Wants*: 37; Du Bois. *Autobiography*: 112-113.

⑤ 南开大学历史系，等编：《美国黑人解放运动简史》，北京：人民出版社，1977 年，第 207-208 页。奥古斯特·梅耶认为杜波依斯在哈佛大学期间才产生"有天赋的十分之一"的思想。参见 August Meier. *Negro Thought in America, 1880-1915: Racial Ideologies in the Age of Booker T. Washington*. Ann Arbor: The University of Michigan Press, 1963: 192. 菲利普·方纳认为，1898 年杜波依斯在费斯克大学的演说《向黑人大学生开放的职业》中产生了"有天赋的十分之一"思想的萌芽。参见 Foner. *W. E. B. Du Bois Speaks*, 1: 86.

在费斯克大学期间，青年杜波依斯就已经锋芒毕露，对南方的种族歧视问题进行过无情针砭。1887年，他起草了一份《致南方人民的公开信》。在信中，他鞭挞了南方存在的泾渭分明的种族界限、"盲目的种族偏见"和对黑人"最恶劣的不公正"：黑人被剥夺了政治上的发言权、自由选举权、陪审团权、自由就业权和平等的受教育机会，在剧院、教堂、火车等公共场所或交通工具中遭受种族隔离。他希望南部白人能摒弃"愚蠢的偏见"，致力于促进黑、白种族的共同利益，以避免种族敌对与冲突。①杜波依斯建议黑人要实现政治独立，不要盲目地忠诚于共和党；要弄清楚政治候选人对于私刑（lynching）②以及公民权利的立场。在1888年的总统大选中，杜波依斯支持民主党总统候选人格罗弗·克利夫兰（Grover Cleveland）。他认为，如果更多的黑人做出这种选择，就能启动权力制衡机制，迫使两大政党争抢黑人选票。③他指出，"南方不会始终铁板一块，在每次分裂中，黑人都将掌握权力平衡"。④可见，杜波依斯在大学时代就已经深谙美国的政党政治和权力平衡的意义，这一点对于美国社会各个群体维护自己的利益发挥了重要作用。

杜波依斯尽管很喜欢费斯克大学，但是感到它规模太小，设施有限，藏书也太少。为了承担起未来领导黑人的重任，他渴望受到最好的教育。他希望能去他梦寐以求的最高学府哈佛大学，以得到更好的受教育机会。他想的不是将来为自己牟取私利，他心中装的是美国黑人乃至世界其他有色民族的前途和命运。他希望有一天，通过各方的努力，美国黑人能被美国社会接纳，世界有色民族都能拥有自治的权力。⑤

1888年6月，杜波依斯毕业于费斯克大学，获得文学学士学位。他的毕业论文的选题是关于普鲁士的"铁血首相"俾斯麦，论文对俾斯麦统一德国的历史功绩进行了评述。在毕业典礼上，他发表了有关俾斯麦的演说。俾斯麦在他的心目中是真正的"英雄"。他认为，俾斯麦以"铁血政策"统一了四分五裂的德国。这个铁血宰相的一生展示了"思想的力量"（the force of an idea），"表明了一个人有所想才能有所为"。⑥杜波依斯指出："这在我的心中

---

① Aptheker. ed. *W. E. B. Du Bois: Against Racism: Unpublished Essays, Papers, Addresses, 1887-1961*: 1-4.

② "私刑"是指南部白人在法律框架之外私自处死黑人。

③ Rudwick. *W. E. B. Du Bois*: 22.

④ Lewis. *W. E. B. Du Bois: Biography of a Race*: 73.

⑤ Du Bois. *Dusk of Dawn*: 29; Du Bois. *Autobiography*: 125, 156.

⑥ Lewis. *W. E. B. Du Bois: Biography of a Race*: 77.

寓示着美国黑人必须做的事情——在受过良好教育的领袖的领导下砥砺前行。"[1]也就是说，黑人需要自己的"英雄"和领袖，领导他们突破一切种族屏障，以平等的地位融入美国社会。

三、哈佛岁月

　　1888年秋，杜波依斯作为费斯克大学的优秀毕业生，如愿以偿地被哈佛大学录取。当时的哈佛已经闻名遐迩，大师云集，如心理学家和实用主义哲学家威廉·詹姆斯（William James）、伦理学家乔治·帕默（George Palmer）、哲学家乔赛亚·罗依斯（Josiah Royce）和乔治·桑塔亚那（George Santayana）、地质学家纳撒尼尔·谢勒（Nathaniel Shaler）、将德国大学的研讨班（research seminar）模式引入哈佛历史教学的历史学家阿尔伯特·布什内尔·哈特（Albert Bushnell Hart）。其中许多人做过杜波依斯的老师，杜波依斯也曾经向他们中的许多人求教过。例如：谢勒教过他地质学；威廉·詹姆斯给他讲授过逻辑学、心理学等课程。这些受过高等教育的大学老师，对杜波依斯没有表现出明显的偏见。杜波依斯常常去詹姆斯教授的家里拜访他。杜波依斯后来回忆说："在所有的老师中，他是我最亲密的朋友。"[2]乔治·桑塔亚那教过他法国与德国的哲学。杜波依斯记得有一次与他一起讨论康德的著作。杜波依斯还常常向乔赛亚·罗依斯和乔治·帕默请教问题。阿尔伯特·哈特给他讲授过美国宪法和政治史。杜波依斯成为他最得意的门生之一，并在他的指导下取得了硕士学位。在哈佛这所世界名校，杜波依斯如鱼得水。在这些著名教授的熏陶下，他的学识和学术能力日新月异，突飞猛进。

　　杜波依斯利用哈佛大学有利的学习条件，如饥似渴，惜时如金，大部分时间都用来学习，徜徉于知识的海洋。他制订了每日的学习计划和学习时间表。他还认真地预习功课，并在课后全力以赴地完成作业。因此，同学们都称他为"书呆子"。[3]1888－1892年杜波依斯在哈佛大学的四年间，前两年主要修习了大学三、四年级的课程，主要包括英语、历史、哲学、经济学、心理学、地质学等课程，最后获得哲学学士学位。后两年在哈特教授的指导下

---

[1]　Du Bois. *Dusk of Dawn*: 32; Du Bois. *Autobiography*: 126.

[2]　Du Bois. *Dusk of Dawn*: 29.

[3]　Du Bois. *Dusk of Dawn*: 36.

攻读历史学硕士学位，主要学习政治经济学、历史、社会学等课程。1891 年，他的硕士论文《美国非洲奴隶贸易的禁止，1638－1870》（*The Suppression of the African Slave-trade to the United States of America, 1638-1870*）通过答辩，他获得历史学硕士学位。1891 年 12 月，经哈特教授的推荐，他在美国历史协会（American Historical Association）年会上宣读了这篇论文，被评为三篇最优秀论文之一。[①] 后来，杜波依斯在此基础上将其扩充为博士论文。1895 年，他的论文通过答辩，他获得哈佛大学博士学位，成为获得该校博士学位的第一个黑人学生。1896 年，他的博士论文作为"哈佛历史学丛书"第 1 册正式出版，成为杜波依斯正式出版的第一本专著。

在哈佛和波士顿四年的学习与生活，让他更强烈地感受到了黑人世界与白人世界之间存在的难以逾越的鸿沟。他参加学校歌唱团的申请未能获得批准。在哈佛的几年里，杜波依斯的社交圈子主要限于校园内以及波士顿的黑人。他很少参加白人学生的社团，结识的白人朋友也屈指可数。甚至他肤色较浅的黑人同学威廉·门罗·特罗特（William Monroe Trotter）[②] 也对他不屑一顾，宁愿与白人同学交往。[③] 杜波依斯离群索居，自得其乐地营造着"内心的孤岛"，并称之为一片"美丽的土地"。杜波依斯承认他内心深处有一种"自卑情结"，有一道心理防线。尽管他内心也希望拥有众多的朋友，但他害怕遭拒绝和被冷落。另一方面，他在费斯克大学的三年使他已经习惯了以黑人为主的社交圈子。因此，他说，在哈佛，他颇有一种"身在曹营心在汉"的感觉。他在回忆录里写道："我身处哈佛，但却并不属于它。"[④]

在哈佛学习期间，种族主义如影随形，无处不在，天性敏感的杜波依斯都能敏锐地感觉到。在课堂上，老师也会讲到不同种族之间的差别，并且认为，在人类的各个不同群体中，黑人处于较低下的地位。他记得有一次去博物馆，看到一些从猿猴到人类的骨架展示，黑人的骨架被放置在大猩猩骨架的前面。[⑤] 在日常生活中，他经常遇到冷眼与蔑视，这使他对白人世界的厌恶感与日俱增。因此，他愈加认同于他所属的黑人民族，并常常为她的命运而忧虑、深思。他认为，在一个需要理性和教育的时代，黑人却不能得到平

---

① Du Bois. *Autobiography*: 149.
② 波士顿《卫报》（*Guardian*）编辑，20 世纪初与杜波依斯一起站出来反对布克·华盛顿的妥协路线。
③ Rudwick. *W. E. B. Du Bois*: 22-23.
④ Du Bois. *Dusk of Dawn*: 36-37; Du Bois. *Autobiography*: 135-136, 139.
⑤ Rudwick. *W. E. B. Du Bois*: 23.

等的受教育机会，文化水普遍较低。这错不在黑人民众自身，因为他们的心智是健全的。问题在于缺乏受过良好教育的领袖挺身而出，在"最低的蒙昧状态"与现代文明之间架起桥梁。他说，对于黑人民族来说，当前的任务是发展自己的文化，争取资格参与现代文明，并最终融入白人主流社会。①

值得一提的是，在 1890 年 6 月哈佛大学的毕业典礼上，杜波依斯被选为在毕业典礼上发表演讲的 6 个优秀学生代表之一，他演讲的题目是《文明的代表杰弗逊·戴维斯》。在演讲中，他阐述了自己对不同文明之间关系的理解。他指出，杰弗逊·戴维斯（Jefferson Davis）②是"条顿人的英雄"，是条顿文明的代表。这种文明建立在"个人主义与强权政治相结合"的基础之上。条顿民族"为了自由而战，以便剥夺另一个民族的自由"。它"以整个世界为代价而推进世界的局部发展"。它带着强烈的自我意识，却把别的民族抛诸脑后。这种民族的自私自利阻碍了文明的进步。这种以"一个种族的崛起建立在另一个种族毁灭之上"为原则的人类"文明"是"奇谈"，是"谎言"。任何一种单一的思想都无法"揭示世界的全部真理"。仅有条顿文明的世界是不完美的，因为世界文明的充分发展不能失去最弱小民族的贡献。杜波依斯预言，作为条顿文明的"制约和补充"，黑人种族必将在明天的世界发挥作用。③在这里，杜波依斯一方面强调了民族领袖的作用，一方面提出了黑人文化应与白人文化在世界上拥有平等的发展机会、应当互补共存的思想，这一思想后来得到进一步发展。

作为第一位在哈佛大学取得博士学位的美国黑人，杜波依斯在哈佛攻读本科和硕博研究生的几年，为他奠定了良好的学术基础，并且进一步提升了他的演讲技巧。他曾经在哈佛大学的演讲比赛中获奖。在哈佛的几年对杜波依斯最为重要的影响是使他在自然科学和社会科学方面奠定了较为深厚的基础，尤其是历史学、经济学和社会学的学习，这为他以后研究与剖析黑人问题提供了多种有力的武器和工具。而且在哈佛大学学习期间，他决定把詹姆斯的实用主义与哈特的历史研究方法结合起来，应用于对美国黑人问题和种族关系的研究。④1890 年杜波依斯在向哈佛学术委员会申请奖学金资助攻读

---

① Broderick. *W. E. B. Du Bois*: 24-25.

② 杰弗逊·戴维斯为美国内战时期南部同盟的总统，是南部奴隶主政权的代表。

③ Du Bois. "Jefferson Davis as a Representative of Civilization." Huggins. comp. *W. E. B. Du Bois: Writings*: 811-814; Du Bois. *Autobiography*: 146-147.

④ Logan. ed. *What the Negro Wants*: 39; Du Bois. *Autobiography*: 148.

博士学位时，在申请书中表示要学习社会科学，"以最终把其原则应用于黑人民族的社会和经济进步"。①

四、留学柏林

1892—1894 年，杜波依斯前往欧洲留学。1892 年 10 月，杜波依斯在约翰·斯莱特基金会②的资助下，进入德国柏林大学学习历史、经济学、社会学。在那里他有幸认识了当时许多最著名的教授，如经济学家古斯塔夫·施默勒（Gustav Schmoller）、社会史教授阿道夫·瓦格纳（Aldolf Wagner）、政治学教授海因里希·冯·特莱茨希克（Heinrich von Treitschke）、社会学家马克斯·韦伯（Max Weber），等等。其中，特莱茨希克给他讲过政治学；瓦格纳给他开过经济学和政治经济学；施默勒给他上过政治经济学概论、劳工问题和普鲁士宪法史等。此外，他还选修过历史哲学、近代史、欧洲近代史、18 世纪历史、经济史、普鲁士改革、英国与德国的劳工问题等课程。③

1893 年 2 月 23 日，对于杜波依斯来说是一个不寻常的日子，这是他在异国他乡度过的第一个生日。他 25 周岁了。在柏林漆黑漫长的冬夜里，独在异乡为异客、远离家乡和朋友的杜波依斯一个人坐在自己的房间，茕茕子立，形影相吊，感到一丝孤独和伤感。在昏黄跳动的生日蜡烛的烛光里，他拿起笔，以意识流的形式，在日记中写下了他当时的感受：

> 黑夜——静谧而美好。我很高兴成为一名领导一个种族的强者。我很坚强——这是自负？——还是自信？——抑或世界精神（the world

① Aptheker. ed. *W. E. B. Du Bois: Against Racism: Unpublished Essays, Papers, Addresses, 1887-1961*: 13.

② 约翰·斯莱特基金会（The John F. Slater Fund for the Education of Freedmen）是由美国康涅狄格州早期近代实业家约翰·斯莱特（其兄长就是被称为"美国工业革命之父"的塞缪尔·斯莱特）的儿子约翰·福克斯·斯莱特（John Fox Slater）创立的。斯莱特家族认为其在企业上所取得的辉煌成就得益于美国南部廉价的棉花，于是在 1882 年设立此基金会，斥资 100 万美元，资助南部黑人教育。同时资助南部黑人教育的还有金融家约翰·福斯特·皮博迪（John Foster Peabody）于 1867 年建立的皮博迪教育基金会（Peabody Education Fund），拨款 200 多万美元，资助美国南部和西南部贫困地区的教育。参见 Lewis. *W. E. B. Du Bois: Biography of a Race*: 117.

③ Aptheker. ed. *The Correspondence of W. E. B. Du Bois*, 3 vols. Amherst, MA: University of Massachusetts Press, 1973: 21, 24, 26.

spirit）的默默召唤使我感到我就是君王，在我的权杖下世界万王来朝。一位黑色祖先造就的万人之王的黑色的热血在我的心中涌动。我知道我或者是一个天才或者是一个傻瓜。噢，我想知道我是什么样的人——我想知道世界是什么样子——我想知道生活是否值得去奋斗。但我不知道——也许我永远不会知道。然而我确实知道的一点是：无论真理是什么，我将追求它，仅仅是因为我认为它值得追求。即使付出生命的代价，无论是天堂或是地狱，无论是上帝或是魔鬼，都不能阻止我实现我的目标。我将在我生命的第二个四分之一世纪里步入未知世界的幽暗森林。为此我做了许多年的学徒——对于世界提供给我的海图和指南针我没有信心——然而，我没有更好的东西——我将去追寻，直到找到它——并为此做出牺牲。……这种牺牲是为了努力传播真理……我因此接过未知的精神交给我的工作，争取黑人民族的振兴。因为我想当然地认为只有黑人民族获得最好的发展，世界也才能真正繁荣……

杜波依斯最后写道："我的计划是：在科学方面成名，在文学上成名，以振兴我的种族。"[1]这表明他具有强烈的种族自豪感和领导黑人种族走向平等的使命感，他要用他通过学校教育得到的"海图和指南针"，引导自己去追寻真理，甚至为此不惜牺牲生命，同时他也指出了黑人民族的发展与世界繁荣发展的关系。

杜波依斯在柏林大学虽然仅仅待了两年的时间，而且其间他结交的朋友也不多，然而，这段时光对他影响很大，进一步改变了他的思想观念。走出国门，杜波依斯看到了一个完全不同于美国的世界和迥异的社会文化。他暂时摆脱了种族歧视编织出来的无处不在、令人窒息的无形巨网，跳出了游离于美国国内白人世界之外的黑人世界，置身于一种令他耳目一新的社会氛围，以一种全新的视角和目光审视美国乃至世界的种族问题。他写道："在欧洲，我童年时代的心从美国紧握的铁拳中挣脱出来，在世界文明极为鼓舞人心的空气中再次跳动起来。"[2]

杜波依斯在德国留学期间，利用假期游历了德国的主要城市以及英国、法国、波兰、瑞士、奥地利、匈牙利、意大利等国，这增进了他对别的民族

---

① Aptheker. ed. *W. E. B. Du Bois: Against Racism: Unpublished Essays, Papers, Addresses, 1887-1961*: 27-29.

② Aptheker. ed. *W. E. B. Du Bois: Against Racism: Unpublished Essays, Papers, Addresses, 1887-1961*: 29.

的了解，拓宽了他的视野，使他开始将美国的种族问题与亚洲和非洲的有色
民族问题以及欧洲的发展问题联系在一起来考察，探求它们之间的联系。①例
如，他了解到了当时德国兴起的反犹主义运动，认为这与美国的黑人问题一
样，也是一个种族问题。对此，他产生了极大的兴趣。他也了解到了布拉格
的民族主义情绪，如学校禁止教授德语。②杜波依斯旅欧期间所到之处接触
到的是欧洲友好、厚道的人们对他的热情、平等的对待，并没有遭遇到美国
那种显著而深度的种族偏见和歧视。甚至一位德国姑娘对他萌生爱慕之心，
表示要与他"立马"结婚。他回忆说，这使他消除了狭隘的种族意识，第一
次认识到"白人也是人"。他不再以白种肤色为依据来憎恶或怀疑一切白人。③

　　在柏林的学习使他进一步理解了科学研究的真正价值，坚定了他将科学
研究的方法与新的社会科学结合起来运用于解决美国黑人问题的设想。1893
年 3 月 10 日，杜波依斯在致约翰·斯莱特基金会的报告中称，回国后，他
想到位于华盛顿特区的黑人大学霍华德大学谋取一个教职，然后创建一个社
会学系，对黑人问题开展"科学研究"，以寻求黑人问题的最佳解决方案，同
时，培养黑人学生开展独立的科学研究。④另外，在欧洲体验的新环境、获
得的新视角使他对美国黑人民族的艰难处境以及美国的黑人问题有了更为深
刻的认识，进一步增强了他解救黑人民族走出苦难的使命感。在给约翰·斯莱
特基金会写信请求该机构资助其在德国的第二年留学时，他写道："我认识
到……黑人青年一代所肩负的重任。"为此，他应当受到与白人同学同等的教
育，从而为履行自己未来的责任做好准备。⑤在柏林留学两年后，他带着这
种强烈的使命感和振兴黑人民族的雄心勃勃的计划，再一次远涉重洋，回到
他苦难深重的美国黑人同胞中间。

　　1894 年夏天，杜波依斯回到美国时已经 28 岁。他申请前往黑人大学费
斯克大学、霍华德大学和汉普顿学院（Hampton College）教书，但是当时这
些学校没有工作岗位。他拒绝了亚拉巴马州的黑人职业学校塔斯克基学院
（Tuskegee Institute）院长布克·华盛顿以及密苏里州林肯学院（Lincoln

---

①　Du Bois. *Dusk of Dawn*: 47; Du Bois. *Autobiography*: 162; Aptheker. ed. *The Correspondence of W. E. B. Du Bois*, 1: 23, 26.

②　Broderick. *W. E. B. Du Bois*: 26-27.

③　Logan. ed. *What the Negro Wants*: 41-42; Foner. ed. *W. E. B. Du Bois Speaks*, 1: 32; Du Bois. *Autobiography*: 159-161.

④　Aptheker. ed. *The Correspondence of W. E. B. Du Bois*, 1: 25.

⑤　Broderick. *W. E. B. Du Bois*: 29-30.

Institute）的工作邀请，前往位于俄亥俄州齐尼亚（Xenia）的威尔伯佛斯大学（Wilberforce University），从事教学与科研工作。因缘巧合，在这里，他遇到了他的"另一半"尼娜·高莫（Nina Gomer）。①

　　威尔伯佛斯大学是一所由非洲卫理公会教会（African Methodist Episcopal Church）建立的黑人大学。这所学校办学经费紧张。更为甚者，它具有强烈的宗教色彩，令杜波依斯非常反感。学生在上课时间，经常被安排去参加宗教礼拜活动。有一次，杜波依斯拒绝参加学校小礼堂的祈祷活动，差点被学校开除。学校嘈杂的环境，令杜波依斯难以静心思考与从事科研。杜波依斯有一次在自己的房间里闭门静思修习，学校小礼堂传来参加礼拜的师生疯狂的尖叫和呻吟声，令他难以集中注意力读书。②这促使他下决心一走了之，换个环境。幸运的是，1896 年，位于费城的宾夕法尼亚大学向他发出邀约，承诺给他拨付一笔经费，请他负责主持费城黑人的研究项目。③这正是他梦寐以求的一项工作，于是他欣然前往。

---

　　① 尼娜给杜波依斯生了一个儿子，幼时即夭折；还有一个女儿约兰达（Yolande），长大后成为喜剧演员。

　　② Rudwick. *W. E. B. Du Bois*: 28.

　　③ 杜波依斯回忆说，他与宾夕法尼亚大学的教工联系不多，而且，他本人没有被安排教学和指导学生，也不在宾夕法尼亚大学的教师名单上。参见 Rudwick. *W. E. B. Du Bois*: 29.

第二章　世纪之交的黑人问题与
杜波依斯的解决方案

对于美国白人来说，19世纪后期和20世纪初叶是美国历史上的"镀金时代"，经济繁荣发展，跻身世界强国之列。同时，包含各种社会改革的"进步运动"也在如火如荼地进行。然而，对于美国黑人来说，这个时期却是一个充满黑暗的时代，也是种族关系的倒退时期。白人对黑人的种族歧视变本加厉，愈加明目张胆。在内战期间刚刚获得自由的黑人在重建时代所暂时获得的公民权利和政治权利被肆意剥夺，在他们的生活与工作中，种族歧视和种族隔离无处不在。面对这样一种形势，刚刚走出校园的青年杜波依斯苦苦思索这样一个问题：如何才能领导黑人走出种族历史上的漫漫长夜。他决定利用在大学和留学期间掌握的科学知识，展开一场对黑人问题的全面研究，以便在了解问题本质的基础之上，寻求问题解决之策。在了解杜波依斯的黑人问题研究计划之前，不妨先了解一下他所处的时代与黑人民众的处境。

一、黑人历史上的至暗时代

杜波依斯所面临的时代，是美国黑人历史上一个不堪回首的时代。南部重建虽然推动美国社会在政治、经济、社会和教育文化等方面取得了许多进步，但它并未从根本上改善黑人的经济状况和社会地位。奴隶制虽已成明日黄花，但废除奴隶制并未同时消除白人心中历经几个世纪所形成的根深蒂固的种族偏见。因此，重建以来，南部黑人在经济上仍然遭受剥削，在社会生活的方方面面也依然遭受着种种歧视。

　　有人说，重建的最大失败也许是在经济方面。[①]在某种意义上，这不无道理。重建并未能使黑人实现经济独立。内战打碎了奴役黑人的锁链，却并未给他们赖以谋生的手段。重建结束时，南部的黑人大都缺衣少食，穷困潦倒。内战以后，南部农村 3/4 的黑人没有土地、资本和技术，因而不得不在取代南部种植园奴隶制的分成雇农制、分成佃农制、租金制和工资劳动制等几种劳动制度下靠辛苦劳动谋得生计。分成雇农一无所有，租种的土地、农具、牲畜等都由农场主提供，最后获得收成的 1/2。他们常常被迫以下一年的收成作为抵押向农场主或银行家以高达 20%－27% 的利息贷款，购置种子、肥料、口粮和生活用品，结果多数人债台高筑，陷入永无终结的劳役偿债制（peonage）。分成佃农一般自己拥有部分生产资料，如种子、耕畜和简单的农具等，收获后将全部收成的 1/4 或 1/3 上交给出租土地的农场主。他们也需向农场主等贷款购买日用品和部分生产资料，因此也常常陷入债务深渊，甚至沦为分成雇农。租金农自备生产资料，生活能自给自足，只是租种土地，交纳定额地租。工资劳动者分为两类，一类是农场长期雇用者，另一类是季节性短工和零工。1870－1880 年间，农场常年雇工男工每月收入 9－15 美元，女工 5－10 美元。[②]实际上，农场主发给他们的常常是"白条"。他们被迫用这些白条在农场主开设的商店换取日用品，而这里的日用品价格是其他商店价格的两倍。因此，他们也难逃债务的天罗地网。南部一些地区陷入债务的农民达 9/10。[③]而短期工资劳动者却要遭受低工资的剥削。1880 年，他们从日出到日落劳作一天，每月的收入为：亚拉巴马州 8－14 美元，得克萨斯州和阿肯色州 8－15 美元，佛罗里达州 6－10 美元，佐治亚州 5－10 美元，路易斯安那州 6－15 美元，密西西比州、南卡罗来纳州和田纳西州 8－12 美元。[④]进入 19 世纪 90 年代以后，由于经济萧条，棉花价格下跌，加之水灾、旱灾、棉铃虫灾和瘟疫袭击南方，烟草、大米产量大幅度下降，许多农民因入不敷出还不起高额贷款而失去了土地，债台高筑，陷入极度贫困，甚至遭

---

　　① 约翰·霍普·富兰克林：《美国黑人史》，张冰姿，等译，北京：商务印书馆，1988 年，第 293 页。

　　② 霍震，杨惠萍：《美国内战后至二十世纪初期的南部种植园制度》，中国美国史研究会，编：《美国史论文集，1981－1983》，北京：生活·读书·新知三联书店，1983 年，第 214－218 页。

　　③ Rayford Logan. *The Betrayal of the Negro: From Rutherford B. Hayes to Woodrow Wilson*. New York: Collier Books, 1965: 131-133.

　　④ C. Vann Woodward. *Origins of the New South, 1877-1913*. Baton Rouge: Louisiana University Press, 1971: 207.

受流离失所、饥寒交迫之苦。①

南部城市黑人的处境也很艰难。他们主要从事非熟练性工作和家政服务，而且收入很低，1890 年平均每月不足 30 美元。②到 19 世纪末，他们在经济生活中愈加处于不利的地位。首先，他们不得不面对来自欧洲移民的竞争。许多白人雇主不愿意雇用黑人，宁愿招收欧洲移民代替黑人劳力。大批欧洲移民取代黑人成为铁匠、裁缝、建筑工人、钢铁工人和铁路工人等。③其次，内战后机械化和技术革新淘汰了许多传统手工艺，由于白人的歧视，又没有机会得到适当的技术培训，黑人失去了许多传统工作。例如，1870 年新奥尔良市 3460 名黑人是木匠、铁匠、油漆工、店员、制鞋工人、制桶工人、裁缝、面包师、卷烟工人、翻砂工人，到 1904 年，仍从事这些行业的人不足 10%。④再次，黑人工人遭受白人和白人工会的仇视和排斥。白人把黑人视为就业竞争的对手。1900 年，有 12 个全国性工会公开排斥黑人，其他许多工会或排斥或歧视黑人。1902 年，在全国主要工会的 120 万会员中，黑人仅占 4 万。⑤最后，黑人与白人不能同工同酬。做同样的工作黑人工资低于白人，而且也没有机会得到晋升。1902 年，同样的工作，黑人的工资要比白人低 25%以上。以亚特兰大为例，白人漆工每天收入 2.30 美元，而黑人漆工仅为 1.80 美元；白人木工每天挣 2.07 美元，而黑人木工仅为 1.82 美元；白人电工每天挣 5 美元，而黑人电工仅为 3.50 美元。在孟菲斯，白人木工每天挣 3.50－4.00 美元，而黑人木工仅挣 2.50 美元；白人车站工程师每天挣 3－4.5 美元，而黑人车站工程师仅挣 2－2.5 美元。⑥收入很低、生活水平差、营养不良、无钱就医造成南部城市黑人死亡率居高不下。1890 年，田纳西州纳什维尔的

①　Logan. *The Betrayal of the Negro*: 145-146; Woodward. *Origins of the New South*: 269-270.

②　Howard N. Rabinowitz. *Race Relations in the Urban South, 1865-1890*. New York: Oxford University Press, 1978: 63-66, 72.

③　Paul B. Worthman and James R. Green. "Black Workers in the New South, 1865-1915." Nathan Huggins, Martin Kilson, and Daniel M. Fox. eds. *Key Issues in the Afro-American Experience*, 2 vols. New York: Harcourt Brace Jovanovich, Inc., 1971, 2: 51.

④　Paul B. Worthman and James R. Green. "Black Workers in the New South, 1865-1915." Huggins, Kilson, and Fox. eds. *Key Issues in the Afro-American Experience*, 2: 54; Woodward. *Origins of the New South*: 360-361.

⑤　Woodward. *Origins of the New South*: 361-362; Worthman and Green. "Black Workers in the New South, 1865-1915." Huggins, Kilson, and Fox. eds. *Key Issues in the Afro-American Experience*, 2: 59.

⑥　Woodward. *Origins of the New South*: 362; Worthman and Green. "Black Workers in the New South, 1865-1915." Huggins, Kilson, and Fox. eds. *Key Issues in the Afro-American Experience*, 2: 55.

白人死亡率为 13.52‰，而黑人却为 25.03‰。肺结核和肺炎是黑人的两大杀手。1890 年，亚特兰大死于肺结核的白人为 80 人，黑人为 136 人；死于肺炎的白人为 46 人，而黑人为 89 人。[①]

南部白人把"隔离但不平等"的教育强加给黑人。自殖民地时期以来，反对黑人教育是南部白人的一贯立场。在奴隶制下，教黑人识字被视为犯罪。黑人解放初期，白人反对黑人教育的情绪十分激烈。他们有时迫害和赶走来自北方的教师，有时袭击热衷于黑人教育的白人，有时纵火烧毁黑人校舍。[②]出于对黑人经济剥削和政治控制的需要，南部白人杜撰了黑人种族劣等论，宣扬黑人只适合于体力劳动，没有能力接受像白人一样的教育。他们希望黑人一直成为白人手下无知、驯服的奴仆和劳力。[③]对此，南部白人种族主义者毫不讳言。1899 年，南部白人约翰·洛夫（John L. Love）直言不讳地说，南部的寡头统治要保持在政治和经济领域至高无上的权力，需要黑人普遍没有文化，并对他们的社会地位进行压制。而教育会使黑人不再适合于从事田间劳作，也会使黑人变得桀骜不驯，难以管理。因此，应减少黑人的教育经费，并且通过黑人教育把黑人培养为容易控制的"经济因素"。[④]后来担任密西西比州州长的詹姆斯·瓦达曼（James K. Vardaman）极力反对该州资助黑人教育。他认为，黑人教育"对于黑人来说是绝对的不友善"，因为这将使黑人"不再适合干给他们规定的和他们被迫要做的工作"。他对北方慈善家资助南方黑人教育也深怀不满。他说："北方送往南方的不是金钱，而是炸弹。这种教育毁了我们的黑人。他们正要求平等。"[⑤]由于上述原因，黑人不得不接受隔离但不平等的教育。这首先表现在南方各州对黑人与白人儿童教育经费上的差别对待。1899 年，黑人儿童占南部学龄儿童的 31.6%，而其教育经费仅占公立学校教育经费的 12.9%。1900－1901 年，前南部奴隶州平均每位白

① Rabinowitz. *Race Relations in the Urban South*: 149.

② Vernon Lane Wharton. *The Negro in Mississippi, 1865-1890*. New York: Harper & Row Publishers, 1965: 245.

③ Mary Frances Berry and John W. Blassingame. *Long Memory: The Black Experience in America*. New York: Oxford University Press, 1982: 264.

④ Herbert Aptheker. ed. *A Documentary History of the Negro People in the United States*, 3 vols. New York: The Citadel Press, 1951-1974, 1: 764.

⑤ Thomas F. Gossett. *Race: The History of an Idea in America*. Dallas: Southern Methodist University Press, 1975: 276-277.

人儿童的教育经费为 4.92 美元，而黑人儿童仅为 2.21 美元。①南部各州黑人儿童入学率极低，不超过 50%。如得克萨斯州为 23%，田纳西州为 46%。佐治亚州 6－14 岁黑人儿童中有机会上学者不足一半。②黑人学校多设在教堂、废弃的小屋等临时性的场所，而且大都破烂不堪。③白人学校开设的许多课程黑人学校不开，而且黑人学校每学期平均比白人学校短 78 天。在南卡罗来纳州，黑人学校每年开放 78 天，而白人学校开放 156 天。另外，"一战"前，南部城市几乎没有黑人中学。④黑人教师与白人教师的工资差额也很大。例如，密西西比州 1881 年黑人教师月薪 27.40 美元，白人教师为 31.37 美元；1890 年黑人教师为 23.20 美元，白人教师为 33.37 美元；1895 年黑人教师为 21.53 美元，白人教师为 33.04 美元。1905 年佐治亚州白人教师月薪为 42.85 美元，而黑人教师仅为 19.88 美元。⑤

　　黑人在法律上也受到极不公正的待遇。由于种族歧视，黑人遭受执法部门逮捕的比例很高。1865－1866 年，弗吉尼亚州里士满市遭逮捕的罪犯中白人为 429 人，黑人为 581 人；1890 年，白人为 2905 人，黑人为 3665 人。1890 年，北卡罗来纳州罗利市逮捕的罪犯中白人为 461 人，黑人为 549 人。同年，亚拉巴马州蒙哥马利市所逮捕的罪犯中白人为 785 人，黑人为 1327 人。由于审判罪犯的陪审团、法官和证人多为白人，黑人罪犯得不到公正的审判，被判刑的比例也较高，同样的罪被判得也较重。⑥另外，一些州对一些轻罪实行严刑峻法。如密西西比州的一项法律规定，偷盗价值 10 美元以上的财产或猪、牛者判刑 5 年。⑦由于上述原因，南部监狱都是黑人囚犯为主。1879 年，佐治亚州 1200 名重罪犯中，90%为黑人；1908 年，该州 2566 名重罪犯中，2219 人为黑人。1890 年，位于北卡罗来纳州罗利市的州监狱中白人囚犯有 408 人，黑人囚犯有 1625 人；同年，南卡罗来纳州监狱的 1184

① Berry and Blassingame. *Long Memory*: 265; Woodward. *Origins of the New South*: 399.

② Woodward. *Origins of the New South*: 399-400; John Dittmer. *Black Georgia in the Progressive Era, 1900-1920*. Urbana, Ill.: University of Illinois Press, 1977: 145.

③ Wharton. *The Negro in Mississippi*: 248; Dittmer. *Black Georgia in the Progressive Era*: 144-145; Gossett. *Race*: 277.

④ Florette Henry. *Black Migration: Movement North, 1900-1920*. New York: Anchor Press, 1976: 37-38.

⑤ Wharton. *The Negro in Mississippi*: 248-249; Dittmer. *Black Georgia in the Progressive Era*: 144.

⑥ Rabinowitz. *Race Relations in the Urban South*: 43.

⑦ Woodward. *Origins of the New South*: 213.

名罪犯中，1061 名是黑人。[1]犯罪的黑人轻罪者可以移交给替他代交罚款的白人为其劳动一定期限以偿清罚款，其间白人可以随意使用、虐待和毒打黑人。[2]重罪黑人和无人代交罚款的轻罪黑人常常被出租给私人雇主、承包商和公司，这就是南方罪恶而残酷的囚犯租赁制度。弗吉尼亚州 1879 年出租的 222 个囚犯中，仅有 15 个白人；1885 年出租的 211 个囚犯均为黑人。1890 年 10 月 1 日，佐治亚州出租的囚犯中有白人男子 140 人，黑人男子 1473 人，黑人妇女 48 人，无白人妇女。同年，北卡罗来纳州未出租的男性白人囚犯占 40%，而白人仅占出租囚犯的 15%。[3]黑人囚犯出租年限最长为 10 年、20 年或 30 年。他们被迫在农场、矿山、锯木厂、铁路、铁矿和煤矿等地从事极为繁重的劳动，遭受着种种非人的待遇。他们常衣衫褴褛，食不果腹，被打得皮开肉绽；有的被迫冬天在齐腰深的冰水里作业；有的在干活时脚上或腰上被锁上铁链；佐治亚州甚至在晚上把黑人男女囚犯用铁链子锁在一张床上，造成许多妇女怀孕并产下私生子。囚犯拘押的牢房常常污秽不堪，囚犯身上虱子滋生。他们吃的经常是玉米饼和坏猪肉。许多囚犯因长期劳累和折磨而落得终身残疾，也有许多囚犯不堪沉重的劳役和刑罚而死亡。1880—1885 年，密西西比州黑人出租囚犯死亡率为 11%，1887 年为 15%。1881 年，阿肯色州黑人出租囚犯死亡率高达 25%。[4]1888 年 1 月，亚拉巴马州伯明翰的田纳西煤炭、钢铁与铁路公司（The Tennessee Coal, Iron & Railroad Company）与州议会签订合同，可以在其煤矿上使用该州所有的罪犯，期限为 10 年。公司根据罪犯的分类，每人每月向州政府提供 9—18 美元的补偿。[5]黑人囚犯成为州政府发财致富的工具。

　　1890—1910 年，南部相继掀起剥夺黑人选举权运动，黑人的政治权利被剥夺殆尽。对于这一举措背后的真实目的，白人种族主义者也毫不遮掩。1890 年，密西西比州一位白人撰文指出，剥夺黑人选举权是一个"政治经济学问题"。白人"如果允许黑人参与政治，那么他作为劳动力的价值就中止了，也

---

① Dittmer. *Black Georgia in the Progressive Era*: 83; Henry. *Black Migration*: 40.

② Carter G. Woodson and Charles H. Wesley. *The Negro in Our History*. Washington D.C.: The Associated Publishers, Inc., 1962: 436.

③ Rabinowitz. *Race Relations in the Urban South*: 150.

④ Wharton. *The Negro in Mississippi*: 235; Dittmer. *Black Georgia in the Progressive Era*: 83-86; Woodward. *Origins of the New South*: 212-214.

⑤ Philip S. Foner. *The Voice of Black America: Major Speeches by Negroes in the United States, 1797-1973*, 2 vols. New York: Capricorn Books, 1975, 1: 531.

就不再有办法控制和利用他了"。南部为了自己的长治久安，应把黑人作为一个"工业和经济因素"加以严格控制。①南部白人约翰・洛夫也持类似观点。他指出，剥夺黑人选举权、对于黑人劳动力进行控制，实际上是一个"经济问题"，因为"拥有选举权将使他成为一个自由劳动者，并使他要求自由劳动者的工资"。②20 世纪初，白人记者雷・斯坦纳德・贝克（Ray Stannard Baker）坦白地说，南部白人从不认为黑人应该拥有政治权利。③内战前，南部同盟各州几乎都剥夺了自由黑人的选举权。④重建时期，北部共和党人激进国会利用强制力量通过宪法第 14 条和第 15 条修正案，从法律上确立了黑人的公民权和选举权。然而，自重建结束一直到 1890 年，南部各州以暴力阻挠、伪造选票、篡改票数、临时改变投票地点、不公正地划分选区、复杂的投票手续、人头税等表面上并不违背宪法和民权法的手段削弱黑人的政治力量。⑤1890 年，密西西比州率先把旨在剥夺黑人选举权的规定写进州宪法，规定剥夺犯过行贿、抢劫、偷窃、纵火、谋杀、作伪证、重婚罪的人的选举权；选民除缴纳两美元的人头税之外，还必须能阅读州宪法或宣读州宪法时能听懂或对州宪法做出合理解释。1895 年，南卡罗来纳州新的州宪法要求选民在该州当地居住两年，缴纳一美元人头税，有能力阅读和书写州宪法任何章节或能理解读给的州宪法，或者拥有价值 300 美元的财产；罪犯无选举资格。⑥1896 年，南卡罗来纳州首创"白人初选制"（white primary），规定只有白人才有资格参加民主党的预选大会并在大会上投票。随后许多州纷纷效法。⑦南部 8 州还采用文化测验，要求选民能读、会写。1898 年，路易斯安那州将"祖父条款"（Grandfather Clause）塞入州宪法，规定 1867 年 1 月 1 日之前（此前黑人尚无选举权）拥有选举资格的人及其子孙不受文化测验和财产资格的限制。⑧到 1910 年，前南部同盟 11 州和俄克拉何马州都相继采用

① Aptheker. ed. *A Documentary History of the Negro People in the United States*, 1: 763.

② Aptheker. ed. *A Documentary History of the Negro People in the United States*, 1: 763-764.

③ Ray Stannard Baker. *Following the Color Line: American Negro Citizenship in the Progressive Era*. New York: Harper & Row Publishers, 1964: 241.

④ 威廉・福斯特：《美国历史中的黑人》（中译本），北京：生活・读书・新知三联书店，1960 年，第 54 页。

⑤ 富兰克林：《美国黑人史》，第 312－313 页。

⑥ 富兰克林：《美国黑人史》，第 318、319 页。

⑦ Woodward. *Origins of the New South*: 372, note 11.

⑧ Woodward. *Origins of the New South*: 331, 334.

上述手段剥夺了黑人的选举权。①各州黑人选民人数大幅度下降。路易斯安那州的黑人选民登记人数由 1897 年的 130344 人降至 1900 年的 5320 人。密西西比州的黑人选民由 257305 人降至 26742 人。弗吉尼亚州的黑人选民由 1900 年的 264240 人降至 1904 年的 130544 人。1892－1902 年间，亚拉巴马州选举国会议员的选票数量平均下降了 60%，密西西比州下降了 69%，路易斯安那州下降了 80%，北卡罗来纳州下降了 34%，佛罗里达州下降了 69%，阿肯色州下降了 75%，田纳西州下降了 60%，佐治亚州下降了 80%。②其间，联邦政府也曾助纣为虐。1898 年，美国最高法院在"威廉姆斯诉密西西比"（Williams v. Mississippi）一案中认为，密西西比州的文化测验和人头税等选民资格限制并非基于肤色，因而并未违背宪法第 15 条修正案，因而是合法的。③这无疑认可了对黑人政治权利的剥夺。

　　世纪之交白人还在法律上建立起一套复杂的"从摇篮到坟墓"的种族隔离体系。南部白人打着担心黑白种族混血的幌子，掩盖其实行种族隔离的真实经济和政治意图。许多白人宣称，如果允许黑人与白人在旅馆、剧院、学校和公共交通工具上混杂在一起，会鼓励他们梦想与白人妇女同居。④南方作家托马斯·纳尔逊·佩奇（Thomas Nelson Page）在 1904 年写道："有知识的黑人可能理解社会平等的真正含义，然而对于无知和兽性十足的黑人来说，它只意味着一件事情——有机会像白人男子一样享受与白人妇女同居的特权。"因此，南部白人普遍而强烈地反对任何社会平等的暗示。⑤内战前的南部，奴隶制和事实上的种族隔离（de facto segregation）并存。重建时期，虽然一度出现的种族隔离法被共和党激进国会取消，但事实上的种族隔离从重建时期一直延续到重建以后。⑥1875 年，田纳西州制定法律，规定在火车等公共交通工具上实行种族隔离。1881 年，田纳西州重新制定铁路运输中的种族隔离法，规定铁路公司必须给黑人另设车厢，黑人必须在指定的车厢就座。佛罗里达（1887）、得克萨斯（1889）、亚拉巴马（1891）、南卡罗来纳（1898）、

---

① Woodward. *Origins of the New South*: 321.

② 福斯特：《美国历史中的黑人》，第 429－430 页。

③ Donald G. Nieman. *Promises to Keep: African Americans and the Constitutional Order, 1776 to the Present.* New York: Oxford University Press, 1991: 112.

④ Logan. *The Betrayal of the Negro*: 115-116; Baker. *Following the Color Line*: 32.

⑤ Gossett. *Race*: 273.

⑥ Rabinowitz. *Race Relations in the Urban South*: 128-197; 富兰克林：《美国黑人史》，第 322 页。

弗吉尼亚（1900）、俄克拉何马（1907）等州先后制定了类似法律。1891 年，佐治亚州率先制定了市内电车隔离法。1901 年北卡罗来纳和弗吉尼亚、1902 年路易斯安那、1903 年阿肯色、南卡罗来纳和田纳西、1904 年密西西比和马里兰、1905 年佛罗里达、1907 年俄克拉何马等州都做出了这种规定。同期，南方沿海、沿河各州还将种族隔离推广于汽船上。此外，南方各州还制定了在公立学校中实行种族隔离的法律。1910 年，马里兰州巴尔的摩市率先制定了居住区隔离法，划定了黑人与白人的居住范围。随后许多城市纷纷效法。无孔不入的种族隔离制度还蔓延至剧院、旅馆、医院、电影院、运动场、售票处、候车厅、养老院、孤儿院，甚至妓院和公墓等黑人与白人可能接触的场所。①有的公园和公墓门口挂着"黑人与狗不得入内"的牌子。②许多工厂门口挂着"这里不需要黑人"的牌子。③美国最高法院对于种族隔离制度的确立起了推波助澜的作用。1878 年，它在"赫尔诉德·科伊尔"（Hall v. De Cuir）一案中以妨碍州际贸易为由，宣布路易斯安那州 1869 年制定的禁止在铁路客运中的种族歧视的有关法律违宪。1883 年它又在"民权案例"（The Civil Rights Cases）中宣布禁止在公共设施和陆上、水上公共交通工具中实行种族歧视和种族隔离的 1875 年《民权法》（The Civil Rights Act of 1875）违宪。1890 年，美国最高法院宣布密西西比州要求"隔离但平等"的公共设施不违反州际商务法，因为该州有关规定仅适用于州内商务。④1890 年，美国最高法院在"普莱西诉弗格森"（Plessy v. Ferguson）一案中确认了南方各州在确立种族隔离制度中的所谓"隔离但平等"的原则。⑤到 20 世纪初，一堵无形而无处不在的法律上的种族隔离屏障将南部分成黑人与白人两个泾渭分明的世界，隔离但不平等。

19 世纪末和 20 世纪初，对黑人的私刑和暴力也达到了无以复加的地步。私刑本来是独立战争时期惩罚亲英派以及 19 世纪 50 年代美国西部惩罚罪

①南开大学历史系，等编：《美国黑人解放运动简史》，第 188－190 页；Lerone Bennett, Jr. *Before the Mayflower: A History of the Negro in America*. Baltimore, Maryland: Penguin Books, 1966: 3; C. Vann Woodward. *The Strange Career of Jim Crow*. New York: Oxford University Press, 1974: 91-102.

② Foner. *The Voice of Black America*, 1: 647.

③ Foner. *The Voice of Black America*, 1: 653.

④ Logan. *The Betrayal of the Negro*: 113-115.

⑤ Plessy v. Ferguson, 163 U.S. 537 (1896). https://caselaw.findlaw.com/us-supreme-court/163/537.html, 最后访问日期：2019 年 11 月 14 日。

犯的一种方法，而到 19 世纪末期以后，却成为白人种族主义者残害黑人、宣泄仇恨、维护白人与黑人之间的社会隔离的一个普遍手段。[1]1884－1900年，全美遭私刑者为 2516 人，其中 2080 人在南部，436 人在北部；1678 人是黑人，801 人是白人。1901－1910 年，遭私刑者为 846 人，其中白人 92 人，黑人 754 人，91.1%发生在南部州。白人受私刑者占比从 1890－1900 年的32.2%下降到 1900－1910 年的 11.4%。私刑日益成为一种"南部现象"。[2]对黑人施以私刑的罪名林林总总，主要有杀人、强奸、欠债、偷盗、侮辱白人等。私刑的主要手段有绞死、枪杀、活活烧死、毒打致死等。[3]一个个私刑案例令人发指，成为所谓美利坚文明的耻辱。1893 年，得克萨斯州帕里斯（Paris）一黑人被烧死之前，先被人用烧红的铁棍把眼球挖出。1899 年，佐治亚州纽南（Newnan）的黑人萨姆•霍兹（Sam Hose）被火烧死后，又被掏心挖肝并切成片供人分食之；其手指被切下搁在一家肉店展出。1904 年，亚拉巴马州亨茨维尔（Huntsville）黑人霍勒斯•梅普尔（Horace Maple）被绞死后又遭枪击，最后手指被切下作为纪念品。[4]白人记者雷•斯坦纳德•贝克在 20 世纪初如此评价私刑：白人在屈从于"野蛮的本能"对黑人处以私刑时，也沦落到了与罪犯一样的水平。他们给黑人做出了目无法纪的榜样。[5]另外，世纪之交在弗吉尼亚州的丹维尔（Danvill, 1883）、北卡罗来纳州的威尔明顿（Wilmington, 1898）、路易斯安那州的新奥尔良（New Orleans, 1894、1895、1900）、佐治亚州的斯泰茨伯勒（Statesboro, 1904）和亚特兰大（Atlanta, 1906）以及得克萨斯州的布朗斯维尔（Brownsville, 1906）等地所发生的种族冲突从另一个侧面反映了这一时期南部种族关系的紧张程度。

　　同一时期，美国的政客、学者、牧师、记者、文学家、社会学家、人类学家、生物学家、心理学家和历史学工作者等都积极参与"种族主义大合唱"，把黑人描绘为比白人劣等甚至低级至连人都不如的地步，以便为白人肆意剥

---

　① Gossett. *Race*: 269.

　② Baker. *Following the Color Line*: 175; Logan. *The Betrayal of the Negro*: 348; Woodward. *Origins of the New South*: 351-352.

　③ Baker. *Following the Color Line*: 176-177.

　④ Baker. *Following the Color Line*: 195; Gossett. *Race*: 270-271; Joel Williamson. *The Crucible of Race: Black-White Relations in the American South Since Emancipation*. New York: Oxford University Press, 1984: 204.

　⑤ Baker. *Following the Color Line*: 215.

夺和践踏黑人的人权和公民权提供舆论支持。弗吉尼亚州历史学者菲利普·布鲁斯（Philip A. Bruce）指出，解放以来黑人日益走向堕落、犯罪、性乱，尤其表现在强奸白人妇女上。①美国统计局的统计员瓦尔特·威尔考克斯（Walter F. Willcox）称美国黑人的犯罪率高于白人数倍。②托马斯·佩奇认为新一代黑人"懒惰、挥霍、放纵、傲慢无礼、不诚实，缺乏最起码的道德修养"。③纽约市一家保险公司的统计员弗雷德里克·霍夫曼（Frederick L. Hoffman）出版的《美国黑人的种族特性与趋势》（*Race Traits and Tendencies of the American Negro*, 1896）一书指出，黑人中的肺结核、梅毒等疾病的高发生率将导致黑人种族的灭绝。黑人一切"不幸的根源"在于"大规模的道德败坏——这是一个种族特性"。④查尔斯·卡罗尔（Charles Carroll）出版的《黑人是野兽》（*The Negro a Beast*, 1900）一书，吹嘘白人"勇敢、仁慈、文明"，而把黑人说成是上帝创造的服务于白人的低级动物，是一种"类人猿"。他们没有任何应受人尊重的权利，包括生存权。⑤牧师小托马斯·迪克森（Thomas Dixson, Jr.）在《豹子的花斑》（*The Leopard's Spots*, 1902）一书中，把黑人诋毁为"千足千眼兽"（thousand legged, thousand eyed beast）、"人形驴"（human donkey）。他认为黑人与白人"无法在同一个民主制度下共同生活"。白人的种族偏见是"上帝的第一自然法则——自我保存的本能"。⑥迪克森在 1905 年出版的《族人》（*The Clansman*）一书中，把黑人描写为"半个孩子，半个动物，是充满冲动、妄念和自负的变种"。⑦罗伯特·舒菲尔特（Robert W. Schufeldt）在《黑人：美国文明的一个威胁》（*The Negro: a Menace to American Civilization*, 1907）一书中把黑人说成是对美国的最大威胁，是阻碍美国文明的"臭鼬"和"毒蛇"。他把黑人丑化为残忍、野蛮、兽性十足、同类相食、好色淫荡、不讲道德、散发臭气的像猿一样的东西，而把白人描

---

① George M. Frederickson. *The Black Image in the White Mind: The Debate on Afro-American Character and Destiny, 1817-1914*. Hanover: Wesleyan University Press, 1981: 259.

② Frederickson. *The Black Image in the White Mind*: 281.

③ Frederickson. *The Black Image in the White Mind*: 260.

④ Gossett. *Race*: 281.

⑤ Sig Synnestvedt. *The White Response to Black Emancipation*. New York: The Macmillan Company, 1972: 8-9.

⑥ Charles Crowe. ed. *A Documentary History of American Thought and Society*. Boston: Allyn and Bacon, Inc., 1965: 250; Williamson. *The Crucible of Race*: 151.

⑦ Frederickson. *The Black Image in the White Mind*: 280.

绘为上帝创造的注定主宰地球的纯洁而高贵的生灵。宾夕法尼亚大学生物学
教授爱德华·科普（Edward D. Cope）以其所谓"科研成果"证明黑人低劣，
警告白人种族混血的危险，并认为这将毁灭"地球上最优秀种族的一大部
分——南部白人"。他建议不惜一切代价把黑人遣送出美国本土。①1890 年，
南卡罗来纳州州长韦德·汉普顿（Wade Hampton）宣称，给予黑人选举权是
"对文明、人性、宪政权利和基督教的犯罪"。他建议对黑人进行种族隔离。②
西奥多·罗斯福 1895 年指出，黑人处于落后状态是因为黑人智力水平低下。
他断言："一个十足愚蠢的种族永远不能达到很高的水平。"③密西西比州的
詹姆斯·瓦达曼 1900 年在竞选州长时指出，黑人是一种"懒惰、好说谎、淫
荡的动物。任何能想到的训练都无法把它转变成一个能够容忍的公民"。他建
议把黑人斩尽杀绝。④南卡罗来纳州州长本杰明·蒂尔曼（Benjamin R.
Tillman）说，黑人是"一种魔鬼，一种野兽，搜索着它可以吞食的一切"。
他称赞"祖父条款"是人类"曾发明的最具魅力的技巧"。⑤佐治亚州长托马
斯·沃森（Thomas Watson）认为黑人不讲道德。南部应时常对他们施以私刑、
鞭笞他们，以避免他们的行为"亵渎万能的上帝"。他说，私刑是一个"好兆
头"，这表明"人们中间还有一些正义感"。⑥

　　可见，在 19、20 世纪之交，美国的主流媒体曾以极为蔑视、恶毒的语
言，否定黑人的人性，践踏黑人的人格尊严，为正在确立和不断扩大的种族
隔离制度提供辩护。美国黑人史学家雷福德·洛根（Rayford Logan）指出，
19 世纪的最后 10 年和 20 世纪初叶美国黑人社会地位降至了最低点。⑦黑人
作家查尔斯·切斯纳特（Charles W. Chesnutt）于 1903 年评论道："在他们 35
年的自由时期，黑人的权利达到了低潮。种族偏见变得更加强烈和毫不妥
协。"⑧无疑，这是对这一时期美国黑白种族关系状况恰如其分的描述。

---

① Williamson. *The Crucible of Race*: 123-124.
② Frederickson. *The Black Image in the White Mind*: 264.
③ Logan. *The Betrayal of the Negro*: 270.
④ Gossett. *Race*: 271.
⑤ Williamson. *The Crucible of Race*: 135.
⑥ Gossett. *Race*: 271-272.
⑦ Logan. *The Betrayal of the Negro*: 62.
⑧ Woodward. *Origins of the New South*: 355.

二、杜波依斯与美国黑人问题的"辨证施治"

解决社会问题就像疗治身体的疾病一样，必须辨证施治。在美国历史上，关于美国黑人问题的根源责任，存在着三种代表性观点。第一种观点把主要责任一概归咎于黑人。持此观点的白人种族主义者的代表人物众多，不胜枚举，他们把黑人描绘为落后、劣等的种族，甚至将黑人丑化为"野兽""魔鬼""色欲狂"，不配享有人权和公民权。①持此观点的黑人代表是布克·华盛顿。他片面强调黑人的贫困、无知和缺乏道德，认为黑人自身目前还不具备享有公民权利的资格。黑人的任务是学习知识和技术，积累财富，培养基督教品格，做好未来行使公民权的准备。②

第二种观点认为白人应负主要责任。1908 年，美国"进步主义时代"白人记者雷·斯坦纳德·贝克指出，美国的黑人问题与其说是一个"黑人问题"，不如说更多的是一个"白人的问题"（a white man's problem），因为白人完全控制了南部的政治、社会和工业，而黑人只是他们"孤弱无助的受监护人"（helpless ward）。③1944 年，瑞典著名社会经济学家冈纳·梅尔戴尔（Gunner Myrdal）在应纽约卡内基公司之邀对美国黑人问题所做的研究的报告中也持类似的观点。报告指出，在美国，所有的政治、经济与社会的权力都为白人所掌握，白人决定着黑人的"地位"，因此，美国黑人问题主要是一个"白人的问题"。④黑人方面持这种观点的是 19 世纪的黑人领袖弗雷德里克·道格拉斯。道格拉斯认为，所谓"黑人问题"（Negro problem）是一个错误的叫法。他说，南部问题不是"黑人问题"，而是"一个严重的全国性问题"。它是白人未能践行他们在《独立宣言》、美国宪法和基督教中所宣扬的原则所造成的。白人之所以把种族问题称为"黑人问题"，是要推卸责任，是要"把一个属于这个国家的工作放到黑人种族的肩上"。他认为白人必须消除他们心中

---

① 详见本章第一节有关论述。
② 详见第三章有关论述。
③ Baker. *Following the Color Line*: 65.
④ Gunner Myrdal. *An American Dilemma: The Negro Problem and Modern Democracy*. New York: Harper & Row Publishers, 1962: LXXV.

的种族偏见，公正、仁慈地对待黑人，问题自然就迎刃而解。① 1886 年 7 月
16 日，道格拉斯在致托马斯（W. H. Thomas）的书信中写道："对我来说，
你所谓的黑人问题是用词不当（misnomer）。最好称它为白人的问题（the white
man's problem）。"白人掌握着国家的政权。问题是白人能否真正站在正义、
仁爱和基督教文明的高度，让黑人、华人和印第安人在生活的竞争中享有平
等的机会。②1890 年 10 月 11 日，黑人记者 T. 托马斯·福琼（T. Thomas
Fortune）指出，种族问题是一个白人的问题，而不是一个黑人的问题。他说，
白人宣扬黑人的肤色造成了"一个巨大和可怕的'种族问题'"，而黑人被这
种谬论欺骗了。真正的问题"不在于黑人，而在于国家……问题在于共和国
是否能成为真正的共和国，或只是一个巨大的赝品"。③重建时期北卡罗来纳
州共和党领袖、律师兼法官阿尔比恩·图尔热（Albion W. Tourgee）指出，
根本就没有什么"黑人问题"，却有一个"白人"问题，因为"仇恨、压迫和
不公正都是我们的问题"。1891 年，他建立了全国公民权利协会（National
Citizens' Rights Association），致力于纠正对黑人的不公正待遇。④

　　第三种观点认为，对于黑人问题的形成，黑人与白人都有责任。法国政
治思想家阿历克西·德·托克维尔是持这一观点的白人代表。早在一个半多
世纪之前，他在对美国的民主制度做了一番深入考察之后所写的惊世之作《美
国的民主》一书中指出："要想使白人放弃他们所持有的其以前的奴隶道德和
智力低下的观点，黑人必须转变。然而，只要这种观点存在下去，他们也就
转变不了。"⑤持这一观点的黑人方面的代表是杜波依斯。1901 年，杜波依斯
在一篇文章中指出："黑人宣布肤色偏见是他们状况的唯一原因，或者南部白
人回答说他们的社会状况是偏见的原因理由都是不够的。两方面互为原因，
相互作用，仅改变任何一方都不能带来所希望的效果。两方面都必须改变，

　　① Frederick Douglass. "Why the Negro is Lynched?" Philip S. Foner. ed. *The Life and Writings of Frederick Douglass*, 5 vols. New York: International Publishers, 1950-1975, 4: 491, 517, 518, 520.

　　② Foner. ed. *The Life and Writings of Frederick Douglass*, 4: 443.

　　③ August Meier. *Negro Thought in America, 1880-1915: Racial Ideologies in the Age of Booker T. Washington.* Ann Arbor: The University of Michigan Press, 1963: 74.

　　④ Eric Foner. *Reconstruction: America's Unfinished Revolution, 1863-1877.* New York: Harper & Row Publishers, 1988: 606.

　　⑤ Alexis De Tocqueville. *Democracy in America*, 2 vols. New York: Vintage Books, 1945, 1: 372, note 32.

否则任何一方都不会有多大改善。"①杜波依斯显然对托克维尔的观点给出了一个绝佳的注解。

杜波依斯直言不讳地指出了美国黑人自身存在的问题。他承认，黑人在文明水平、经济实力、心智训练和社会道德等方面均未达到这个国家的标准。他认为，文化匮乏、贫困和犯罪是黑人自身所面临的三大难题。②黑人普遍没有接受正规的教育。黑人的文盲率高，10 岁以上的黑人文盲率 1860 年约为 90%， 1870 年约为 85.20%， 1880 年约为 75.20%， 1890 年约为 60.20%。③1898 年，杜波依斯痛心地指出，在美国，黑人是受教育水平最低的民族。黑人中间几乎有一半人完全是文盲，另一半中仅有少数人受过完整的小学教育，更少有人受过大学教育。④在杜波依斯看来，黑人的无知（ignorance）不仅仅表现在没有文化上，还表现在他们"不了解周围的世界，不了解现代经济组织，不了解政府的职能，不了解个人的价值和潜能"。⑤ 从 1890 年全美黑人拥有不到 1%的财富这一事实中，我们可以了解黑人贫困问题的根源。1890 年，黑人中 59.2%的人从事农业，31.4%的人从事家政服务等个人服务性工作。由此可见，黑人从事较高收入的职业性工作的比例是比较低的。这无疑是黑人民众普遍比较贫困的一个原因。⑥黑人的犯罪率相对来说也较高，平均在 10000 名黑人中有 33 个罪犯。这一方面是黑人在法律上受到不公正对待所导致，但是，另一方面，由于工作没有着落，生活没有保障，黑人的犯罪率确实一直呈上升趋势，在许多城市的贫民窟形成了一个黑人犯罪群体。⑦此外，黑人中间还存在着游手好闲、奢侈浪费、赌博、性

---

① Du Bois. "The Relations of the Negroes to the Whites in the South." Dan S. Green and Edwin D. Driver. eds. *W. E. B. Du Bois on Sociology and the Black Community.* Chicago: The University of Chicago Press, 1978: 269-270.

② Du Bois. "The Training of Negroes for Social Power." Foner. ed. *W. E. B. Du Bois Speaks,* 1: 137.

③ Du Bois. "On Migration to Africa." Aptheker. ed. *W. E. B. Du Bois: Against Racism: Unpublished Essays, Papers, Addresses, 1887-1961*: 46.

④ Du Bois. "The Study of the Negro Problem." Foner. ed. *W. E. B. Du Bois Speaks,* 1: 108.

⑤ Du Bois. *The Souls of Black Folk*: 169.

⑥ Du Bois. "On Migration to Africa." Aptheker. ed. *W. E. B. Du Bois: Against Racism: Unpublished Essays, Papers, Addresses, 1887-1961*: 46.

⑦ Du Bois. "On Migration to Africa." Aptheker. ed. *W. E. B. Du Bois: Against Racism: Unpublished Essays, Papers, Addresses, 1887-1961*: 46; Du Bois. "The Relations of the Negroes to the Whites in the South." Green and Driver. *W. E. B. Du Bois on Sociology and the Black Community*: 262-263.

乱等不良习惯和不道德的行为。①敢于直面和剖析黑人自身的问题，确实是解决黑人问题不容忽视的一个重要方面。

针对上述问题以及白人的种族主义，杜波依斯认为黑人需要制订并实施一个包括道德重建、经济发展、振兴教育和创建黑人文化等内容的综合计划。关于道德重建问题，杜波依斯认为，解决黑人问题的第一步也是最为重要的一步，就是纠正黑人中间的"不道德、犯罪和懒惰"等问题，它们源于奴隶制度的影响。而要解决这些问题，则需要黑人长期而艰苦的努力。他认为，黑人面对的这个"自我改造"（self-reformation）的工作，经过坚持不懈的长期努力，能够完成，也必须完成。他说："除非我们征服我们目前的罪恶，否则它们将征服我们。"②

关于经济发展问题，杜波依斯强调黑人群体内部加强经济合作以及实现经济独立的重要性。1898 年，杜波依斯应邀回到他阔别十年的母校费斯克大学参加毕业典礼。他在毕业典礼上的讲话中指出，黑人不应再依靠施舍和救济，而应依靠自己的力量，实现经济上的自给自足。这是力量与权力（Strength and Power）的源泉。他呼吁黑人集资建立储蓄银行，以支持黑人企业的发展。他还希望黑人大学能培养"工业巨子"（captain of industry），创建黑人企业并指导其发展，为黑人提供就业机会，使黑人的贫困不再成为白人的一个"笑柄"。③1899 年亚特兰大大学黑人问题研究大会的主题是"企业中的黑人"。杜波依斯等起草的大会决议指出，黑人应该更多地从事商业。在黑人中间发展起一个商人阶级是一项"富有远见的自卫性措施"。决议还希望黑人民众能惠顾黑人企业，甚至应该为此做出一些牺牲。决议宣布："我们必须合作，否则我们就要失败。"因此，决议呼吁建立一个黑人商人联盟，以加强经济合作。布克·华盛顿在 1900 年 8 月把这一思想付诸实施，以传播黑人商业信息，促进黑人企业发展。④

关于黑人教育问题，杜波依斯主张应保障黑人种族获得平等的受教育机

---

① Du Bois. "The Conservation of Races"; "The Study of the Negro Problem." Foner. ed. *W. E. B. Du Bois Speaks*, 1: 82, 83, 109; Du Bois. "The Spirit of Modern Europe." Aptheker. ed. *W. E. B. Du Bois: Against Racism: Unpublished Essays, Papers, Addresses, 1887-1961*: 63.

② Du Bois. "The Conservation of Races." Foner. ed. *W. E. B. Du Bois Speaks*, 1: 83, 84.

③ Du Bois. "Careers Open to College-Bred Negroes." Foner. ed. *W. E. B. Du Bois Speaks*, 1: 95.

④ Dittmer. *Black Georgia in the Progressive Era*: 39.

会。他指出，世界走向高度文明的唯一途径是发展科学，积累和传播知识。[1]
然而不幸的是，黑人却得不到平等的受教育机会。1894－1895 年，全美大约
2723720 名黑人学龄儿童中，仅有 1441282 人有机会上学。[2]早在 1887 年在
费斯克大学学习期间，杜波依斯就在他拟定的《致南方人民的公开信》中指
出，多数黑人还没有知识。剥夺黑人平等的受教育权是一项"短视的政策"。
他认为联邦政府有责任资助黑人教育事业。[3]1900 年和 1901 年，杜波依斯两
次与佐治亚州部分黑人领袖联合向该州议会递交请愿书，抗议有关在黑人与
白人种族之间分配教育经费方面实行种族歧视的议案，要求保障每位儿童享
受充分的小学义务教育。[4]1901 年，在有关黑人小学教育的亚特兰大大学黑
人问题研究大会上，杜波依斯等在大会决议中呼吁南部各州和联邦政府资助
南部黑人儿童接受小学教育。[5]杜波依斯认为发展黑人教育应该"因材施教"，
也即应该让黑人民众接受良好的小学教育和职业技术教育（industrial
education），而对于少数有天赋的人应该让他们接受高等教育。[6]1910 年，有
关黑人高等教育的亚特兰大大学黑人问题研究大会决议认为应加强黑人大学
教育，使其课程适应现代文明的发展，尽快培养大批黑人大学生以满足社会
需求。决议建议每个州设立一所黑人大学。[7]

　　杜波依斯也十分重视黑人文化的发展问题。1897 年 3 月 5 日，他与黑人
牧师亚历山大·克鲁默尔（Alexander Crummel）、弗朗西斯·格里姆科
（Francis J. Grimke）等发起在华盛顿成立了美国黑人学会（American Negro
Academy），主要成员为中小学教师、大学教授、牧师、律师、作家等。其宗

---

[1] Du Bois. "The Spirit of Modern Europe." Aptheker. ed. *W. E. B. Du Bois: Against Racism: Unpublished Essays, Papers, Addresses, 1887-1961*: 61.

[2] Du Bois. "On Migration to Africa." Aptheker. ed. *W. E. B. Du Bois: Against Racism: Unpublished Essays, Papers, Addresses, 1887-1961*: 46.

[3] Du Bois. "An Open Letter to the Southern People." Aptheker. ed. *W. E. B. Du Bois: Against Racism: Unpublished Essays, Papers, Addresses, 1887-1961*: 2, 3.

[4] Du Bois. et al. "A Memorial to the Legislature of Georgia on the Proposed Amendment Touching the Distribution of the School Fund"; "A Memorial to the Legislature of Georgia on Negro Common Schools." Herbert Aptheker. ed. *Pamphlets and Leaflets by W. E. B. Du Bois*. New York: Kraus-Thomson Organization Limited, 1986: 19-21, 23-25.

[5] Herbert Aptheker. ed. *Annotated Bibliography of the Published Writings of W. E. B. Du Bois*. New York: Kraus-Thomson Organization Limited, 1973: 528.

[6] Du Bois. "The Spirit of Modern Europe." Aptheker. ed. *W. E. B. Du Bois: Against Racism: Unpublished Essays, Papers, Addresses, 1887-1961*: 46.

[7] Du Bois. ed. *The College-Bred Negro American*. Atlanta, GA: The Atlanta University Press, 1910: 7.

旨是：（1）搜集和保存有关黑人的珍贵资料以及黑人作家的历史或文学著作；（2）促进黑人文学和学术性著作的出版；（3）出版有关黑人的文学、历史、哲学类的文章年刊；（4）反击对黑人种族的恶毒攻击；（5）资助天赋异禀的黑人青年在国内或国外学校学习；（6）以各种方式促进黑人的知识与教育水平。①杜波依斯当选学会第一副主席，1898－1903 年任学会主席。

美国黑人学会首任主席克鲁默尔在成立大会上发表演说指出，美国黑人作为一个种族，如果不能在艺术、科学、哲学等领域取得卓越的学术成就，便无法在世界文明中占有一席之地，其结果只能遭受别人的蔑视、排斥，从而陷入贫困并最终走向灭亡。黑人需要受过良好教育的"文化人"（cultured men）利用他们的知识和修养，借助文学、哲学和艺术来引导普通民众走向文明。克鲁默尔认为，单单掌握机械技术和手工艺，并非拯救黑人种族的希望所在。②这其实与杜波依斯的观点不谋而合，也正因为这一点，杜波依斯才积极参与组建美国黑人学会。

杜波依斯在美国黑人学会成立大会上发表了题为《种族的保存》的著名演说，号召黑人自立自强，团结奋斗，克服自身弊病，用自己的汗水和双手、凭自己的力量和智慧，冲破层层障碍，发展黑人文化事业，为美国的文化乃至人类的文明做出应有的贡献。他说，黑人是一个蕴藏着巨大文化潜力的民族，然而，她迄今还未能向世界奉献出她所有的"精神信息"。美国黑人不应放弃种族认同，完全被白人所同化，也不应毫无创造性地模仿盎格鲁－撒逊文化，而应在"黑人理想"的鼓舞下，创造出独特的黑人文化，以便"在装点着宽阔的文明之城墙的鲜艳旗帜中也悬挂上一面坚定的黑色旗帜"。③他指出，在种族主义肆虐的时代，黑人应拥有自尊，因为"没有一个嘲笑自己、讥讽自己、向上帝发愿希望成为她自身以外的任何东西的民族曾经彪炳史册"。黑人应充满自信，因为在一个黑人到处遭受憎恨和蔑视的环境里，"我们唯一的避难所就是我们自己，我们进步的唯一途径是我们自己相信我们的伟大命运，是我们对自身的能力和价值的绝对自信"。黑人也应自立，不要指望别人，而要自己动手，完成自我改造的艰巨任务，实现黑人民族的振兴。④

① Alfred A. Moss, Jr. *The American Negro Academy: Voice of the Talented Tenth*. Baton Rouge: Louisiana State University Press, 1981: 24.

② Aptheker. ed. *A Documentary History of the Negro People in the United States*, 1: 772-773.

③ Du Bois. "The Conservation of Races." Foner. ed. *W. E. B. Du Bois Speaks*, 1: 78-79.

④ Du Bois. "The Conservation of Races." Foner. ed. *W. E. B. Du Bois Speaks*, 1: 81, 82.

杜波依斯希望美国黑人学会能成为"美国黑人民族智慧的典范和表现，成为世界上一个伟大种族的种族理想的阐释者"，成为黑人民族坚定的领导者，为黑人民族的进步指出切实可行的道路。①

杜波依斯认为，黑人种族要解决自身的贫困、文化匮乏和犯罪等问题，实现种族的存续和振兴，必须通过创建种族组织，实现种族团结和统一，同心同德，共同奋斗。为此，黑人必须建立黑人大学、黑人文学艺术学校、黑人企业组织、黑人报社等种族机构。②更为重要的是，黑人种族需要自己的领导。这种领导必须来自受过良好教育的"有天赋的十分之一"。杜波依斯认为拯救黑人种族要依靠黑人中间的杰出人物来教化和引导文化水平不高的黑人民众。首先，从历史上看，自美国殖民地时期以来，领导黑人民众的一直是受过良好教育的有知识的黑人。他们作为"活生生的典范"，展示了黑人种族发展的潜能。其次，人类历史进步的规律总是通过自上而下的文化渗透来实现群体文明。因此，应该让黑人中出类拔萃的优秀青年接受高等教育，把他们培养成黑人社区和黑人种族思想与社会运动的领袖以及文化传播的使者。③

杜波依斯的"有天赋的十分之一"思想体现了一种英雄史观。杜波依斯曾说过，历史只不过是群体领袖活动的记载。④有人认为，杜波依斯的这一思想源于 19 世纪苏格兰哲学家兼历史学家托马斯·卡莱尔（Thomas Carlyle）的"英雄论"，即认为"时代的精神"是由最伟大的人物决定的。⑤1884 年，杜波依斯在中学毕业典礼上的演说主题是关于废奴主义者温德尔·菲利普斯的。而在 1888 年，他在费斯克大学毕业典礼上的演说则谈到了他心目中的"英雄"俾斯麦。杜波依斯对于俾斯麦坚韧不拔的意志和实现民族统一的卓越功绩十分敬佩。作为德国政治家，俾斯麦曾经成功地实现了德国的统一，这在当时被视为举世无双的伟业。杜波依斯赞赏他的才华和领导能力，并将其作为自己的榜样和启迪者。他相信，民族的振兴需要的是一个有远见卓识和坚定不移的意志的领导者。杜波依斯说道："这在我的心中寓示着美国黑人必

---

① Du Bois. "The Conservation of Races." Foner. ed. *W. E. B. Du Bois Speaks*, 1: 82-83.

② Du Bois. "The Conservation of Races." Foner. ed. *W. E. B. Du Bois Speaks*: 81.

③ Du Bois. "The Talented Tenth." Huggins. comp. *W. E. B. Du Bois: Writings*: 842, 845, 847, 851, 861.

④ Du Bois. *The Souls of Black Folk*. New York: New American Library, 1969: 83.

⑤ V. P. Franklin. *Black Self-Determination: A Cultural History of the Faith of the Fathers*. Westport, Conn.: Lawrence Hill & Company, 1984: 23.

须做的事情——在受过良好教育的领袖的领导下砥砺前行。"

此后，杜波依斯多次阐述和进一步发展了这一思想。在哈佛大学期间，杜波依斯曾写道，在一个需要理性和教育的时代，黑人却在无知和蒙昧中挣扎。黑人迫切需要受过良好教育的领袖在"最低的蒙昧状态"与现代文明之间架起一座桥梁。① 1890 年 12 月，杜波依斯在柏林大学所构思的一篇小说中就曾描写了一位黑人女主人公如何认识到由"最优等的人"（the leading aristocracy）领导他的人民崛起的必要性。②以上事实表明杜波依斯在大学期间就产生了"有天赋的十分之一"思想。1900 年，杜波依斯写道，黑人需要培养自己的"文化贵族"（a cultural aristocracy），否则将无法生存下去。③

1900 年，杜波依斯在旅欧后撰写的《当代欧洲的精神》一文中指出，重权威是当代欧洲的六大精神之一。这种思想承认人才和能力的差异性，即有些人天生适合治国，有些人适合成为思想家，有些人适合成为发明家。裁缝不会建房，木匠不会制鞋，制鞋者不会经营发电厂。因此，我们应该尊重统治者的权威，尊重学生的知识，服膺工匠的技术，否则只能让社会陷入邪恶、无知、革命和混乱。杜波依斯认为，黑人应该团结一致，持之以恒地通过知识和权威争取自由和公正。为此，应该让拥有天赋和才华的黑人接受高等教育，以担当起领导黑人民众的重任。当然这些拥有学识和才华的优秀人才（aristocracy of learning and talent）接受教育不应为了自己谋利益，而应服务于广大黑人民众，领导他们走出贫困、疾病和犯罪的泥淖。④ 杜波依斯在 1900 年发表的亚特兰大黑人大会第五次报告中，希望黑人大学生能够成为他所在社区的领袖，确定他所在社区的理想和思想，并领导他们的社会运动。⑤1901 年，杜波依斯指出，黑人需要有知识、有技术、有品德、能够理解现代文明的"工业巨子"和文化使者（missionaries of culture），能以其嘉言懿行来激

---

① Broderick. *W. E. B. Du Bois*: 24-25.

② Aptheker. ed. *W. E. B. Du Bois: Against Racism: Unpublished Essays, Papers, Addresses, 1887-1961*: 26.

③ Du Bois. "Postgraduate Work in Sociology in Atlanta University." Aptheker. ed. *W. E. B. Du Bois: Against Racism: Unpublished Essays, Papers, Addresses, 1887-1961*: 66.

④ Du Bois. "The Spirit of Modern Europe." Aptheker. ed. *W. E. B. Du Bois: Against Racism: Unpublished Essays, Papers, Addresses, 1887-1961*: 60, 61, 63, 64.

⑤ Franklin. *Black Self-Determination*: 18.

励和领导黑人社区走向繁荣。①

　　不难看出，英雄史观和权威论是杜波依斯"有天赋的十分之一"思想的两大基础。这种"精英主义"思想并非像某些学者认为的那样，是杜波依斯脱离群众或不关心群众的体现。②相反，杜波依斯认为，"有天赋的十分之一"除了具有知识以外，还要具备无私的牺牲和奉献精神，以领导和服务于黑人民众。

　　总之，杜波依斯认为，解决美国黑人问题需要黑人与白人的相互合作和共同努力。在黑人方面，依靠黑人中间"有天赋的十分之一"领导黑人民众解决黑人自身的贫困、文化匮乏和犯罪等问题，发展黑人经济、教育和文化，重塑黑人种族的形象；而要改变白人的态度，则需要对美国种族问题开展科学研究，以揭示事实真相，最终改变白人对黑人的看法，消除种族偏见和种族隔离制度。

三、杜波依斯的美国黑人问题"百年研究计划"

　　1897 年 3 月 5 日，杜波依斯在美国黑人学会成立大会上发表演说，谈到了当时他对白人的种族偏见的认识："如果我们认真思考一下种族偏见究竟是什么，我们会发现，从历史上来看，它只不过是不同民族群体之间的摩擦。它是两个不同的种族在目标、感情、理想上的差异。"③很显然，杜波依斯认为，所谓种族偏见只不过是不同的种族在理想、情感、目标等方面的差异所引起的误解和冲突。基于这样的认识，在这个阶段，杜波依斯的主要关注点是要把黑人问题搞清楚，全面地、如实地介绍给民众，让黑人自己能够正确地认识自己，并让白人改变他们对黑人的错误看法和态度。因此，他强调了研究黑人问题的重要性，并毅然承担了这个艰巨的任务。

　　杜波依斯曾反复强调，疗治种族偏见的最好药方是事实（truth），或者说是知识（knowledge）。1901 年他参与起草的亚特兰大大学黑人问题研究大会

---

　　① Du Bois. "The Relations of the Negroes to the Whites in the South." Green and Driver. *W. E. B. Du Bois on Sociology and the Black Community*: 259.

　　② Broderick. *W. E. B. Du Bois*: 70.

　　③ Du Bois. "The Conservation of Races." Foner. ed. *W. E. B. Du Bois Speaks*, 1: 80.

决议宣布："种族敌对状态只能通过知识来消除。"①杜波依斯所强调的知识就是要通过对黑人问题的科学研究向白人证明：肤色与种族并不能决定人的能力和品德。黑人也是人类大家庭中的一员。他们有能力取得进步和发展，跻身世界文明民族之列。所谓黑人种族将永远比世界其他种族劣等的说法是缺乏足够的历史依据的。杜波依斯相信，白人一旦看到科学所揭示的有关黑人和黑白种族关系的真实情况，就会自动纠正错误。在他看来，对黑人问题的研究是增进黑白种族相互理解、消除种族偏见的有效途径。②

杜波依斯所主张的研究并不是纯学术的研究，而是带有强烈的经世致用的目的性。他想通过深入细致的研究把黑人的实际状况全面揭示出来，以便引起社会各阶层人士的关注，并最终找到解决方案。他说："任何社会的唯一目标是根据其最高的理想解决其问题，而要实现这一点，唯一合理的途径是通过最科学的研究方法研究那些问题。"③1906 年 5 月 22 日，他在致安德鲁·卡内基（Andrew Carnegie）的信中指出，亚特兰大大学黑人问题研究大会的目的是对美国黑人问题进行系统而彻底的科学研究，以便将来着手解决这一问题的人能有翔实的资料做指导。④杜波依斯在他主编的每一期亚特兰大大学黑人问题研究的年度报告前言中都要强调，对美国黑人问题的科学研究所揭示的事实将有助于推动社会改革。⑤

杜波依斯对美国黑人问题进行研究的首次成功尝试是在 1896 年，当时他应邀前往宾夕法尼亚大学，对费城第七区（Seventh Ward）的黑人进行了研究。此时的费城有 4 万多名黑人居民，其中居住在第七区的有 9675 人。⑥当时费城的白人希望通过他的研究证明白人中间普遍流行的观点：第七区黑人的"犯罪和堕落"正使费城走向毁灭。⑦杜波依斯接受这个研究项目也有

---

① Aptheker. ed. *Annotated Bibliography of the Published Writings of W. E. B. Du Bois*: 528.

② Du Bois. "A Pageant in Seven Decades." Foner. ed. *W. E. B. Du Bois Speaks*, 1: 37; Du Bois. "My Evolving Program for Negro Freedom." Logan. ed. *What the Negro Wants*: 49, 54, 70; Du Bois. "The Atlanta Conferences." Green and Driver. *W. E. B. Du Bois on Sociology and the Black Community*: 57; Du Bois. *Dusk of Dawn*: 58; Du Bois. *Autobiography*: 197.

③ Broderick. *W. E. B. Du Bois*: 40.

④ Aptheker. ed. *The Correspondence of W. E. B. Du Bois*, 1: 121.

⑤ W. E. B. Du Bois. ed. *Economic Cooperation Among Negro Americans*. Atlanta, GA: Atlanta University Press, 1907: 5.

⑥ Lewis. *W. E. B. Du Bois: Biography of a Race*: 186.

⑦ Du Bois. "A Pageant in Seven Decades." Foner. ed. *W. E. B. Du Bois Speaks*, 1: 37; Du Bois. *Dusk of Dawn*: 58; Du Bois. *Autobiography*: 194.

自己的考虑，他想利用这个机会揭示第七区黑人的生活状况及"犯罪和堕落"
的真正原因。为了进行这项研究，他与刚刚结婚三个月的妻子搬进了污秽不
堪的黑人聚居区。他不辞劳苦地走街串巷，亲自走访了 5000 名黑人。他还
在费城图书馆夜以继日地埋头翻阅资料，从 1896 年 8 月至 1897 年 12 月，
历时 16 个月，他终于完成了这项研究任务。其研究成果于 1899 年出版成书，
书名是《费城黑人》（*The Philadelphia Negro*）①。这部书是在大量社会调查
材料的基础上，经过作者的潜心研究写成的，既是一份出色的社会调查报告，
又是一部具有很高水平的学术著作。正如美国黑人学者雷福德·洛根所指出
的，杜波依斯的《费城黑人》是对城市黑人的第一次深入的社会学研究。②

　　杜波依斯亲自设计了一份黑人家庭调查问卷，对费城第七区黑人的家庭
人数、年龄、性别、职业、收入、教育水平、婚姻状况、住房条件、日常生
活、黑人组织以及黑人与白人的关系都做了深入的调查和详尽的研究。调查
和研究结果表明，费城的原有黑人多分布在费城各区，而费城第七区的黑人
多为南部新来的移民。黑人的失业问题是一个严重的问题。由于种族歧视，
他们主要从事报酬极低的体力劳动和家政服务等工作，无法进入他们有能力
从事的其他诸多行业。也就是说，他们面临着一种"就业天花板"。他们住房
条件差，居住在黑人聚居区，无法进入白人为主的社区。黑人的家长为生计
奔波，对孩子管教不严，放任其满街玩耍，经常旷课。黑人家庭收入来源少，
食物缺乏，营养不足。有些黑人生活比较张扬，过度消费，奢侈浪费。黑人
社区道德松弛，有些黑人青年沾染了酗酒、嫖娼、赌博等恶习，犯罪率较高。
由此他得出结论说，费城黑人的犯罪行为并非黑人种族的先天特性所致，而
是对白人的种族歧视所造成的恶劣的社会环境所做出的一种反应。③白人的
"这种歧视在道义上是错误的，在政治上是危险的，在经济上是浪费的，在社
会上是愚蠢的。白人有责任停止歧视，而且主要为了他们自己去这样做"。④
由于调查材料反映的事实无可辩驳，杜波依斯的结论很有说服力。杜波依斯
也没有掩饰黑人自身存在的问题，要求黑人应自立自强，尽力达到现代文明

---

① W. E. B. Du Bois. *The Philadelphia Negro: A Social Study.* New York: Oxford University Press, 2007.

② Logan. *The Betrayal of the Negro*: 218.

③ William Toll. *The Resurgence of Race: Black Social History from Reconstruction to the Pan-African Conferences.* Philadelphia: Temple University Press, 1979: 105-106.

④ David Levering Lewis. *W. E. B. Du Bois: Biography of a Race, 1868-1919.* New York: Henry Holt & Company, 1993: 208.

的标准，而不是降低这种标准。他同时希望白人不应怀疑黑人民族的能力而去阻止他们进步，以致文明走向倒退。最后他还强调，黑白种族应以互助和合作的精神并肩战斗，以实现这个共和国的理想，使美国成为真正机会平等的国度。①

《费城黑人》虽然是一项重大研究成果，但杜波依斯只把它作为研究工作的第一步，他在书中提出还要对美国东部的波士顿、西部的芝加哥和堪萨斯市以及南部的亚特兰大、新奥尔良等城市进行研究，以便对美国黑人的城市生活的现状形成总体的认识。②

杜波依斯对费城黑人的研究引起了时任美国劳工统计局（Bureau of Labor Statistics，属于美国内政部）局长、著名经济学家卡罗尔·莱特（Carrol D. Wright）的注意。1897 年 2 月 16 日，他致函杜波依斯，询问他是否有兴趣参与一个研究南部黑人社会与经济状况的项目。杜波依斯在 2 月 18 日回复卡罗尔·莱特，表示自己有兴趣参与美国劳工统计局的研究项目，并且提出了对黑人经济状况进行研究的初步计划。③在随后与莱特的通信中，他详细阐述了自己的研究计划。计划之一，对弗吉尼亚州、南卡罗来纳州或佐治亚州拥有 1000－5000 名黑人居民的典型城镇的黑人经济状况进行研究，包括黑人的职业、工资、工时、住房、生活费用、农业生产、社会组织和经济史等。应在不同的时间对不同的地区多次进行这种研究，以积累资料和经验，制订下一步研究计划。计划之二，对里士满、罗利、查尔斯顿或亚特兰大等城市不同行业的黑人经济状况进行研究，内容涉及人数、工资、工时、生活费用、社会组织等。其他计划包括：研究某一城市的家政服务；研究若干城市的职业黑人；研究某一典型农业区的黑人农场工人；研究某些城市的黑人教会；研究南方学校黑人毕业生的经济状况；研究工会对黑人的态度；研究黑人码头工人；编写黑人奴隶解放以来有关黑人状况的出版物书目。④

杜波依斯的建议得到了部分采纳和实施。1897 年，在美国劳工部的资助下，他深入南部农村，对该地区的黑人进行了实地考察，并在劳工部的资助下出版了几个研究报告，如《弗吉尼亚州法姆维尔县的黑人：一个社会学研

---

① Virginia Hamilton. ed. *The Writings of W. E. B. Du Bois*. New York: Thomas Y. Crowell Company, 1975: 14-15.

② Earl E. Thorpe. *The Central Theme of Black History*. Westport, Conn.: Greenwood Press, 1969: 188.

③ Lewis. *W. E. B. Du Bois: Biography of a Race*: 194-195.

④ Du Bois. *Autobiography*: 202-203; Aptheker. ed. *The Correspondence of W. E. B. Du Bois*, 1: 41-43.

究》（*The Negroes of Farmville, Virginia: A Social Study*, 1898）、《黑人地带的黑人：社会素描》（*The Negro in the Black Belt: Some Social Sketches*, 1899）、《佐治亚州的黑人土地所有者》（*The Negro Landholder of Georgia*, 1901）。他还对佐治亚州多尔蒂县（Dougherty County）、亚拉巴马州洛恩德斯县（Lowndes County）的黑人进行了研究。另外，他还为美国统计局做了两次题为《黑人农民》（*The Negro Farmer*）（1904、1906）的调查。1901 年，杜波依斯在对北部城市考察的基础上发表了题为《1901 年的北部黑人：一个社会学研究》（*The Black North in 1901: A Social Study*）的研究报告。①这些都表明了杜波依斯对于普通黑人民众的关注，也表明他认识到，掌握问题的基本事实是争取解决问题的第一步。

杜波依斯在研究费城黑人期间，就形成了一个全面的黑人问题研究计划。1897 年 11 月 19 日，他在美国政治学与社会学协会（American Academy of Political and Social Science）第 42 届年会上发表了题为《黑人问题研究》（"The Study of the Negro Problems"）的演说，公布了他研究美国黑人问题的设想，主要包括以下几个方面。

一、对美国黑人问题复杂性的认识

杜波依斯指出，美国黑人问题与其他社会问题一样，经历了长时间的历史发展和演变。它所涉及的不只是一个问题，而是许多交织在一起的问题。这些问题有些是新产生的，有些是已有的，有的简单，有的错综复杂，且它们大都因为与黑人有关而相互关联。②

二、研究美国黑人问题的必要性

杜波依斯认为，日益复杂和严重的黑人问题直接影响着这个共和国的基础和人类的进步。他指出："任何社会的唯一目标是根据其最高理想解决自身的问题。而实现这一目标的唯一合理的途径是用最科学的方法研究那些问题。" 所以，必须去研究影响黑人种族的各种问题，研究造成不同问题的社会条件和社会力量，考察其历史演变和未来发展的趋势。另外，对美国黑人

---

① Aptheker. ed. *Annotated Bibliography of the Published Writings of W. E. B. Du Bois*: 449-501; Du Bois. *Dusk of Dawn*: 84-85; Du Bois. *Autobiography*: 226; Green and Driver. *W. E. B. Du Bois on Sociology and the Black Community*: 140-195.

② Du Bois. "The Study of the Negro Problem." Foner. ed. *W. E. B. Du Bois Speaks,* 1: 110-111.

问题的研究，也有利于促进社会科学的发展，丰富人类的知识。①

三、以往对黑人问题研究的不足

杜波依斯指出，许多学者和专家已经做了许多有价值的工作来研究美国黑人问题。然而，过去的研究工作存在严重的缺陷与偏差，需要在未来的黑人问题研究中加以克服。第一个问题是许多研究并非建立在丰富、详尽、可靠的资料的基础上，这导致了一些错误的结论得以流传。第二个问题是已有的研究是支离破碎、不系统、无计划的。第三个问题是许多研究者对材料不加鉴别和分析地引用，或带着先入之见和偏见去研究，或只从白人的角度审视黑人问题，造成了许多偏颇的观点。②

四、黑人问题研究的原则和前提

首先，坚持科学研究的唯一目标是发现事实。只有坚持这一目标才能得到可靠的事实，得出科学的结论。杜波依斯指出："任何试图在科学研究中确立双重目标，或将社会改革作为直接目标而非寻求真相的副产品的企图，都将不可避免地破坏两个目标。"其次，要克服研究中的教条主义，要考察黑人问题在不同的时间和地点的特殊性。例如，马萨诸塞州黑人的情况并不适用于路易斯安那州的黑人；1850 年黑人的状况肯定不同于 1750 年的。再次，对黑人问题的研究必须秉承一个重要前提，那就是，必须承认"黑人是人类种族中的一员。作为人类种族的一员，从历史和经验来看，他有能力达到一定程度的完善和文明，在有关共同福祉的一切决定中，应根据其人口数量考虑他的利益"。③

五、黑人问题研究的主要内容

杜波依斯设想对黑人问题的研究大体上分为两个方面：一是对黑人作为一个社会群体的研究；二是对黑人特殊的社会环境的研究。

（一）对黑人社会群体的研究主要包括：

1. 黑人历史研究。黑人历史研究应涉及政治、经济、社会和文化等方面。

2. 黑人状况的统计调查。黑人社会调查应涉及黑人家庭、职业、工资、

---

① Du Bois. "The Study of the Negro Problem." Foner. ed. *W. E. B. Du Bois Speaks*, 1: 110-111.

② Du Bois. "The Study of the Negro Problem." Foner. ed. *W. E. B. Du Bois Speaks*, 1: 111-115.

③ Du Bois. "The Study of the Negro Problem." Foner. ed. *W. E. B. Du Bois Speaks*, 1: 117.

住房、财产、教育、生活水平、群体生活等各个方面。这种调查应不断扩大，直到包含了美国各个地区典型的黑人群体生活。还要在同一地区运用同样的方法经常进行重复研究，以掌握黑人问题的动态变化。

3．人类学方面的研究。研究黑人与白人的体质差别，气候及自然环境对黑人体质的影响，黑白混血的影响，等等。

4．黑人问题的社会学解释。重点聚焦于历史研究和统计调查方法忽略的问题，如研究黑人报纸、文学、音乐、艺术、民间传说、社会习俗等体现出来的社会思想。

（二）黑人特殊的社会环境。主要研究社会环境对黑人的影响以及黑人对社会环境的反应。如研究种族偏见现象方方面面的表现以及对黑人身体、心理、道德、社会状况等方面的影响及其对白人生活及品格的影响。[①]

六、承担黑人问题研究的机构

杜波依斯认为政府和大学应该分工协作，共同承担起对美国黑人研究的任务。由全国和州政府定期进行大规模研究，或在广大地区范围内开展某类黑人问题的研究。而具体的黑人问题研究则主要由大学负责。他建议处于黑人问题"心脏"地区的南方黑人大学除作为教学的机构之外，也应发挥"社会学研究中心"的作用，并与哈佛大学、哥伦比亚大学、约翰·霍普金斯大学、宾夕法尼亚大学密切合作，对黑人问题进行广泛系统的研究。[②]

19世纪90年代以来，汉普顿学院、塔斯克基学院每年召集一次南部农村黑人大会，讨论农村黑人所面临的种种问题。[③]亚特兰大大学校长霍勒斯·巴姆斯特德（Horace Bumstead）和学校董事会董事乔治·布拉福德（George Bradford）受此启发，决定每年在亚特兰大大学召集城市黑人大会，研究城市黑人问题。[④]1896年、1897年两届年会分别出版了会议报告《城市黑人的死亡率》（*Mortality Among Negroes in Cities*）和《城市黑人的社会和身体状况》（*Social and Physical Condition of Negroes in Cities*）。

1897年秋，杜波依斯应聘来到亚特兰大大学任经济学和历史学教授，并负责主持亚特兰大大学城市黑人大会和黑人研究项目，主编大会年度报告，

---

① Du Bois. "The Study of the Negro Problem." Foner. ed. *W. E. B. Du Bois Speaks*, 1: 118-120.

② Du Bois. "The Study of the Negro Problem." Foner. ed. *W. E. B. Du Bois Speaks*, 1: 121, 122.

③ Meier. *Negro Thought in America*: 122-123.

④ Du Bois. *Autobiography*: 214.

杜波依斯由此有机会将他上述有关黑人问题研究的思路付诸实践。①他提出了一个黑人问题百年研究计划。他设想将黑人问题的不同方面分为 10 个主题：（1）黑人的人口增长与分布；（2）黑人的健康与体格；（3）黑人的家庭、群体和阶级；（4）黑人的道德与行为；（5）黑人的教育；（6）黑人的宗教与教会；（7）黑人犯罪；（8）黑人与法律和政治；（9）黑人文学和艺术；（10）总结和书目。在第一个 10 年研究周期之内，每年研究一个主题。在第二个 10 年研究周期之内，再次研究这 10 个主题。依此类推，如此循环往复，持续百年，以便对美国黑人问题形成整体的、动态的、较为客观的认识。②这就是杜波依斯的百年研究计划。这可能是迄今为止最雄心勃勃、最全面的黑人研究计划了。

1897－1913 年间，杜波依斯主编了亚特兰大大学第 3 至第 18 次黑人问题研究大会的年度报告，包括第一个 10 年研究周期之内的《城市黑人的道德》（1896）、《城市黑人的社会与身体状况》（1897）、《黑人社会改善的努力》（*Some Efforts of Negroes for Social Betterment*, 1898）、《企业界的黑人》（*Negro in Business*, 1899）、《黑人大学生》（*The College-bred Negro*, 1900）、《黑人小学》（*The Negro Common School*, 1901）、《黑人工匠》（*The Negro Artisan*, 1902）、《黑人教会》（*The Negro Church*, 1903）、《黑人犯罪记录》（*Notes on Negro Crime*, 1904）和《美国黑人书目选辑》（*A Select Bibliography of the American Negro*, 1905），以及第二个 10 年研究周期之内的《美国黑人的健康与体格》（*Health and Physique of the Negro American*, 1906）、《美国黑人的经济合作》（*Economic Co-operation among Negro Americans*, 1907）、《美国黑人家庭》（*The Negro American Family*, 1908）、《美国黑人社会改善的努力》（*Efforts for Social Betterment among Negro Americans*, 1909）、《美国黑人大学生》（*The College-bred Negro American*, 1910）、《小学与美国黑人》（*The Common School and the Negro American*, 1911）、《美国黑人工匠》（*The Negro American Artisan*, 1912）、《美国黑人的道德与举止》（*Morals and Manners among Negro*

---

① Elliott M. Rudwick. "W. E. B. Du Bois and the Atlanta University Studies on the Negro." *The Journal of Negro Education*, Vol. 26, No. 4 (Autumn, 1957): 466-476.

② Du Bois. *Autobiography*: 216; Du Bois. "A Pageant in Seven Decades." Foner. ed. *W. E. B. Du Bois Speaks*, 1: 38; Du Bois. "My Evolving Program for Negro Freedom." Logan. ed. *What the Negro Wants*: 48; Du Bois. "The Atlanta Conferences." Green and Driver. *W. E. B. Du Bois on Sociology and the Black Community*: 58; Du Bois. *Dusk of Dawn*: 64.

Americans, 1913）[①]。

1896－1913 年间，亚特兰大大学出版的黑人问题研究报告总页数达 2172 页，构成了一部美国黑人问题的"百科全书"。这些研究成果已被许多图书馆收藏，并被世界各地的学者用于自己的研究中。特别是在 1896 年至 1920 年间，研究美国黑白种族关系几乎都要参考亚特兰大大学黑人问题研究的成果。在当时，亚特兰大大学成了唯一一家致力于美国黑人问题学术研究的机构。[②]

尽管亚特兰大大学有关黑人问题的研究成果难免受到批评，但它也在当时以及当代美国学术界得到了普遍的赞誉。这些研究成果具有极高的学术价值，不容小觑。当时哈佛大学、哥伦比亚大学的著名教授威廉·詹姆斯、弗兰克·陶西格（Frank Taussig）和塞利格曼（E. R. A. Seligman）等都写信高度评价杜波依斯等人的努力。1905 年，《纽约晚报》（*New York Evening Post*）称之为"对黑人问题的唯一科学研究"。1911 年，黑人领袖布克·华盛顿在亚特兰大大学黑人问题研究年会上发表讲话指出："整个国家都应感谢这所大学。它年复一年地艰苦而系统地收集的事实证明对我们国家的利益极为重要和有益。"[③] 当代美国学者欧内斯特·凯泽（Ernest Kaiser）评论说，1896－1913 年亚特兰大大学在世界上第一次开启了对美国黑人进行的科学研究。[④] 还有学者称亚特兰大大学黑人问题研究打破了白人关于黑人的许多妖魔化传说，增强了黑人的种族自豪感。[⑤]总之，杜波依斯主持的如此大规模而深入的黑人问题研究可谓独一无二，极大地加深了全社会对黑人问题的了解和理解。至今，这些调研报告仍然是研究和理解美国黑人问题的重要资料。

亚特兰大大学所获得的殊荣离不开杜波依斯殚精竭虑、废寝忘食的辛勤工作。1904 年，南方史协会（Southern History Association）的一位评论专家指出："在亚特兰大大会指导下开展的工作应该引起对美国黑人生活的方方面面感兴趣的每个人的尊重和思考。这项工作的主持人是杜波依斯博士。尽管这项任务面临着诸多障碍，但迄今为止已经取得的成就最终应当归功于

---

① Du Bois. "My Evolving Program for Negro Freedom." Logan. ed. *What the Negro Wants*: 47-48; Du Bois. *Autobiography*: 215-216. 研究项目详情参见：http://www.webdubois.org/wdb-AtlUniv.html，最后访问时间：2022 年 11 月 28 日。

② Du Bois. *Dusk of Dawn*: 65, 66; Du Bois. *Autobiography*: 217-218, 219.

③ Du Bois. *Autobiography*: 218-219.

④ Green and Driver. *W. E. B. Du Bois on Sociology and the Black Community*: 12.

⑤ Green and Driver. *W. E. B. Du Bois on Sociology and the Black Community*: 15.

他。"①亚特兰大大学校长霍勒斯·巴姆斯特德后来写道："他的工作成为这所大学历史上令人难忘的一部分。"② 杜波依斯对他在亚特兰大黑人问题研究中所取得的成就也深以为傲，他后来称他在亚特兰大大学做了自己"一生中真正最为重要的工作"。③

然而遗憾的是，由于多方面的原因，杜波依斯的黑人问题百年研究计划未能得到执行，不久便被迫中止。首先，19世纪末20世纪初美国种族主义肆虐，黑白种族关系紧张，黑人社会处境日益恶化，这使得杜波依斯认识到，仅仅进行象牙塔里的研究无助于解决眼前迫切的问题。他意识到，当黑人遭受私刑、屠杀和挨饿时，社会学家无法保持冷静和超然。他发现他对黑人问题的某些方面的有限研究离现实生活太远了。他得出结论，黑人所面临的紧急局势来不及等待科学研究取得明确的结果。他必须立即采取行动，以避免黑人的"社会性死亡"。④其次，由于缺乏经费，研究难以为继。杜波依斯原本以为像这样有益于社会和国家的事情一定会得到社会各界和政府的广泛关注和大力支持。但他后来失望地发现，这只是一种"青年人的理想主义"。⑤每年筹集所需的几百美元研究经费和年度报告出版经费都相当困难。杜波依斯愤然写道，政府宁愿花费几亿美元远渡重洋去征服一个弱小民族，却不愿出500美元来支持他们的研究。⑥1904年的研究报告因为不能及时募集到捐款不得不推迟出版。⑦另外，杜波依斯与布克·华盛顿的矛盾公开化之后，北部资本家对亚特兰大大学的资助锐减。纽约金融家兼慈善家乔治·皮博迪向亚特兰大校方写信，对杜波依斯反对布克·华盛顿表示不满。亚特兰大大学让杜波依斯写信给皮博迪，向他做出答复和解释，因为这将危及白人慈善家对该大学的资助。约翰·洛克菲勒1902年建立的旨在援助南部教育，尤其是黑人教育的普通教育委员会（General Education Board）于1908年停止了对亚特兰大大学的资助，理由是"杜波依斯正有意无意地向他的学生们传递

---

① Rudwick. *W. E. B. Du Bois*: 48.

② Du Bois. *Autobiography*: 210.

③ Du Bois. *Darkwater*: 20.

④ Du Bois. "My Evolving Program for Negro Freedom." Logan. ed. *What the Negro Wants*: 56, 57.

⑤ Du Bois. *Dusk of Dawn*: 68; Du Bois. *Autobiography*: 222.

⑥ Du Bois. "The Atlanta Conferences." Green and Driver. *W. E. B. Du Bois on Sociology and the Black Community*: 55.

⑦ Du Bois. *Autobiography*: 223.

对他们无益的不安情绪"。① 杜波依斯在 1910 年辞去了在亚特兰大大学教授的职位，因为他觉得自己应该对该校资助经费的锐减负责。而该校新校长爱德华·韦尔（Edward T. Ware）也把这一切完全归咎于杜波依斯的激进思想，并对此十分不满。随后，他应邀来到了纽约全国有色人种协进会总部担任宣传与研究部主任。②最后，"一战"的爆发进一步切断了一些筹集资金的渠道。杜波依斯赴纽约之后，由奥古斯特·迪尔（August G. Dill）接替他负责主持亚特兰大大学城市黑人大会和黑人问题研究计划，他组织编辑了大会 1911－1913 年的报告。随后，在 1915 年和 1918 年，亚特兰大大学黑人问题研究大会又召开了两届，但终因"一战"的影响而中断，最后被迫终止。

　　值得一提的是，1934 年杜波依斯从全国有色人种协进会辞职，回到亚特兰大大学担任经济与社会学系主任，他曾试图再次恢复 19、20 世纪之交开展的亚特兰大大学黑人问题研究计划。这一次杜波依斯的设想是：联合美国南部黑人赠地学院、黑人大学以及北部大学的社会学系，合作研究南部及北部黑人问题。但由于 1944 年亚特兰大大学董事会突然要求杜波依斯退休，使他黑人研究计划的开展再一次受挫。③尽管如此，当代美国学者对于杜波依斯在美国社会学学科的创建和发展进程中所起的作用仍给予了充分的肯定，认为他"不仅在美国现代科学社会学的诞生中扮演了重要角色，更是现代社会学创始之父"。④ 诚然，在那个时代，对美国黑人问题开展如此大规模的社会学研究确属首次，但其意义和地位确实应该受到重新审视和评价。

　　然而，通过研究种族问题、揭示种族问题的真实情况来寻求解决问题的路径，收效非常缓慢，而且"疗效"也不太明显。杜波依斯的研究成果究竟在多大程度上改变了黑白两大种族的认知，确实很难衡量。有美国学者认为，如果杜波依斯要通过研究证明黑人问题是白人的种族偏见造成的，那么可以说，这方面的作用微乎其微。⑤尽管如此，他还是通过研究，对一些污蔑黑

① Dittmer. *Black Georgia in the Progressive Era*: 157.

② Du Bois. *Dusk of Dawn*: 93; Du Bois. *Autobiography*: 229; Dittmer. *Black Georgia in the Progressive Era*: 157.

③ Du Bois. *Autobiography*: 310-325.

④ 王晓真：《学者"改写"美现代社会学发展史——肯定杜波依斯对美国社会学学科创建的贡献》，《中国社会科学报》，2015 年 11 月 16 日，第 7 版。另参见 Aldon D. Morris. *The Scholar Denied: W. E. B. Du Bois and the Birth of Modern Sociology*. Oakland, Calif.：University of California Press, 2015.

⑤ Rudwick. *W. E. B. Du Bois*: 48.

人或者对黑人不利的观点进行了反驳，揭示出了大量黑人种族遭受歧视的事实。例如，当时白人普遍认为黑人遭受私刑是因为他们强奸白人妇女。杜波依斯的研究表明，因为性侵白人妇女而受私刑的黑人占比还不到受私刑总人数的四分之一。他还证明，白人并非黑人教育的唯一赞助者，黑人通过缴纳财产税、酒类等消费品的间接税等方式，也在支持黑人教育的发展。另外，杜波依斯通过比较黑人学校和白人学校的学期长短、教育经费数额、教师工资水平以及学校财产价值等，证明南部黑人受到的教育质量低于白人学生。总之，杜波依斯的黑人问题研究出于对现实的考量，也就是"鼓励和推动社会改革"，尽管其作用缓慢，但在改变人们认知和公共舆论方面确实起到了潜移默化的作用。[①]

① Rudwick. *W. E. B. Du Bois*: 49-51. 1943 年 4 月，在 20 个黑人赠地学院的资助下，杜波依斯在亚特兰大大学重新召集黑人研究大会，但因 1944 年被亚特兰大大学辞退，研究计划夭折。Rudwick. *W. E. B. Du Bois*: 288-289.

第三章　杜波依斯与布克·华盛顿的论争

　　杜波依斯的黑人问题研究计划屡遭挫败，这促使他逐渐意识到，仅依靠研究工作难以改变日益严重的种族歧视、黑人公民权利的不断被剥夺、人身安全受到威胁以及人格受到侮辱的状况。因此，他开始寻求更为有效的途径。在杜波依斯策划和推行解决美国黑人问题的计划时，另一个由布克·华盛顿于1881年起实施的计划正在引起黑人和白人的关注和支持。布克·华盛顿呼吁黑人对公民权利问题保持沉默，专注于学习技术和积累财富。尽管这种主张有其合理性，但在种族矛盾日益尖锐、种族压迫明目张胆的时代背景下，无异于默认种族歧视和种族隔离。杜波依斯非常关注布克·华盛顿的主张，并在经过深入思考后认识到这种政策对于黑人运动的消极作用，因此毅然决定加入挑战和反击布克·华盛顿的妥协政策和白人的种族主义的"新废奴主义"运动。

一、布克·华盛顿：从奴隶制中崛起

　　布克·华盛顿于1856年生于弗吉尼亚州哈勒斯福特（Hale's Ford）附近的一个种植园。他的母亲是白人奴隶主的家仆。他的生父是一个他从未谋面的白人。他从小就与母亲一起在种植园里为奴隶主干活。1863年1月1日，林肯颁布的《解放黑人奴隶宣言》（*The Emancipation Proclamation*）正式生效，他和他的母亲从此获得自由。随后他随母亲和继父迁至西弗吉尼亚州查尔斯顿附近的小镇梅尔登（Malden）。在那里，他曾在煤矿、盐矿做过苦工，也曾为一家富裕的白人做过男仆。在劳动之余，他挤时间上了几年小学，接受过一点儿初级教育。1872－1875年，他就读于职业技术学校汉普顿师范和农业学院（Hampton Normal and Agricultural Institute，简称"汉普顿学院"），其间深受该院院长塞缪尔·阿姆斯特朗（Samuel C. Armstrong）的社会思想和教育思想的影响。①在汉普顿学院的学习经历对于其后来的教育思想的影响不言而喻。

在汉普顿学院学习期间，家境贫寒的布克·华盛顿利用课余时间帮助学校做些清扫教室、生火炉之类的杂活，争取减免一些学费。1875 年从汉普顿学院毕业之后，他回到家乡梅尔登公立小学任教三年。其间他曾应西弗吉尼亚州议会邀请同州议会派出的代表一起前往美国国会游说，要求国会批准将该州州府从惠灵（Wheeling）迁至查尔斯顿。1879 年秋，他赴华盛顿特区韦兰教师进修班（Wayland Seminar）进修。1879－1881 年，他应阿姆斯特朗的邀请来到汉普顿学院执教。1881 年 6 月，在阿姆斯特朗的举荐下，他来到亚拉巴马州的塔斯克基担任新建立的塔斯克基工业师范学院（Tuskegee Normal and Industrial Institute，简称"塔斯克基学院"）的院长。塔斯克基学院在办学模式、指导思想和教育宗旨上均模仿汉普顿学院，可以说是汉普顿学院的翻版。②它以传授知识和技术、培养良好品格和对普通劳动的热爱为宗旨，除了教一点儿基础知识以外，主要教授农耕、家禽和家畜饲养、养蜂、洗衣、熨烫、缝纫、烹饪、打铁、木工、造车、印刷、制砖、砌砖、涂灰泥、做床垫、做柜子等技术和手艺。③

布克·华盛顿多年来一直关注南部黑人的处境，思考如何拯救这个群体。他清楚地看到，南部黑人中存在着贫困、文化缺失和道德约束力不足等严重问题，认为这些问题是黑人种族崛起的重大障碍。1879 年秋，在首都华盛顿，他看到一些年轻的黑人每周仅挣 4 美元，却花两美元或更多的钱雇车在宾夕法尼亚大街上闲逛摆阔；他看到每月接受 70－100 美元政府援助的黑人每月末仍债台高筑；他看到几个月前还是国会议员的一些人都失去了工作，穷困潦倒；他还看到一些黑人女学生追求虚荣、奢华，热衷于追求昂贵的衣裙鞋

---

① Booker T. Washington. *Up from Slavery*. New York: Airmont Publishing Company, Inc., 1967: 44; Louis R. Harlan. *Booker T. Washington: The Making of a Black Leader, 1856-1901*. New York: Oxford University Press, 1972: 52-75; Robert Francis Engs. *Freedom's First Generation: Black Hampton, Virginia, 1861-1890*. Philadelphia: University of Pennsylvania Press, 1979: 129-154. 本节标题来自布克·华盛顿自传。

② Louis R. Harlan. "Booker T. Washington in Biographical Perspective." *American Historical Review*, 75 (October 1970): 1592.

③ Louis R. Harlan. ed. *The Booker T. Washington Papers*, 15 vols. Urbana: University of Illinois Press, 1972-1984. 1: 51.

帽，其中许多人为此走向堕落。①这样一些随处可见的不良现象使布克·华盛顿感触颇深。他觉得有必要做进一步的调查和了解。1881 年 7 月，塔斯克基学院开学之前，他坐骡车深入南部农村考察，直到 1914 年他一直保持着这一习惯。②在南部农村亲临现场的考察增进了他对下层普通黑人民众的了解。他看到南方的"黑人地带"（Black Belt）③ 中，4/5 的黑人都不识字，没有技术，没有土地，也没有住房，陷入了负债累累、生计艰难的困境。④他还观察到许多黑人议员和官员既缺乏读写能力，也缺乏高水准的道德素养。⑤有一次，他问一位想当教师的黑人如何向学生介绍地球的形状，那位黑人回答说，他会根据之前从奴隶主那里获得的知识，告诉学生地球既不是平的也不是圆的。⑥此外，他还发现黑人犯罪率很高，尽管黑人只占美国人口的 12%，但却占了美国犯罪总人数的 30%。他认为这在很大程度上是因为黑人青年游手好闲、无所事事造成的。⑦基于他在汉普顿学院和塔斯克基学院的学习和教学经验，布克·华盛顿经过多年的观察思考和总结，最终确定在白人援助下发展职业技术教育是黑人唯一的出路。他感到他应寻找机会向白人和黑人公开阐明这一观点。

1884 年 7 月 16 日，在美国全国教育协会（National Education Association of the United States）于威斯康星州麦迪逊召开的年会上，布克·华盛顿发表了他的第一次公开演说，首次向世人公布了他解决南部黑人问题的初步设想。他指出，只要黑人拥有了知识和财产，培养了良好的品格，公民权利问题就会迎刃而解，但南方黑人学校缺乏教育经费，一切都依靠与南方白人的合作，需要得到他们的支持。他呼吁白人大力支持黑人的职业技术教育的发展。⑧这次演说在当时未能在白人中间引起多大反响。

1895 年，也就是在美国黑人的前一个重要领袖弗雷德里克·道格拉斯去世的那一年，布克·华盛顿 9 月 18 日应邀在亚特兰大国际博览会（The

① BTW. *Up from Slavery*: 63.

② Virginia Lantz Denton. *Booker T. Washington and the Adult Education Movement*. Gainesville, FL: University Press of Florida, 1993: 92.

③ "黑人地带"：指从南卡罗来纳州开始，经佐治亚州中部、亚拉巴马州到密西西比州的大片地区。此地带 1/2 以上的居民为黑人，故名。

④ Harlan. ed. *The Booker T. Washington Papers*, 4: 191, 367.

⑤ BTW. *Up from Slavery*: 60.

⑥ BTW. *Up from Slavery*: 58.

⑦ Harlan. ed. *The Booker T. Washington Papers*, 1: 153.

⑧ Aptheker. ed. *A Documentary History of the Negro People in the United States*, 1: 649-650.

Cotton States and International Exposition）上发表的演说使他声名鹊起。在演说中，他呼吁南方白人"就地汲水"（cast down the buckets where you are），不要依靠外国移民来满足对劳力的需求，而应利用南部 800 万黑人所构成的劳动大军，他们是最为可靠的劳动力。他们"耐心""忠诚""守法""任劳任怨"，不会罢工和挑起劳资冲突。他向白人保证："在过去我们曾证明过我们对你们的忠诚：我们曾喂养过你们的孩子，在病榻前看护着你们的母亲，并且经常泪水涟涟地把他们送到墓地。在将来，我们仍将以我们谦恭的方式，并以任何外国人无法达到的忠诚守护在你们的身边，并在必要的时候，为保护你们不惜献出生命。"①布克·华盛顿还让白人放心，黑人不会要求社会平等："在一切纯粹社会性的事情上，我们可以像分开的手指一样，然而在对于相互进步至关重要的一切事情上像握在一起的手一样。"②布克·华盛顿实际上告诉白人，他不会要求不同种族的社会平等（social equality），接受了种族隔离的社会现实。他呼吁白人援助黑人的职业技术教育，使他们成为有文化、有用的公民，以免拖南部发展的后腿。

　　针对当时大批黑人开始向北方迁移的情况，布克·华盛顿呼吁黑人也要"就地汲水"，不要寄希望于迁移异地他乡，而应留守南部，并培育与南部白人的友好关系，因为南部给予了黑人最好的发展机会。他呼吁黑人放弃对"表面的""华而不实的东西"的追求，而致力于"本质性的""有用的东西"，不应好高骛远，应从生活的"基础"开始，也就是从事农业、机械、家政服务、商业等工作。他劝告黑人应该热爱最普通的工作，并在最普通的工作中显示出才智和技术，要感到"耕地与写诗同样光荣"。③他还告诫黑人："我们不应让我们的不满遮蔽我们的机会。"他的意思是说，黑人应埋头工作，不要抱怨和抗议。他说："我们种族中最为明智的人知道，鼓动社会平等问题是最大的蠢事；我们将享有的一切特权方面的进步必须经过艰苦而不懈的努力，而不是靠人为的强制。任何有东西拿到世界市场上的种族不会被长期排斥在外。我们享有法律规定的一切特权很重要，也是理所当然的，然而更为重要的是，我们做好行使这些特权的准备。现在在工厂挣一美元的机会比在剧院花一美元的机会要宝贵得多。"④

① Aptheker. ed. *A Documentary History of the Negro People in the United States*, 1: 755.

② Aptheker. ed. *A Documentary History of the Negro People in the United States*, 1: 755.

③ Aptheker. ed. *A Documentary History of the Negro People in the United States*, 1: 754-755.

④ Aptheker. ed. *A Documentary History of the Negro People in the United States*, 1: 755, 756.

布克·华盛顿最后指出，如果诚如其所言，那么将来一定会在美国南部建立一个消除种族仇恨和猜忌，实现绝对公正、平等和物质繁荣的"新天堂"和"新地球"。①布克·华盛顿的亚特兰大演说在白人中间引起了强烈反响。演讲一结束，佐治亚州前州长拉斯特斯·布洛克（Rustus B. Bullock）等人冲上讲台纷纷与他握手。全场掌声如潮，经久不息。在随后的日子里，贺电、贺信像雪片一样从全国各地纷至沓来，聘请他前往演讲的邀请函也数不胜数，令人应接不暇。一些演讲协会以每晚300—400美元的高薪聘其演讲。报纸、杂志纷纷请他赐稿。格罗弗·克利夫兰总统也在百忙之中写信向他表示祝贺。②白人报纸对布克·华盛顿的亚特兰大演说大吹大擂，有的称它是"黑人种族进步的一个转折点""白人与黑人能够公平相待的纲领"，有利于"增进南方白人与黑人之间完全的相互理解"。③有的报纸称它"标志着南方历史的新纪元"和"一场美国道德革命的开始"。布克·华盛顿被誉为"黑人的摩西"（Negro Moses）、"新黑人"（New Negro）和"上天派下来的使者"。④

一向默默无闻的布克·华盛顿陡然青云直上，身价倍增，除了富豪们赞助的源源不断的办学经费以外，各种荣誉接踵而至。1896年，哈佛大学授予他文学硕士荣誉学位。1899年，他造访英国、法国、比利时、荷兰等欧洲国家，受到英国维多利亚女王和许多贵族名流的款待和推崇。1901年，达特茅斯学院授予他法学博士学位。同年，西奥多·罗斯福总统请他赴白宫共进晚餐。布克·华盛顿的亚特兰大演说也得到了南部和北部资本家的赞赏。北方的许多垄断资本家成为他的"朋友"，如美孚石油公司的亨利·罗杰斯（Henry Rogers）、北方铁路大王柯林斯·享廷顿（Collis P. Huntington）、钢铁大王安德鲁·卡内基、南方铁路公司董事长威廉·鲍德温（William H. Baldwin Jr.），等等。他们纷纷向布克·华盛顿捐资捐款。1901年，卡内基捐助塔斯克基学院60万美元。⑤

总之，在1895—1905年这10年期间，属于黑人历史上的"布克·华盛顿时代"，⑥布克·华盛顿的权力与影响登峰造极。西奥多·罗斯福和威廉·塔夫脱（William Taft）政府任命黑人官员、制定黑人政策都要征询布克·华盛

---

① Aptheker. ed. *A Documentary History of the Negro People in the United States*, 1: 757.

② BTW. *Up from Slavery*: 137-139; Harlan. ed. *The Booker T. Washington Papers*, 1: 424-425.

③ Harlan. ed. *The Booker T. Washington Papers*, 1: 79, 80.

④ Harlan. ed. *The Booker T. Washington Papers*, 4: 3, 18, 36.

⑤ 福斯特：《美国历史中的黑人》，第449页。

⑥ Meier. *Negro Thought in America*: 112, 114-115.

顿的意见；北方资本家和慈善家对南方黑人教育捐款的分配要听从布克·华盛顿的建议；黑人报纸、杂志为了争取布克·华盛顿的资助也唯其马首是瞻，对他大唱颂歌，替他讨伐异己。黑人与白人杂志、出版社纷纷向布克·华盛顿约稿。布克·华盛顿运筹帷幄，权力影响范围覆盖全国。一时间，塔斯克基被誉为"黑人民族的首都"（the capital of the Negro race）。①

二、布克·华盛顿解决黑人问题计划透视

布克·华盛顿的亚特兰大演说几乎包含了他解决南部黑人问题计划中所有主要思想要素。随后他利用巡回演说、报刊文章和出版著作等形式对这些主张进行广泛宣传，使其在世纪之交的黑人思想领域占据主导地位。难怪有学者把1880－1915年这一段黑人历史称为"布克·华盛顿时代"。

概括地说，布克·华盛顿对黑人问题的看法和解决方案大致如下：美国黑人问题的主要症结在于黑人民众中间普遍存在着贫困、文盲和犯罪，只要通过职业技术教育，使黑人培养勤劳、节俭、自制等基督教品格，获得知识和实用技术，从事农业、机械、手工业、家政服务和商业，争取成为美国社会和经济生活中不可或缺的因素，并努力发财致富，购置房产，重塑黑人形象，赢得白人尊重，这样，白人就一定会"赐给"黑人一切应有的政治权利和其他公民权利。美国的黑人问题也就迎刃而解。用他本人的一句话可以概括他的思想核心内容：黑人只要拥有"智力、财产和品格就能解决公民权问题"。②因为他发现，在一切人类的历史上，无论何种种族、肤色或地域，总是拥有财产和知识的人控制着政府的权力。③具体而言，布克·华盛顿的思想可以分为下面几个方面。

一、发展职业技术教育是解决黑人问题计划的基石

布克·华盛顿认为，南部黑人没有掌握文化知识和技术，陷入极度贫困，

---

① Du Bois. *Dusk of Dawn*: 76; Du Bois. *Autobiography*: 241; Meier. *Negro Thought in America*: 112, 114-115.

② Aptheker. ed. *A Documentary History of the Negro People in the United States*, 1: 649; Harlan. ed. *The Booker T. Washington Papers*, 1: 45.

③ Francis L. Broderick and August Meier. eds. *Negro Protest Thought in the Twentieth Century*. New York: The Bobbs Merril Company, Inc., 1965: 13.

工厂常常拒绝雇用黑人，使得黑人在经济世界的最底层挣扎以求生，因此通过职业技术教育，教给他们可赖以为生、实现自立的一系列实用技术是十分必要的。①但是，当前黑人所受的教育却与其生活中的实际需要相脱节。尽管大多数黑人主要依靠务农为生，然而黑人孩子在学校学习的却是法律、神学、希腊语、拉丁语、天文学等课程。布克·华盛顿指出，有些南方黑人妇女谈起历史来口若悬河，滔滔不绝，分析起复杂的句子游刃有余，然而却做不好家里一日三餐的面包和肉食；有些黑人女孩能在地球仪上准确地指出某些地方的地理位置，却不知如何在一场正式宴会的餐桌上摆放碗碟刀叉。布克·华盛顿认为，衣、食、住是文明的"三大主要条件"。南部黑人的当务之急是解决生存问题，而张口闭口莎士比亚、弥尔顿、西塞罗，对于解决黑人生活中的实际问题无济于事。②在一次演说中，他讲到这样一个也许是虚构的故事：有一次他的一位朋友去利比里亚，在一间茅草屋里看到一位黑人正在读西塞罗的演讲词。这没有什么错。问题是，那位黑人没穿裤子。布克·华盛顿"画龙点睛"地指出："我想先开设一家裁缝店，以便于那位黑人能够穿着裤子坐下来，像一位绅士一样阅读西塞罗的演讲词。"③

二、获得经济成功、体现社会价值是赢得平等权利的前提

布克·华盛顿认为："一个无用、懒惰的阶级是一种威胁和危险。"黑人种族的未来在于黑人能否在他们所居住的州和市镇里体现出"根本性的价值"，以使那里的白人感到黑人的存在对于他们的幸福是至关重要的。他说："这是一个永远不会失效的伟大的人类法则。"④因此，他呼吁每一位黑人都应努力成为他所在的社区最有用的、最不可缺少的人，这是对黑人"最可靠、最有力的保护"。⑤为此，就要求黑人首先要能够提供白人所需要的东西，满足其需求。布克·华盛顿认为，只要黑人能生产出白人所需要的东西，能为市场提供产品，就能赢得尊重。⑥其次，黑人必须在技术上出类拔萃。布克·华盛顿总结规律说，任何人，无论其是何种肤色，也无论他做的是多么普通的

---

① Harlan. ed. *The Booker T. Washington Papers*, 4: 189, 191, 367, 371-372.

② Harlan. ed. *The Booker T. Washington Papers*, 1: 429; 4: 215-216.

③ Harlan. ed. *The Booker T. Washington Papers*, 4: 331.

④ BTW. *Up from Slavery*: 170.

⑤ Harlan. ed. *The Booker T. Washington Papers*, 1: 424.

⑥ Harlan. ed. *The Booker T. Washington Papers*, 4: 138, 197.

事情，只要他能做得比别人都好，就会得到别人的承认和报偿。①所以，黑人应该"以不普通的方式来做普通的事情"，争取成为镇上最优秀的农民或最出色的技工，这样才能在社会上有立足之地。②

在布克·华盛顿看来，当黑人体现出社会价值，并且拥有了经济成功的标志，如农场、住房、商店、美元等的时候，种族歧视就会烟消云散。他指出，每一位白人都会尊重在城镇中心经营一家两层楼的砖砌商店，并且在银行拥有 5000 美元存款的黑人；当一位黑人在他们县、区成为最大的纳税人，并且拥有并耕种着最好的农场时，他的白人邻居不会长期反对给予他选举权；一位黑人如果是他所在镇上最大的承包商，并且住着一幢两层的砖房，不可能遭受私刑；对一位白人的住房拥有抵押权的黑人不会被白人驱离投票箱；一个每年付给南方铁路 10000 美元货运费的黑人将有权在火车上随意选择座位，甚至普尔曼公司会为其提供专座；当一个黑人拥有 50000 美元可贷款时，他在白人邻居中永远不乏朋友和贷户。③

不难看出，布克·华盛顿的逻辑是，只要黑人在经济上与美国白人生活形成水乳交融的紧密联系，能够满足白人的各方面需求，并且发财致富，提高社会与经济地位，自然就不会遭到社会排斥。他曾举例说，以前与黑人境遇相似的犹太人，今天已经赢得了白人完全的尊重和认可，就是因为他们在商业和企业上与美国紧密地结合起来了。④

三、南部最适合黑人发展，而且白人的同情和支持是黑人成功的重要保障

布克·华盛顿认为，南部提供给黑人发展更多和更好的机会，因此，黑人待在南部比迁往北部城市更为有利。尽管黑人在北部城市享有某些在南部享受不到的特权，然而黑人难以适应北部城市的激烈竞争，而且北部城市工会的歧视和排斥政策也使黑人难以找到像样的工作。南部更有利于黑人就业，创办企业，积累财富，而且在南部，黑人还可以从事他们最为擅长的农业劳动。每一个成功的种族或民族的发展都从农业起步。⑤另外，由于目前白人

① BTW. *Up from Slavery*: 169.
② BTW. *Up from Slavery*: 125, 169; Harlan. ed. *The Booker T. Washington Papers*, 1: 105, 127; 4: 356.
③ Harlan. ed. *The Booker T. Washington Papers*, 4: 197, 373.
④ Harlan. ed. *The Booker T. Washington Papers*, 4: 372-373.
⑤ Broderick and Meier. *Negro Protest Thought in the Twentieth Century*: 9, 13-14; BTW. *Up from Slavery*: 63.

在经济、教育等方面比黑人先进，而且他们控制着政府和财富，黑人依靠白人获得生活必需品和对其教育的资助，黑人未来的平等权利也依靠白人的赐予和保护，所以，任何改善南部黑人的努力都应立足于与南部白人的友好而和平的相处。赢得他们社区中白人邻居的友谊、信任和尊重是黑人成功的保障。黑人在其社区拥有众多的白人朋友，这对于他的权利、安全与幸福的保护比联邦国会或任何外部力量更有力、更持久。①

因此，他热情歌颂黑白两种族之间的互信和爱，呼吁这两个种族学会互相宽容和包容，在和平与物质繁荣中共同生活，像手足一样亲密无间，彼此难以分离。此外，他声称没有人比他更热爱南部了，他总是与南部同呼吸共命运，同悲同喜。②他还极力为白人涂脂抹粉，粉饰太平。他批评报纸上对于南部黑人与白人之间的种族冲突持续不断的报道是"夸张的"和不实的。他声称在南部地区，黑白两个种族之间存在着相当程度的和平、友谊和互利；尽管种族冲突偶有发生，但也不多。③为了赢得白人的支持，布克·华盛顿甚至不惜放下种族尊严，通过贬低自我来取悦白人。1895 年 11 月，他在致南卡罗来纳州种族主义参议员本杰明·蒂尔曼的信中自称是"一个不幸种族的一名恭顺的成员"，对种族主义者不吝溢美之词，称蒂尔曼为"地球上最伟大的立法机关的成员""伟大的睿智的白人种族的一员"，吹捧蒂尔曼"勇敢""慷慨""伟大"，代表着南方的"骑士风范"，不会去伤害"您脚下的""懦弱""仰赖您的""哀求者"，绝不会制定剥夺他们选举权的法律。④1896 年 6 月，他在哈佛大学毕业典礼上说，"强者"应该援助"弱者"；黑人需要白人的帮助、鼓励和引导。⑤他还曾写道："在很大程度上，这个国家的黑人种族正处于一个病人的处境。……一个无知的种族就像一个孩子一样。它起初追求表面的东西、生活中华而不实的东西和虚幻的东西，而不是实质的东西。在这方面你们必须对我们种族怀有耐心。"⑥

---

① Aptheker. ed. *A Documentary History of the Negro People in the United States*, 1: 49; Harlan. ed. *The Booker T. Washington Papers*, 1: 45, 153-154, 159; Broderick and Meier. *Negro Protest Thought in the Twentieth Century*: 12-13.

② Harlan. ed. *The Booker T. Washington Papers*, 1: 158.

③ Broderick and Meier. *Negro Protest Thought in the Twentieth Century*: 10; Harlan. ed. *The Booker T. Washington Papers*, 4: 376.

④ Harlan. ed. *The Booker T. Washington Papers*, 4: 71-72.

⑤ Harlan. ed. *The Booker T. Washington Papers*, 4: 184.

⑥ Harlan. ed. *The Booker T. Washington Papers*, 1: 322.

　　布克·华盛顿认为，有了上述三点足以解决南部黑人问题，其他的办法一概不需要了。于是他向黑人提出另外三条建议。第一，放弃鼓动。他认为，拥有财产、知识和良好品格的黑人终将获得应有的权利，不能依靠"外部的、人为的强制"，而要等待南方白人的赐予和保护。而这个过程是一个"自然的、缓慢的"过程，不可能在一夜之间一蹴而就。①因此，他建议黑人保持沉默，忍受委屈，耐心等待。②甚至在 1906 年 9 月，在亚特兰大种族骚乱中黑人民众遭到白人暴徒的肆意殴打和屠杀的情况下，他仍劝黑人要冷静、理智、克制和遵纪守法，"不要犯企图报复的错误"，要致力于消除黑人中间的犯罪者和无业游民。③布克·华盛顿举例说，分散的蒸汽或其他能量不可能成为动力。黑人在面临歧视的情况下会产生许多怒气，如果适当控制和疏导，这种怒气就能成为种族振兴的巨大力量。遗憾的是，它却被浪费在毫无用处的鼓动之中。④他认为黑人需要一个"建设性""进步性"的计划，把黑人民众团结起来，支持一个"共同的事业"，而不是诉诸争论、批评或仇恨。⑤

　　第二，默认种族歧视和种族隔离的事实。他认为，打乱种族歧视和种族隔离的社会秩序"得不偿失"。他告诫黑人"最好不要'打草惊蛇'"。美国的各个地区，就像世界上的其他地区一样，都有它们自己特殊的"习俗"。因此，尊重它们是明智之举。美国南方的"习俗"是，黑人与白人不能同住一个旅馆，黑人儿童与白人儿童不能上同一所学校。北方也有其独特的习俗。黑人不应该对其提出任何质疑或争论。⑥

　　第三，远离政治，致力于工商业。布克·华盛顿认为，重建时期黑人由于"无知"和"没有经验"，结果犯了一个严重错误——"开始于顶端而不是开始于基础"。他们热衷于国会和州议会的议员席位、政治会议和政治演说，而不努力取得房地产和学习工业技术，不去经营奶牛场和蔬菜农场，结果成为北方政治斗争的工具，而且浪费了大量时间和金钱，却忽视了"自我改善

---

　　① BTW. *Up from Slavery*: 143-144.

　　② Harlan. ed. *The Booker T. Washington Papers*, 1: 89; 4: 184, 198, 416.

　　③ Aptheker. ed. *A Documentary History of the Negro People in the United States*, 1: 867; Philip S. Foner. ed. *The Voice of Black America: Major Speeches by Negroes in the United States, 1797-1973*, 2 vols. New York: Capricorn Books, 1975, 2: 36-38.

　　④ Harlan. ed. *The Booker T. Washington Papers*, 1: 418-419.

　　⑤ Harlan. ed. *The Booker T. Washington Papers*, 1: 433.

　　⑥ Harlan. ed. *The Booker T. Washington Papers*, 1: 445.

这一根本性问题"。①布克·华盛顿认为，黑人应与白人一样拥有任职的权利，但目前黑人应专注于教育和工商业，而不是追求官职，这样才能为未来赢得政治承认奠定坚实的基础。他以密西西比州一对黑人夫妇放弃了在邮电局工作的机会去开办银行的事例来说明，相较于政府职务，从事银行业务对社区的贡献更大。②

布克·华盛顿从未想到他的计划没能像他在 1895 年亚特兰大演说中所期望的那样，在南部建立一个种族平等、种族和谐、充满爱的"新地球"和"新天堂"。频繁爆发的种族骚乱使得南部经常成为种族仇恨主导的血腥的人间地狱。在 1906 年 9 月 22－26 日长达 5 天的亚特兰大种族骚乱中，白人暴徒袭击了该市的黑人聚居区，捣毁了黑人开设的酒馆、饭店和商店等，残酷毒打和屠戮市区内所见的黑人，造成了 25 名黑人死亡，150 余黑人受伤，上千黑人流离失所。③白人记者雷·斯坦纳德·贝克写道，在遭洗劫的黑人社区布朗斯维尔（Brownsville）居住的都是靠勤劳获致财产的黑人，但仍难免遭受白人的屠杀。在该区被杀害的 4 名黑人中，一位是蔬菜店主，一位是很有声望的内战退伍军人，一位是有一定收入的砖瓦匠，一位是勤劳的木匠。④骚乱后组成的特别委员会的调查报告也指出，骚乱的受害者无一是流浪汉；他们都在从事"有益的工作"挣得工资；他们都是"诚实、勤劳和守法的公民和社会的有用成员"。⑤在骚乱后白人与黑人联合召开的有关会议上，亚特兰大黑人医生佩恩（W. F. Penn）愤然问道："如果过严肃、勤劳、诚实的生活，积累财富，并尽力为子女提供教育不是黑人在南部生活和应受保护的标准，那么该如何是好呢？"⑥

亚特兰大种族骚乱有力地说明，布克·华盛顿所谓只要黑人经济与社会地位提高了就能自然而然地消除种族歧视、解决种族问题的说法根本不靠谱。骚乱发生后，黑人牧师亚当·克莱顿·鲍威尔（Reverend Adam Clayton

---

① Aptheker. ed. *A Documentary History of the Negro People in the United States*, 1: 753; Harlan. ed. *The Booker T. Washington Papers*, 4: 198; BTW. *Up from Slavery*: 60.

② Harlan. ed. *The Booker T. Washington Papers*, 1: 104, 436.

③ Charles Crowe. "Racial Massacre in Atlanta, September 22, 1906." Allen Weinstein and Frank Otto Gatell. eds. *The Segregation Era, 1863-1954: A Modern Reader.* New York: Oxford University Press, 1970: 112-128.

④ Baker. *Following the Color Line*: 12, 14-15.

⑤ Baker. *Following the Color Line*: 15.

⑥ Baker. *Following the Color Line*: 19.

Powell）在纽约《时代报》（*Times*）上发表文章指出，多年来布克·华盛顿劝黑人要"温驯地等待，不要抱怨"，其结果是什么？"私刑日增，骚乱更多，［黑人］种族遭受吉姆·克劳法（Jim Crow laws）的羞辱，恶劣的学校教育条件令人痛心地阻碍着它的智力和道德发展。总之，在华盛顿先生的政策下，南部两大种族之间的距离比 15 年前要大 1000 倍，而且这种鸿沟每天都在加大。"①当代学者乔尔·威廉森写道，亚特兰大黑人听从布克·华盛顿的告诫"就地汲水"，然而他们打上来的水却是"又咸又苦又脏"。②

　　令人啼笑皆非的是，在 1907 年 8 月的年会决议中，布克·华盛顿于 1900 年领导建立并且控制的全国黑人企业联盟（National Negro Business League）仍在重复着布克·华盛顿的老生常谈：要想取得成功，黑人必须成为社会的"建设者"，必须被社会所"需要"，而不是被"容忍"。尽管每个人都会对他人区别对待，但贸易规律和支配宇宙的法则不认可种族和肤色。因此，"自然的力量"是公平的，"自然不会把她的财富藏匿起来，躲避黑人的手"。③

三、杜波依斯与布克·华盛顿：走向对立

　　杜波依斯与布克·华盛顿的关系经历了从相互尊重和友好到关系破裂的发展过程。在求学期间，杜波依斯就听说过布克·华盛顿，并且十分景仰他为黑人民族所做的工作。1894 年 7 月，杜波依斯从柏林大学留学归来后，曾向塔斯克基学院写了一封求职信。布克·华盛顿回电表示他可以来学院教数学。④如果后来他不是最先接到了威尔伯佛斯大学的聘用函，他很有可能去了塔斯克基学院。

　　起初，杜波依斯支持布克·华盛顿有关解决黑人问题的一些观点，二人对于对方所做的工作还是比较赞赏的。1895 年 9 月，杜波依斯写信给布克·华盛顿，对他的亚特兰大演说表示赞赏："请允许我衷心地祝贺您在亚特

---

①　Logan. *The Betrayal of the Negro*: 388.

②　Williamson. *The Crucible of Race*: 220.

③　Baker. *Following the Color Line*: 230.

④　Aptheker. ed. *The Correspondence of W. E. B. Du Bois*, 1: 37, 38.

兰大的巨大成功。——您所言极是。"①随后，杜波依斯又在纽约《时代报》
（*Age*）上发表的公开信里说，如果白人向黑人开启经济机会之门，黑人又能
在政治上与白人合作，那么，"这可能成为南方白人与黑人真正和解的基
础"。② 1896 年 1 月，杜波依斯因不满意在威尔伯佛斯大学的工作，先后两
次写信给布克·华盛顿，表示想去塔斯克基学院，并建议布克·华盛顿在塔
斯克基学院建立一个黑人史及黑人社会调查学校。③杜波依斯在完成费城黑
人研究计划之后，他在哈佛大学的导师阿尔伯特·哈特分别于 1897 年和
1899 年两次写信给布克·华盛顿，力荐杜波依斯。杜波依斯也写信给布
克·华盛顿，表示愿意去塔斯克基学院工作。布克·华盛顿遂向杜波依斯发
出邀请函，表示向他提供优厚的工资、住房、科研资助等待遇，让他致力于
有益于黑人的社会学研究。④1899 年 8 月，在全国黑人委员会（National
Afro-American Council）芝加哥大会上，布克·华盛顿对南部的"迎合"
（accommodation）政策受到了激进黑人领袖的攻击，杜波依斯起而为他辩
护。⑤1899 年，当杜波依斯等人联合请愿反对佐治亚州议员托马斯·哈德威
克（Thomas Hardwick）提出的剥夺黑人选举权的议案时，布克·华盛顿也积
极游说反对此提案。⑥同年，杜波依斯向布克·华盛顿表示，他"极为同情
塔斯克基的工作"，并预言它最终"无疑会结出硕果"。⑦1900 年 3 月，布克·华
盛顿写信给杜波依斯，推荐他任哥伦比亚特区黑人学校的督学。⑧1901 年，
杜波依斯应邀参加布克·华盛顿在西弗吉尼亚州组织的夏令营活动。⑨同年，
在第 6 次亚特兰大大学黑人问题研究大会期间，布克·华盛顿写信给杜波依
斯，对他在黑人教育状况的研究和介绍方面所做的工作表示"由衷而诚挚的"
感谢。⑩1902 年，在亚特兰大大学城市黑人大会上，布克·华盛顿赞扬杜波

---

① Aptheker. ed. *The Correspondence of W. E. B. Du Bois*, 1: 39; Harlan, ed. *The Booker T. Washington Papers*, 4: 26.

② Harlan. ed. *The Booker T. Washington Papers*, 4: 26; Du Bois. *Dusk of Dawn*: 55.

③ Harlan. ed. *The Booker T. Washington Papers*, 4: 99, 152-153.

④ Lewis. *W. E. B. Du Bois: Biography of a Race*: 230, 232.

⑤ Lewis. *W. E. B. Du Bois: Biography of a Race*: 230.

⑥ Dittmer. *Black Georgia in the Progressive Era*: 96.

⑦ Broderick. *W. E. B. Du Bois*: 67.

⑧ Aptheker. ed. *The Correspondence of W. E. B. Du Bois*, 1: 44.

⑨ Broderick. *W. E. B. Du Bois*: 65.

⑩ Aptheker. ed. *The Correspondence of W. E. B. Du Bois*, 1: 46.

依斯的工作是"他的能力、智慧和忠诚的丰碑"。①同年，支持布克·华盛顿的北方资本家、慈善家多次建议杜波依斯去塔斯克基学院工作。为此杜波依斯与布克·华盛顿面谈两次，通信两次，但终因杜波依斯不愿中断他在亚特兰大大学的黑人问题研究计划而未能谈妥。②

　　尽管到 1903 年之前，杜波依斯与布克·华盛顿在表面上一直保持着友好关系，但实际上，进入 20 世纪以来，杜波依斯已开始对布克·华盛顿的路线提出质疑。1900 年 12 月，杜波依斯在《新世界》（New World）杂志上发表文章指出，黑人忘记了"生活不仅仅需要食物，身体不仅仅需要衣服"。单纯把获得衣食作为生活的唯一目标的人可能成为"权利的背叛者和武力前的懦夫"。③1901 年，杜波依斯发表了一篇对同年布克·华盛顿出版的个人传记《从奴隶制中崛起》（Up from Slavery）的评论文章，对布克·华盛顿的诚意及其所做的工作表示赞赏和尊重，但同时指出，他以社会平等和政治平等为代价换取"经济成功"的策略遭到了一些黑人的反对。这些黑人认为单纯对黑人进行职业技术教育的计划是不完善的，黑人也需要高等教育；黑人要奋起维护自己的权利，要求与白人平等的选举权。④1902 年 10 月，杜波依斯在《前进》（Advance）杂志上发表文章指出，黑人只有不断地鼓动才有希望争取到平等。黑人"应坚持不懈，争取在这个国家享有与他的同胞一样的在法律面前的完全平等"。⑤

　　1903 年 4 月 18 日，杜波依斯出版了《黑人的灵魂》一书，将他与布克·华盛顿的分歧公开化，在美国白人和黑人中间引起巨大的震动。杜波依斯指出，布克·华盛顿号召黑人放弃——至少暂时放弃——对政治权利等公民权利的追求和对黑人青年的高等教育，而致力于职业技术教育、积累财富和迎合南部，结果造成：（1）黑人的选举权被剥夺；（2）在法律上确立了黑人的劣等公民地位；（3）白人不再支持黑人的高等教育事业。虽然这些事情并不能完全归咎于布克·华盛顿，然而，布克·华盛顿的立场与主张无疑加速了上述过程。杜波依斯认为，如果黑人被剥夺了政治权利，沦为奴隶等级，没有机会教育他们中的出类拔萃的人物（exceptional man），他们根本不可能在经济

---

① Broderick. *W. E. B. Du Bois*: 65.

② Du Bois. *Dusk of Dawn*: 78-79; Du Bois. *Autobiography*: 242-244.

③ Broderick. *W. E. B. Du Bois*: 67.

④ Broderick. *W. E. B. Du Bois*: 68.

⑤ Aptheker. ed. *Annotated Bibliography of the Published Writings of W. E. B. Du Bois*: 16.

上取得真正的进步。①他还指出了布克·华盛顿的路线的三个矛盾：其一，他努力使黑人成为工匠、商人和财产所有者，然而在竞争激烈的现代社会，没有选举权的黑人工匠、商人和财产所有者根本无法维护自己的权益；其二，他强调黑人要自尊，然而同时又告诫黑人要默默地接受劣等公民的地位，这从长远的观点来看，必然损害所有黑人种族的人格；其三，他倡导职业技术教育，贬低高等教育的价值，然而没有黑人大学培养的师资，塔斯克基学院等职业学校一天也不可能存在下去。②

《黑人的灵魂》一书的出版，如一声春天的惊雷，震醒了一些仍在沉睡的人，也在黑人思想界引起了轩然大波。詹姆斯·韦尔登·约翰逊（James Weldon Johnson）认为，这本书"对于美国黑人种族以及在美国黑人种族之间的影响超过了自《汤姆叔叔的小屋》问世以来在这个国家所出版的任何其他书"。杜波依斯吹响了集合与出征的号角，推动激进人士团结起来共同发声，由此"将黑人种族分裂为两个斗争的阵营"。当代黑人观察家威廉·费里斯（William Ferris）将《黑人的灵魂》一书誉为黑人的"政治圣经"，称杜波依斯为黑人"期待已久的政治弥赛亚"。③与此同时，支持布克·华盛顿的媒体对杜波依斯火力全开，称他为哼哼唧唧、不切实际的种族叛徒，以自己身为黑人为耻。甚至有人建议亚特兰大大学校长巴姆斯特德让杜波依斯闭嘴。④

1903年的波士顿事件进一步疏离了杜波依斯与布克·华盛顿之间的关系。这年7月30日，布克·华盛顿应全国黑人企业联盟波士顿分会的邀请在该市一黑人教堂发表演讲。较早向布克·华盛顿的路线提出挑战的波士顿激进黑人领袖、波士顿《卫报》（Guardian）创办者及主编威廉·门罗·特罗特（William Monroe Trotter）和乔治·福布斯（George Forbes）在会场上要求布克·华盛顿就黑人选举权和教育问题发表看法，引起会场秩序混乱。特罗特被以扰乱治安罪罚款50美元，拘留30天。杜波依斯闻听义愤填膺，认为这是对美国宪法中规定的公民言论自由的践踏。他向特罗特写信表示同情。⑤10月，他在致他的朋友克莱门特·摩根（Clement Morgan）的信中说："我一向不同意特罗特先生的做法，然而我却一直对他对于一项伟大事业发自

①　Du Bois. *The Souls of Black Folk*: 87-88.

②　Du Bois. *The Souls of Black Folk*: 88-89.

③　Rudwick. *W. E. B. Du Bois*: 68.

④　Rudwick. *W. E. B. Du Bois*: 69-70.

⑤　Lewis. *W. E. B. Du Bois: Biography of a Race*: 302.

内心的真诚和忠诚怀有崇高的敬意。当我看到他成为卑鄙的迫害和邪恶攻击的目标时，我便想公开表达这种敬意。"①尽管杜波依斯与所谓的"波士顿骚乱"（Boston riot）毫无关系，但布克·华盛顿却怀疑他是这一事件的幕后策划者。②这给二人的关系进一步蒙上了一层阴影。

布克·华盛顿也许意识到了黑人思想界出现的裂隙，他设想召集一次全国黑人领袖代表会议，试图消弭分歧，达成共识。1903 年 2 月，他向全国 15 位黑人领袖发出邀请信，请他们参加他即将召开的纽约会议，以讨论当前黑人面临的"一切重要问题"。③华盛顿认为，这将成为黑人历史上"最为重要、最严肃和影响最深远的"一次会议。④这 15 名黑人中包括杜波依斯。同月，杜波依斯向霍华德大学凯利·米勒（Kelly Miller）教授写信表示，这是一个"与布克·华盛顿进行坦诚交流的机会"。他同时建议这次会议应坚持的原则是：黑人与其他美国人一样享有完全平等的权利；对遴选出的青年黑人进行高等教育；对黑人民众进行职业技术教育；对每一位黑人儿童进行小学教育；停止一切自我贬损的做法；细致研究黑人的真实情况，创办一份全国性黑人期刊；建立一个高效的黑人社团与活动的联合组织；筹集辩护基金，通过法院诉讼争取和维护黑人权利。杜波依斯还建议会议的口号应是"勇武而不挑衅，调和而不卑从"。⑤

1903 年 11 月，布克·华盛顿写信给杜波依斯，指出纽约会议的目的是消除黑人领袖中间的相互误解，就某些"根本性原则"达成一致。布克·华盛顿还就会议的人员构成向杜波依斯征询意见，并建议杜波依斯不要把"个人感情"带到会议上，以免导致会议失败。布克·华盛顿还指出，既然黑人绝大部分集中在南部，黑人问题主要与他们有关，所以应让更多了解南方黑人状况的人与会发言，而不能过分依赖北部黑人所提出的理论和"未经验证的计划"。⑥杜波依斯随即回了一封措辞尖刻、火药味十足的信，信中说："我认为我再提出不被采纳的建议也没有什么用。那是你的会议，会议的人员构成自然由你选定。但我必须保留的权利是，根据最后邀请与会者的名单，决

---

① Broderick. *W. E. B. Du Bois*: 70.

② Lewis. *W. E. B. Du Bois: Biography of a Race*: 302-303.

③ Herbert Aptheker. "The Washington Du Bois Conference of 1904." Herbert Aptheker. *Toward Negro Freedom*. New York: New Century Publishers, 1956: 98.

④ Rudwick. *W. E. B. Du Bois*: 80.

⑤ Aptheker. ed. *The Correspondence of W. E. B. Du Bois*, 1: 53.

⑥ Aptheker. ed. *The Correspondence of W. E. B. Du Bois*, 1: 53-54.

定这场会议是否值得我参加。"①随后，杜波依斯与凯利·米勒、克莱门特·摩根、阿奇鲍德·格里姆科（Archibald Grimke）等人草拟了一份被他称为《华盛顿反对者的原则》（"Principles of Anti-Washington Men"）的备忘录，其主要内容为：（1）反对不支持黑人应享有平等选举权、公民权和教育机会的一切个人或组织；（2）坦诚地批评布克·华盛顿有关选举权、任职权、公民权、职业技术教育和高等教育的观点；（3）拒绝参加没有自由讨论的会议。②

1904 年 1 月 6—8 日，纽约会议在卡内基厅（Carnegie Hall）召开，来自全国支持布克·华盛顿和反对布克·华盛顿两派的 50 余名黑人领袖和白人参加了会议，包括拉瑟福德·海斯总统在任期间（1877—1881）的内政部部长卡尔·舒尔茨（Carl Schurz），《纽约晚邮报》（New York Evening Post）主编、废奴主义者威廉·劳埃德·加里森（William Lloyd Garrison）的孙子奥斯瓦尔德·加里森·维拉德（Oswald Garrison Villard）以及工业巨头兼慈善家安德鲁·卡内基等政界、商界和新闻界名流。与会者进行了一些坦诚交流，同时大会上的一些发言也充满了对布克·华盛顿的溢美之词。③与会者同意，只有在南部实现公民平等和政治平等，才能确保该地区黑人的发展；黑人应要求政府切实执行联邦宪法第 14 条和第 15 条修正案；选举权"至为重要"，有助于保障黑人享有其他制度性权益；大会建议黑人在政治上组织起来，确保同情黑人的候选人当选；会议同意向法庭提起针对歧视性法律的测试诉讼（test cases）；有潜力的各界黑人领袖应接受高等教育，而黑人普通民众应接受小学教育和职业技术教育；应定期组织跨种族会议，以联络南部和北部的白人领袖。④从会议的内容看，布克·华盛顿向激进派做出了相当大的让步和妥协，才使双方达成了上述一致意见。

大会推选杜波依斯、布克·华盛顿等组成的三人委员会，负责任命一个"促进黑人种族利益十二人委员会"（Committee of Twelve for the Advancement of the Interests of the Negro Race）。在杜波依斯因病缺席的情况下组成的十二人委员会的成员都是布克·华盛顿一手挑选的，委员会完全操纵在布克·华盛顿手中，而且这个委员会也没有制订具有实质性内容的计划。杜波依斯因此愤然辞职，退出三人委员会。布克·华盛顿指责他轻诺寡信，不是可靠的

---

① Aptheker. ed. *The Correspondence of W. E. B. Du Bois*, 1: 54.

② Aptheker. "The Washington Du Bois Conference of 1904." Aptheker. *Toward Negro Freedom*: 98.

③ Du Bois. *Dusk of Dawn*: 81; Du Bois. *Autobiography*: 247.

④ Rudwick. *W. E. B. Du Bois*: 81.

同僚。①杜波依斯后来在一封私人信件里说："努力去与这样一个人合作毫无意义……我可以尽力促进和谐，然而我不会令我自己受制于华盛顿先生的控制和掌握。"②布克·华盛顿与杜波依斯和解的努力最后宣告失败。

1905 年 6 月 13 日，杜波依斯与全国 18 个州的 59 名黑人领袖联名写信发出召开全国黑人领袖会议的倡议。联名信指出，在当前，个人自由和黑人的尊严正遭受威胁和践踏，所有关心黑人自由和发展的人士应当举行一次会议，其宗旨是：（1）坚决反对目前扼杀诚实批评、控制公众舆论、利用金钱和影响力集中政治权力的手段；（2）维护黑人作为人的权利，争取就业机会和精神自由；（3）建立和支持新闻和公众舆论机构，开展宣传工作。③

1905 年 7 月 11－13 日，由于美国的宾馆拒绝接待，来自 14 个州的 29 名代表在加拿大安大略省尼亚加拉瀑布附近的伊利堡镇（Fort Erie）召开会议，会议发表了一项《原则宣言》（"Declaration of Principles"），主要内容有：（1）要求践行美国《独立宣言》所确立的人人生而平等、拥有某些不可让渡的权利的原则，贯彻联邦宪法第 13、14、15 条修正案；（2）反对一切基于种族或肤色的"野蛮的"种族歧视和种族隔离；（3）不断地抗议与鼓动，要求平等的政治权、公民权、教育权、司法权、陪审团权，体面的住房以及就业等方面平等的经济机会，废除劳役偿债制和囚犯租借制度。④1906 年 1 月 31 日，与会者建立了名为"尼亚加拉运动"（Niagara Movement）的组织，并达成 8 项原则：言论与批评的自由；报刊不被收买；成人男子拥有选举权；废除一切基于种族和肤色的种姓划分；承认人类友爱（human brotherhood）原则；高等教育不应为某个阶级或种族所垄断；相信劳动的尊严（dignity of labor）；在睿智而勇敢的领导的引领下团结一致，实现上述理想。⑤

在组织结构上，尼亚加拉运动各州分协会主席组成一个执行委员会，另外还设置了财务委员会（Committee on Finance）、州际状况与需求委员会（Committee on Interstate Conditions and Needs）、组织委员会（Committee on

---

① Aptheker. ed. *A Documentary History of the Negro People in the United States*, 1: 881; Aptheker. ed. *The Correspondence of W. E. B. Du Bois*, 1: 101.

② Aptheker. ed. *A Documentary History of the Negro People in the United State*, 1: 881.

③ Aptheker. ed. *A Documentary History of the Negro People in the United State*, 1: 900-901.

④ "The Niagara Movement: Declaration of Principles, 1905." Aptheker. ed. *Pamphlets and Leaflets by W. E. B. Du Bois*：55-58. 这一宣言被称为《黑人独立宣言》（"Negro Declaration of Independence"）。Baker. *Following the Color Line*: 223.

⑤ Aptheker. ed. *Pamphlets and Leaflets by W. E. B. Du Bois*: 59.

Organization）、公民与政治权利委员会［Committee on Civil and Political Rights，1906 年改称权利部（the Rights Department）］、法律辩护委员会［Committee on Legal Defense，1906 年改称法务部（the Legal Department）］、犯罪问题委员会（Committee on Crime）、救援与改革委员会（Committee on Rescue and Reform）、经济机会委员会［Committee on Economic Opportunity，1906 年改称经济部（the Department of Economics）］、健康委员会（Committee on Health）、教育委员会（Committee on Education，1906 年改称教育部（the Department of Education）以及报业与公共舆论委员会［Committee on Press and Public Opinion，1906 年改称道格拉斯报业部（the Douglass Press Department）］。①窥斑见豹，从这些委员会的名称上，就能粗略看出尼亚加拉运动所规划的未来的努力方向，如争取平等的公民权利和政治权利、为黑人创造经济机会、提供法律援助、发展黑人教育、降低黑人犯罪率、为黑人提供紧急救援、提高黑人民众健康水平等。

　　1906 年 8 月 16－19 日，尼亚加拉运动在西弗吉尼亚州的哈珀斯渡口（Harpers Ferry）召开第二次会议。在清晨的微风中，代表们手捧蜡烛，踩着沾满露水的草地，赤足走向约翰·布朗起义的地点。非洲卫理公会教会牧师雷弗迪·兰瑟姆（Reverdy C. Ransom）充满激情地阐述了黑人阵营的分裂情况：“今天，两类面对着共同的敌人的黑人分道扬镳。一类人建议耐心地忍受我们当前所受的种种羞辱和贬损；他们反对政治行动，鼓吹职业技术教育和获取财产……另一类人认为，对于遭受的羞辱、贬损和被置于劣等的地位不应逆来顺受。他们相信赚钱和积累财富的重要性，但他们不愿意用人格换取利益。”②在这里，杜波依斯发表了《告全国人民书》（“Address to the Country”），庄严宣布：“我们为我们自己要求每一位生而自由的美国人享有的每一项政治权利、公民权利和社会权利。在我们得到这些权利之前，我们永远不会停止抗议和对着美国呐喊。我们所发动的这场战斗，不是为了我们自己，而是为了所有真正的美国人。这是一场为了实现理想的斗争，以免我们这个共同的祖国违背其建国的理念，沦为盗贼的国土和奴隶的家园——避免它高调的标榜和可怜的成就成为各国的笑柄。”呼吁书要求美国政府切实实施联邦宪法及第 14 条和第 15 条修正案，保障黑人的选举权；法律面前人人平等；消除公

---

① Rudwick. *W. E. B. Du Bois*: 95.

② Lewis. *W. E. B. Du Bois: Biography of a Race*: 329.

共设施中的种族歧视；保障黑人社会交往的权利；给予黑人儿童"真正的教育"，使他们成为有知识的人，而不是被人颐指气使的佣人和下属等。呼吁书希望美国黑人能够被纳入美国政治生活中；无论是黑人还是白人，穷人还是富人，在他们中间实现"神圣的友爱"。①

杜波依斯出版《黑人的灵魂》和发动尼亚加拉运动，向布克·华盛顿的妥协路线提出挑战，引起了来自许多白人和黑人的一致攻击。杜波依斯被指责为嫉贤妒能和以做黑人为耻，想成为白人。②布克·华盛顿的支持者、北方慈善家乔治·皮博迪给杜波依斯写信，说他的"错误观点"让黑人误入歧途，损害了自己的工作，玷污了自己的名声，还说杜波依斯不应该"贬低别人"。③南部黑人本·戴维斯（Ben Davis）在杜波依斯发动尼亚加拉运动之后表示，杜波依斯"只是那些受了过多教育的理论家中的一个……事实上，这可怜的家伙疯了，不必拿他当回事儿"。④

同时，尼亚加拉运动也受到了许多黑人的欢迎与支持。到 1905 年 12 月，该组织的会员人数增至 150 人；到 1907 年 4 月会员增至 236 人，准会员增至 144 人。⑤1906 年和 1907 年，杜波依斯先后创办《月光》（*Moon*）和《地平线》（*Horizon*）杂志，宣传尼亚加拉运动的主张，报道国内外的种族问题。⑥1907－1909 年，尼亚加拉运动在波士顿、俄亥俄州的奥伯林（Oberlin）和新泽西州的海岛城（Sea Isle City）先后召开了三次年会，重申了第一、二次年会的立场与要求。1907 年 8 月，在波士顿召开的尼亚加拉运动第三次会议谴责州际贸易委员会（Interstate Commerce Committee）支持在州际铁路的客运火车车厢实行种族隔离政策。会议发布的《致世人书》（"Address to the World"）称共和党实行专制（dictatorship），呼吁北部 50 万黑人选民不要投塔夫脱、罗斯福等共和党候选人的票。⑦

然而，由于参加尼亚加拉运动者多为牧师、律师、编辑、商人、教师等，未能直接调动和发挥黑人民众的力量；也因为世纪之交种族主义风头正劲，

---

① Aptheker. ed. *Pamphlets and Leaflets by W. E. B. Du Bois*: 63-65.

② Du Bois. *Darkwater*: 22.

③ Aptheker. ed. *The Correspondence of W. E. B. Du Bois*, 1: 69.

④ Dittmer. *Black Georgia in the Progressive Era*: 173.

⑤ Broderick. *W. E. B. Du Bois*: 77.

⑥《月光》杂志总共出版了 34 期，到 1906 年 7 月或 8 月停刊。参见 Lewis. *W. E. B. Du Bois: Biography of a Race*: 326, 338.

⑦ Rudwick. *W. E. B. Du Bois*: 109, 110.

该组织提出的要求遇到强大阻力，难以实现。另外，由于缺乏活动经费、组织内部的矛盾（如杜波依斯和特罗特之间就尼亚加拉执行委员会秘书任免问题产生的矛盾）、布克·华盛顿等的阻挠破坏、脱离群众、要求"超前"、杜波依斯孤傲的性格和缺乏领导经验等原因，尼亚加拉运动未能取得多少实质性的成果，也决定了其难以持久、分崩离析的命运。①

1909 年，尼亚加拉运动并入了在纽约成立的促进黑人种族全国委员会。1910 年，该委员会改称"全国有色人种协进会"（National Association for the Advancement for the Colored People）。尼亚加拉运动的成员除特罗特之外全部加入。②尼亚加拉运动是美国现代民权运动的开端，它继承了美国黑人源远流长的斗争传统，并将这一传统的火炬传递给了下一代。因此，尽管它有如昙花一现，但仍具有深远影响。杜波依斯的传记作者艾利奥特·鲁德维克写道："尼亚加拉运动是第一个积极并无条件要求黑人与其他美国人一样享有平等的公民权利的全国性黑人组织。尼亚加拉运动有助于参与者们向黑人宣传抗议的政策，并告诉白人一些黑人对当前的种族关系模式表示不满。它为青年一代开辟了一条道路，帮助奠定了全国有色人种协进会的基础。"③

然而，自从尼亚加拉运动发起之后，黑人思想界便分裂为泾渭分明的两大阵营：以布克·华盛顿为首的保守派和以杜波依斯等人为代表的激进派。两大阵营的论争被称为黑人种族的"内战"。④也许因为这个原因，美国黑人史学家威廉·福斯特认为："尼亚加拉运动的兴起是黑人历史上的一个转折点。"⑤1915 年，布克·华盛顿去世，杜波依斯继续为争取黑人权利大声疾呼，他与同仁们的呐喊逐渐得到越来越多的人响应，也逐渐被越来越多的人听到。

---

① Elliott Rudwick. "The Niagara Movement." August Meier and Elliott Rudwick. eds. *The Making of Black America*, 2 vols. New York: Atheneum, 1969, 2: 147-148. 尼亚加拉运动在成立后的两年内筹集资金 1288.83 美元，同期支出 1539.23 美元。另参见 Rudwick. *W. E. B. Du Bois*: 109, 111-112, 118-119.

② 哈利·海伍德：《黑人的解放》（中译本），北京：世界知识出版社，1954 年，第 225 页。

③ Rudwick. "The Niagara Movement." Meier and Rudwick. eds. *The Making of Black America*, 2: 147; Rudwick. *W. E. B. Du Bois*: 117.

④ Lewis. *W. E. B. Du Bois: Biography of a Race*: 246; James Weldon Johnson. *Along this Way: The Autobiography of James Weldon Johnson*. New York: The Viking Press, 1933: 313. 保守派的组织名称为 "全国非洲裔美国人理事会"（National Afro-American Council），成立于 1898 年，主席为非洲卫理公会主教锡安教堂（African Methodist Episcopal Zion Church）的主教亚历山大·沃尔特斯（Alexander Walters）。

⑤ 福斯特：《美国历史中的黑人》，第 457 页。

四、杜波依斯与布克·华盛顿的一致与分歧

在黑人遭受种族歧视、种族隔离、经济剥削和政治排斥的社会背景下，杜波依斯和布克·华盛顿各自提出了一套振兴黑人民族、赢得平等权利的计划。二人的总体目标是一致的，也就是使黑人不再遭受歧视和侮辱，享受到一切应有的公民权利。二人所发生的矛盾只是实现目标的不同策略的冲突。

杜波依斯与布克·华盛顿拥有许多一致的观点。例如，两人都认识到黑人中间的贫困、文盲和犯罪问题等是黑人种族进步的巨大障碍，都认识到发展黑人经济和教育、提高黑人道德水准的重要性，都强调黑人要自立、自强，两人都主张与白人的友好合作，但二人在某些原则性的问题上却有着严重的分歧。归纳起来有如下几个方面。

一、黑人是否应该放弃争取黑人平等权利的鼓动、默认种族歧视和种族隔离

布克·华盛顿认为黑人的贫困、文化水平较低和缺乏道德使其暂时还不具备享有宪法保障的权利的资格，所以黑人应集中精力于获得知识与财产，培养基督教要求基督徒所应具备的良好品格，有了这些之后，自然而然就会有应有的公民权利。基于这种认识，加之他认为他的计划的成功要依靠白人的支持，出于取悦白人、获得白人资助的需要，他向白人表白黑人不要社会平等，告诉黑人不要鼓动，对于种族隔离不要"打草惊蛇"，甚至不惜放弃人格和种族自尊对白人低三下四、毫无原则地曲意逢迎和吹捧。这是杜波依斯不能容忍的。

杜波依斯认为，布克·华盛顿在种族主义肆虐的时代倡导一种迎合政策，放弃了黑人作为人和美国公民的正当要求，这实际上接受了黑人种族劣等的观点。杜波依斯说："自尊比土地和住房更重要。一个自愿放弃自尊或停止为自尊而斗争的民族不值得被文明开化。"①杜波依斯认为，尽管种族偏见和种族歧视不可能在一夜之间消除干净，黑人的各种权利也不可能立即得到保障，然而一个民族赢得权利的途径不是自愿地放弃这些权利，一个民族赢得尊重

---

① Du Bois. *The Souls of Black Folk*: 87.

的途径不是蔑视和讥笑自己；相反，黑人必须坚持不懈地反对种族歧视，坚持自己的合法权利。为了黑人民众和世界的有色种族，黑人领袖们不应回避明确表明黑人合法要求的职责，不应鼓励剥夺黑人权利的"国家犯罪"。杜波依斯写道："当不可避免的灾难的种子为我们后代播下的时候，我们没有权利漠然视之。"①

在行动上，杜波依斯主张积极开展直接的鼓动（direct agitation）。②他所谓的"鼓动"，"就是呼吁黑人不要麻木不仁，听任白人种族主义势力的肆意欺压，而是要行动起来，采取一切可行的方式与白人种族主义势力做斗争"。③他说，历史上一切伟大的改革运动和社会运动都是以鼓动为先导。④他还形象地把鼓动比喻为牙痛：虽说牙痛不是好事，但作用却很大，它能警示人们肌体潜在的疾患，以便使人得到及时的诊治。同样，揭示出种族偏见这一罪恶是令人痛苦的，但是痛苦不是坏事，它是必要的。因此，鼓动是一个"必要之恶"（necessary evil），它可以及时揭示社会的弊病，推动对补救之策的探索，否则一个国家便不会有真正的平安和进步。⑤因此，杜波依斯告诉黑人："我们必须抗议。是的，坦白、率直地抗议，不停地鼓动，不停地揭露欺诈和恶行——这是走向自由的古老而正确的途径。我们必须沿着这条路走下去。"⑥简而言之，保持沉默只能意味着没有资格享有自由。⑦一个宣布不需要公民权利、支持种族隔离和私刑的人不配拥有美国公民权利。⑧

应该提及的是，尽管布克·华盛顿呼吁黑人民众放弃争取公民权利的鼓动，接受种族歧视、种族隔离的事实，但他私下里也曾通过游说、向白人写信恳求、资助或通过代理人参与法院诉讼等形式反对佐治亚、路易斯安那、亚拉巴马、南卡罗来纳、马里兰等州的剥夺黑人选举权的立法和种族隔离的

① Du Bois. *The Souls of Black Folk*: 91, 92.

② Broderick. *W. E. B. Du Bois*: 75.

③ 王恩铭：《美国黑人领袖及其政治思想研究》，第 129 页。

④ Du Bois. "The Value of Agitation." Foner. ed. *W. E. B. Du Bois Speaks*, 1: 175.

⑤ Du Bois. "Agitation." Huggins. comp. *W. E. B. Du Bois: Writings*: 1132. 另参见：*The Crisis*, Vol. 1, No. 1 (November, 1910): 1. https://babel.hathitrust.org/cgi/pt?id=emu.010000154224&view=1up&seq=1，最后访问日期：2023 年 3 月 11 日。

⑥ Du Bois. "The Niagara Movement." Foner. ed. *W. E. B. Du Bois Speaks*, 1: 147.

⑦ "The Niagara Movement: Declaration of Principles, 1905." Aptheker. ed. *Pamphlets and Leaflets by W. E. B. Du Bois*: 58.

⑧ Du Bois. "Lecture in Baltimore." Aptheker. ed. *W. E. B. Du Bois: Against Racism: Unpublished Essays, Papers, Addresses, 1887-1961*: 76.

立法与做法，反对劳役偿债制，争取黑人陪审团权等。①他更多的是通过公开的演说、发表文章或出版著作，小心翼翼地对白人进行温和的"道德说教"，指出种族歧视、种族隔离和种族暴力对白人道义形象的损害。例如，关于种族歧视，布克·华盛顿指出，仅仅根据皮肤的颜色、鼻子的形状或头发的曲直来决定对人的爱与恨的人是不自由的。这表明他的虚弱，这会妨碍他的发展，抑制他的潜能。他呼吁歧视黑人的人"让心灵自由！不要使它成为奴隶"。他还告诉他们，克服种族偏狭，仁而爱人是幸福的。②1898 年 10 月 16 日，在芝加哥庆祝美西战争胜利大会上，他说："我们在一切冲突中都取得了胜利，除了征服我们自己、消除种族偏见的努力。"他接着说："如果我们不能够征服我们自己……我们就将患上侵蚀这个共和国的心脏的癌症。它终将有一天会像来自外部或内部的一支部队的攻击一样危险。"③

在美国最高法院于"普莱西诉弗格森"一案中确认"隔离但平等"的原则之后，布克·华盛顿立即发表文章指出，"这种隔离也许是很好的法律，然而它却很不理智"。肤色差异是大自然的产物。既然依外表的差异规定白种人与黑种人分别乘车，那也应规定白种人与黄种人分别乘车，甚至规定秃头的人与红头发的人分别乘车。他随后又赶快补充说，他不是要反对《车厢隔离法》，而是指出这种不公正的法律伤害白人，并会给黑人带来不便。他接着写道，"任何种族不能因为自身强大而去伤害另一个种族"，这会伤害其道德和公正的思想。黑人能够忍受一时的不便，然而，它对白人的伤害却是永久性的。④

关于黑人选举权问题，布克·华盛顿指出，实行普遍的、自由的选举权是十分重要的。然而鉴于南方的特殊情况，为了保护政府的开明与廉洁，对选举权进行文化测验、财产等资格限制是合理的。但是这种限制应平等地施行于黑白种族。因为不公正的限制会鼓励黑人获得教育和财产，但却让白人安于无知和贫困。这种不平等伤害了白人的道德和黑人的感情，它就像奴隶

　　① Meier. "Toward a Reinterpretation of Booker T. Washington." Meier and Rudwick. eds. *The Making of Black America*, 2: 125-130; Meier. *Negro Thought in America*: 110-114; Louis R. Harlan. "Booker T. Washington in Biographical Perspective." *American Historical Review*, 75 (October 1976) : 1585.

　　② Harlan. ed. *The Booker T. Washington Papers*, 4: 124-125.

　　③ Harlan. ed. *The Booker T. Washington Papers*, 4: 492.

　　④ Harlan. ed. *The Booker T. Washington Papers*, 4: 186-187.

制一样是一种罪恶，"在某个时候我们终将为之付出代价"。①

关于私刑问题，布克·华盛顿写道："遭受私刑的黑人肉体死亡了，而对黑人施以私刑的白人道德死亡了，灵魂死亡了。"②私刑损害着"我们的道义和进步"。每一次私刑都迫使数百个黑人离开迫切需要他们的南部农业区，而涌入人口拥挤的城市。私刑也不会遏止犯罪。惩罚犯罪要依靠法律。③布克·华盛顿仅仅依靠个人的力量以及"道德说教"的策略来对种族主义进行温和的谴责和抗议，这远远不足以弥补他让黑人群众默认种族歧视和种族隔离等对黑人所造成的巨大伤害。

二、黑人需要什么样的教育

杜波依斯并不反对职业技术教育。他表示他非常尊重布克·华盛顿及其在塔斯克基学院所做的工作。他认为职业技术教育和高等教育"并非绝对矛盾"。他承认黑人学习手工艺十分必要。然而他不能容忍的是，布克·华盛顿忽视大学教育的重要性，片面强调职业技术教育。④杜波依斯认为，在数百万黑人青年中，有些人具有上大学的天赋，有些人具有做铁匠的能力。对黑人进行教育不可能使所有黑人都成为大学生，也不可能使所有黑人都成为工匠。⑤因此，应该对黑人根据不同的能力和禀赋因材施教，对于普通民众教给他们读写算等基本技能和劳动技术，而对于黑人中"有天赋的十分之一"应当给予接受高等教育的机会。⑥

尽管杜波依斯表示他不反对黑人的职业技术教育，但他实际上偏重于高等教育。首先，从教育的目标来看，杜波依斯认为，教育的宗旨是培养全面发展的人，而不是单纯教人技术和如何赚钱。他说："如果把金钱作为培养人的目标，那我们培养出的是捞钱者而不一定是人；如果我们把职业技术作为教育的目标，我们培养出的是工匠而不是实际意义上的人。"⑦在杜波依斯看

---

① Harlan. ed. *The Booker T. Washington Papers*, 4: 381-382; BTW. *Up from Slavery*: 60, 144-145; Broderick and Meier. *Negro Protest Thought in the Twentieth Century*: 11.

② Harlan. ed. *The Booker T. Washington Papers*, 4: 187.

③ Harlan. ed. *The Booker T. Washington Papers*, 1: 150-152.

④ Du Bois. *Dusk of Dawn*: 69-70; Du Bois. *Autobiography*: 236-237.

⑤ Du Bois. *The Souls of Black Folk*: 116-117.

⑥ Du Bois. "The Spirit of Modern Europe." Aptheker. ed. *W. E. B. Du Bois: Against Racism: Unpublished Essays, Papers, Addresses, 1887-1961*: 64; Du Bois. *The Education of Black People: Ten Critiques, 1906-1960*. New York: Monthly Review Press, 1973: 5.

⑦ Du Bois. "The Talented Tenth." Huggins. comp. *W. E. B. Du Bois: Writings*: 842.

来，高等教育比单纯职业技术教育更有利于实现他设想的教育目标，而且大学能够将人类的知识与文明代代相传，能够培养人的思维和心智，这是手工艺学校所不能取代的。①其次，杜波依斯认为，黑人不可能依靠白人达到最高水平的文明，黑人必须从他们中间选拔"有天赋的十分之一"使其接受高等教育，以领导黑人民众走向高度文明。②杜波依斯指出，人类历史进步的规律是通过"自上而下的文化渗透"而走向文明的。他认为，"就像所有种族一样，黑人种族将由其精英来拯救"。因此，黑人必须通过高等教育培养理解生活意义、掌握人类文明的拔尖人才，作为黑人民众"文化的使者"和"思想的领袖"，将现代文明传播到黑人民众中间，传递给下一代。③最后，从黑人教育发展的角度来说，广大黑人民众没有知识、没有技术，却有一些不良习惯，因此，黑人教育应主要涉及两大方面：一是传授知识，塑造品格；二是教给他们谋生的手艺与技术。这就需要开办公立学校和职业学校，同时也需要掌握文化知识和技术、理解现代文明的教师在这些学校执教。④所以，杜波依斯主张大学毕业生也应去职业学校接受技术训练，以实现高等教育与职业技术教育相结合。⑤

　　杜波依斯所谓的"有天赋的十分之一"主要指思想家、教育家、牧师、律师、编辑和政治领袖等。⑥这体现了杜波依斯骨子里的一种精英主义思想。

　　布克·华盛顿在杜波依斯等人的批评下，一再表白自己并不反对黑人接受高等教育，但他强调黑人青年男女无论是否上过大学，都要接受职业技术训练，应使黑人青年的知识教育和职业技术教育相结合，使他们能够领导黑人民众改善生活状况。在布克·华盛顿看来，没有受过职业技术教育的大学毕业生仅仅是个"聪明人"（smart man），百无一用。他还说他为了表示对高等教育的支持，聘用了一批大学毕业生担任塔斯克基学院的教师。⑦但他偏重于职业技术教育是显而易见的。V. P. 富兰克林（V. P. Franklin）指出，尽管布克·华盛顿经常声称不反对高等教育，但除了他送他的孩子上大学和雇用黑人大学毕业生为教师以外，从塔斯克基学院的课程设置上根本上找不到

---

① Du Bois. "The Talented Tenth." Huggins. comp. *W. E. B. Du Bois: Writings*: 847.

② Du Bois. *Dusk of Dawn*: 70; Du Bois. *Autobiography*: 236.

③ Du Bois. "The Talented Tenth." Huggins. comp. *W. E. B. Du Bois: Writings*: 842, 847, 853, 861.

④ Du Bois. "The Talented Tenth." Huggins. comp. *W. E. B. Du Bois: Writings*: 852-853.

⑤ Du Bois. "The Hampton Idea." Du Bois. *The Education of Black People: Ten Critiques, 1906-1960*: 15.

⑥ Broderick. *W. E. B. Du Bois*: 74.

⑦ Harlan. ed. *The Booker T. Washington Papers*, 1: 62, 105.

他支持高等教育的一点证据。①

　　黑人需要什么样的教育，这在当时的南部是一个极为敏感的问题。许多白人反对黑人受教育，认为这将鼓励黑人的"野心"，激化种族竞争和对立。②白人种族主义者能够容忍的对黑人的教育，只限于教授简单手艺和体力劳动技巧的职业技术教育，以培养农业劳力和家仆等。③许多白人甚至连这种教育也极力反对。1906 年，一位白人给亚特兰大的《佐治亚人报》（Georgian）写信指出："所有真正的南方人都喜欢黑人做仆人。只要他是劈柴挑水的人，只要他老实地待在我们认为他应在的位置，一切都好。但是，一旦真正的教育激起的野心促使黑人躁动不安，促使他摆脱奴隶状态，那么就会产生或至少将会产生麻烦……我不想任何受过教育的、拥有财产的黑人生活在我周围。我喜欢黑人是因为我可以让他干我自己不想干的活。他对我没有其他用处。"④亚拉巴马州蒙哥马利市白人律师古斯塔夫·默廷斯（Gustav Mertins）也说道："问题是谁将做脏活。在这个国家白人不会，黑人必须做。有些地方需要低贱之辈。如果你教育黑人，黑人就不会安分守己了。"⑤白人记者雷·斯坦纳德·贝克也坦率地说，南部白人之所以支持汉普顿学院和塔斯克基学院，是因为这种学校为白人培养厨师、管家、农民、奴仆。⑥可见，白人容忍和支持对黑人的职业技术教育，是要把黑人压制在社会和经济世界的最底层，让他们世世代代为白人服务。

　　所以，布克·华盛顿片面强调职业技术教育的作用正好契合了白人的愿望，否则白人也不会出巨资资助南部黑人教育。布克·华盛顿理解白人对黑人教育的敌视，所以他一再向白人保证塔斯克基学院的办学宗旨是培养黑人的良好品格和对普通劳动的热爱；⑦职业技术教育会增加白人与黑人之间的友谊。⑧布克·华盛顿进退两难的处境是，如果他偏重于职业技术教育，正符合白人种族主义者的心意，如果他要求包括高等教育在内的对黑人的全面

　　① V. P. Franklin. *Black Self-Determination: A Cultural History of the Faith of the Fathers*. Westport, Conn.: Lawrence Hill & Company, 1984: 183.

　　② Frederickson. *The Black Image in the White Mind*: 270.

　　③ Berry and Blassingame. *Long Memory*: 264-265.

　　④ Baker. *Following the Color Line*: 84-85.

　　⑤ Baker. *Following the Color Line*: 85.

　　⑥ Baker. *Following the Color Line*: 283.

　　⑦ BTW. *Up from Slavery*: 188.

　　⑧ Harlan. ed. *The Booker T. Washington Papers*, 4: 372-373.

的教育，那么他获得白人资助的期望只能落空。

布克·华盛顿的职业技术教育计划是根据 19 世纪七八十年代的南部黑人的状况制订的，更接近于南部黑人的实际需求。在南部黑人被剥夺平等的受教育机会的情况下，杜波依斯呼吁应保障黑人有机会接受全面而平等的教育的思想具有深远意义。

三、黑人是否可以暂时放弃政治权利，尤其是选举权，走单纯发展经济路线

布克·华盛顿完全寄希望于他的职业技术教育计划和纯粹经济路线，呼吁黑人暂时放弃对包括选举权在内的一切权利的要求。杜波依斯不反对布克·华盛顿的经济计划，但他同时呼吁黑人应要求获得联邦宪法保障的一切权利。

在选举权问题上，杜波依斯像布克·华盛顿一样，要求将选举权的教育和财产资格等限制平等地实行于白人和黑人。[1]但同时杜波依斯清醒地认识到，南部对选举资格的各种限制，目的并非消除文盲和贫困，而是针对黑人的，是要把黑人从政治中清洗出去。[2]鉴于此，杜波依斯认为，布克·华盛顿单纯强调经济路线，忽视黑人的政治权利尤其是选举权的作用行不通。杜波依斯提出，黑人需要选举权不是为了装点门面，而是为了维护自己的经济、政治等利益，保障自由和正义。黑人失去了选举权也就失去了真正的自由以及自由发展的机会，只能听凭白人的任意摆布。[3]他举例说，常常有人主张黑人建立自己的剧院，运送自己的旅客，组织自己的公司。然而黑人开办的剧院可能得不到许可证，黑人的运输公司可能得不到许可权，黑人的企业可能被白人的税收抽垮。尤其是当白人感到黑人的企业与白人的企业展开竞争、构成威胁时，黑人企业往往难以生存。因此，黑人拥有选举权在经济领域尤

---

[1] Du Bois. et al. "A Memorial to the Legislature of Georgia on the Hardwick Bill." Aptheker. ed. *Pamphlets and Leaflets by W. E. B. Du Bois*: 13-15; Du Bois. "Disfranchisement." Foner. ed. *W. E. B. Du Bois Speaks*, 1: 236-237.

[2] Du Bois. "Lecture in Baltimore." Aptheker. ed. *W. E. B. Du Bois: Against Racism: Unpublished Essays, Papers, Addresses, 1887-1961*: 76; Du Bois. "The Relations of the Negroes to the Whites in the South." Green and Driver. *W. E. B. Du Bois on Sociology and the Black Community*: 261.

[3] Du Bois. "Lecture in Baltimore." Aptheker. ed. *W. E. B. Du Bois: Against Racism: Unpublished Essays, Papers, Addresses, 1887-1961*: 76; Du Bois. *The Souls of Black Folk*: 52, 88, 195, 196, 199.

其显示出其重要意义。①另外，那些没有选举权的黑人往往面临着挑衅和压迫，成为暴徒的牺牲品以及鼓动家谋求政治利益的工具。②因此，他告诫黑人："有了选举权就有了一切：自由、人格，你们妻子的贞操，你们女儿的纯洁，工作的权利，发达的机会。任何人不要听信那些宣扬不要选举权的人。"③

四、造成黑人问题的根源和解决黑人问题的责任

杜波依斯像布克·华盛顿一样认识到黑人民众较低的社会发展水平是种族歧视的一个根源，但他同时认为是种族歧视造成了黑人经济与文化落后，两方面互为因果。④他说，如果说黑人贫困，那是因为白人剥夺了其劳动成果；如果说黑人文化水平较低，那是因为白人阻挠对黑人的教育。⑤所以，杜波依斯认为，要解决美国黑人问题，一方面黑人要促进其民众的振兴，另一方面白人要消除种族歧视。⑥也就是说，黑人应该努力消除自身的社会问题，同时白人对于解决黑人问题负有不可推卸的责任。白人应不应当对黑人问题负责，这就是杜波依斯和布克·华盛顿的分歧点。杜波依斯曾明确指出，布克·华盛顿把解决黑人问题的责任全都推到了黑人身上。⑦

确实，布克·华盛顿对于白人对造成种族问题的责任闭口不谈，一味地强调黑人的"落后""无知"和"虚弱"。他说黑人教育上的落后和经济上的贫困使黑人还不具备享有公民权利的条件，把造成黑人问题和种族歧视一概归咎于黑人自身。同样，他把解决黑人问题的希望也主要寄托在黑人身上。他指出，重建时期南部黑人"就像一个孩子指望他的母亲一样"事事处处指望和依赖联邦政府。⑧他看到黑人所依靠的共和党政府最后抛弃了他们，任凭他们在贫困、无知和无助中挣扎。现在他要领导黑人民众自立自救。他说："每个人、每个种族必须自己拯救自己。"⑨黑人面对种种不利的情况，应该

---

① Du Bois. "Politics and Industry." Foner. ed. *W. E. B. Du Bois Speaks*, 1: 193.

② Du Bois. "Politics and Industry." Foner. ed. *W. E. B. Du Bois Speaks*, 1: 194.

③ Du Bois. "The Niagara Movement: Address to the Country." Aptheker. ed. *Pamphlets and Leaflets by W. E. B. Du Bois*: 63.

④ Du Bois. *The Souls of Black Folk*: 90.

⑤ Du Bois. *The Souls of Black Folk*: 180.

⑥ Du Bois. *The Souls of Black Folk*: 209-210.

⑦ Du Bois. *The Souls of Black Folk*: 93, 94.

⑧ BTW. *Up from Slavery*: 59.

⑨ Harlan. ed. *The Booker T. Washington Papers*, 1: 434.

消除彼此之间的怀疑，"携起手来"，通过联合行动推进共同的利益，通过集中和增强内部力量，弥补在外部被剥夺的机会。①尽管布克·华盛顿曾说过，对于黑人问题的解决，黑人有责任，白人也有责任，但他所说的白人的责任仅仅在于支持黑人的教育。②

五、关于黑人与南部白人的关系问题

杜波依斯像布克·华盛顿一样，认为黑人应与其白人邻居友好合作，共同开创"更为伟大、更为公正和更为完善的未来"。③早在 1887 年，杜波依斯就在《致南方人民的公开信》中指出黑人与白人拥有共同的利益，相互依存。他呼吁白人摒弃种族偏见，促进黑白种族的共同利益，以避免种族间的敌对。④1895 年，杜波依斯还希望布克·华盛顿的亚特兰大演说能成为南方白人与黑人和解的基础。⑤所以，杜波依斯对布克·华盛顿对南部白人的"迎合"立场表示赞赏，但他认为，南部白人并非"铁板一块"。南方白人各阶层对黑人的态度不一：有的恐惧，有的憎恨，有的想利用黑人作为劳力，有的愿意支持黑人的崛起。所以黑人对南部白人不应不加区别地逢迎拍马，不应不加鉴别地进行褒扬。⑥

有趣的是，布克·华盛顿也看到了南部并非"铁板一块"。他告诉黑人，歧视黑人的主要是贫困、受教育水平低的下层白人，而富裕、有文化的白人却能平等地对待黑人。⑦当亚特兰大发生种族骚乱，黑人舆论界对白人的暴行进行批评时，布克·华盛顿告诫黑人，不加鉴别地谴责一切白人是"一个自杀性和危险的政策"。他说，黑人必须学会"区别对待"，"我们在南方和北方都有坚定的朋友。我们应该强调和放大我们朋友所做的一切，而不去理会诅咒我们的人"。⑧

此外，杜波依斯还不满于布克·华盛顿收买黑人报纸，压制异见人士的

---

① Harlan. ed. *The Booker T. Washington Papers*, l: 88, 418.

② Harlan. ed. *The Booker T. Washington Papers*, l: 160, 161.

③ Du Bois. *The Souls of Black Folk*: 137.

④ Du Bois. "An Open Letter to the Southern People." Aptheker. ed. *W. E. B. Du Bois: Against Racism: Unpublished Essays, Papers, Addresses, 1887-1961*: 2, 4.

⑤ Harlan. ed. *The Booker T. Washington Papers*, 4: 26; Du Bois. *Dusk of Dawn*: 55.

⑥ Du Bois. *The Souls of Black Folk*: 90, 92.

⑦ Harlan. ed. *The Booker T. Washington Papers*, 4: 180.

⑧ Foner. ed. *The Voice of Black America*, 2: 38.

言论自由。布克·华盛顿依靠南北方白人资本家和慈善家、白人种族主义者的支持发挥着巨大的影响，杜波依斯称之为"塔斯克基机器"（Tuskegee Machine）。①布克·华盛顿一方面利用这种影响争取社会对其职业技术教育的支持，另一方面利用这种影响对付反对他的政策的人。例如，他利用垄断资本家的捐助，收买黑人报刊，宣传他个人的主张，排斥和打击异己，企图让黑人思想界服从于一个声音、一条道路。杜波依斯对此十分反感。包括杜波依斯在内的一批青年黑人挺身而出，呼吁保障思想表达的自由。②杜波依斯指出，真诚的批评是"民主的灵魂和现代社会的保障"，然而布克·华盛顿却利用报刊压制诚恳的批评意见，企图让别人唯命是从，这是一个"危险的事情"。③因此，他们不能再保持沉默。

1915 年布克·华盛顿去世以后，杜波依斯在全国有色人种协进会机关刊物《危机》（The Crisis）杂志上发表一篇评论文章，对于布克·华盛顿的是非功过和二人之间的分歧与一致做了很好的概括，仍旧给予他极高的赞誉：

> 华盛顿先生的去世标志着美国历史的转折点。他是弗雷德里克·道格拉斯以来最伟大的黑人领袖，也是内战以来南方的白人与黑人中最为杰出的人物。他蜚声世界。他的影响是深远的。他做出的贡献不容置疑：他促使美国黑人种族注意到经济发展的迫切需要；他强调职业技术教育；他为铺平白人与黑人种族间理解的道路做了大量工作。
>
> 另一方面，华盛顿先生的错误和缺点也是毋庸置疑的：他从未充分地理解政治与企业之间与日俱增的联系；他不理解人的教育更为深刻的基础；他的白人与黑人之间更深入的理解建立在等级的基础之上。
>
> 我们可以慷慨而郑重地在他的墓碑上表达我们对他所做事情的感激：他对黑人蓄积土地和财富不容置疑的帮助，他建立塔斯克基学院以及传播职业技术教育，他迫使南部白人至少把黑人可能视为人（possible man）。
>
> 另一方面，公正地讲，他也应当为下述情况承担责任：黑人被剥夺

---

① Du Bois. *Autobiography*: 237.

② Aptheker. ed. *The Correspondence of W. E. B. Du Bois*, 1: 98-99, 103-104; Du Bois. *Dusk of Dawn*: 75; Du Bois. *Autobiography*: 240-241, 242; 黄颂康：《美国对布克·华盛顿的再评价》，《世界历史》，1981 年第 4 期，第 72 页。

③ Du Bois. *The Souls of Black Folk*: 83; Du Bois. *The Correspondence of W. E. B. Du Bois*, 1: 100, 104.

选举权的现象愈演愈烈，黑人大学和公立学校持续走向衰落，美国本土
肤色等级的桎梏更加牢固。

覆水难收。这不是责备与抱怨的适当时间。让我们严肃而恭敬地接
过这位伟大人物的善功，默默地抛弃其他的一切。让美国、流血的海地
以及全世界的黑人紧密团结，稳步前进，并比以前更坚定地工作、储蓄
和忍耐，然而绝不偏离他们伟大的目标：要求选举权、受教育权以及以
人的资格站在世人中间的权利。①

有学者认为，杜波依斯和布克·华盛顿所代表的是分别针对美国北部城
市和南部城乡的种族问题的解决方案，杜波依斯的方案不适合南部，而布
克·华盛顿的方案也不可能适用于北部。前者针对的是工业化、多民族的北
部城市环境，后者针对的是贫困、双种族、处于农业时代的南部地区。②这
种分析不无道理。

1916 年 8 月 24—26 日，在全国有色人种协进会的倡导下，黑人各派领
导精英 50 多人齐聚纽约州的亚美尼亚镇（Amenia），试图弥合各派分歧，合
作对抗种族主义。与会者的主要代表包括塔斯克基学院的新院长罗伯特·莫顿
（Robert R. Moton），中间派玛丽·特雷尔（Mary C. Terrell）、凯利·米勒和
约翰·韦尔登·约翰逊，激进派威廉·特罗特、威廉·辛克莱（William Sinclair）
以及杜波依斯。与会者一致认为，发展职业技术教育和大学教育并不矛盾；
黑人种族必须争取享有"彻底的政治自由"，而要实现这一点，黑人领袖必须
消除相互猜忌和派系斗争，以务实的态度相互理解；北部的领袖应理解南部
的黑人领袖们所面临的特殊困难。杜波依斯认为亚美尼亚会议的召开代表着
一个旧时代的结束和一个新时代的开始。亚美尼亚会议"不仅代表着旧事物
以及解决种族问题的旧思想和旧方法的结束，而且也代表着新事物的肇始。
很可能由于我们的会议，黑人种族会更加团结，更主动去应对世界的问题"。③

总之，杜波依斯和布克·华盛顿的论争是历史上美国黑人内部不同思想
派别之间激烈斗争的一个个案，代表着美国黑人历史的一个重大转折点，也
是杜波依斯思想历程中的一个重要转折点。白人种族主义和布克·华盛顿的
妥协政策所造成的黑人权利的危机时代，迫使杜波依斯最终走出了"数字统

① Du Bois. *An ABC of Color.* New York: International Publishers, 1969: 83-84.
② Lewis. *W. E. B. Du Bois: Biography of a Race*: 502.
③ Rudwick. *W. E. B. Du Bois*: 185-186.

计和调查研究的象牙塔"（the ivory tower of statistics and investigation），①走上了美国黑人先驱们所开辟的积极鼓动的道路，喊出了争取黑人平等权利的时代最强音。

---

① Du Bois. *Dusk of Dawn*: 222.

第四章 1900－1930 年间的杜波依斯与黑人问题

20 世纪上半叶，在南部变本加厉的种族主义政策、恶劣的经济状况、艰难的生活状况、自然灾害等因素的驱动下，南部黑人向北部大规模迁徙，彻底改变了美国黑人问题的面貌。1900－1930 年间，随着南方黑人大批向北方城市迁徙，美国黑人问题的特点发生了明显的变化：由主要是一个南方问题变成了一个全国性问题。来自南部广大农村地区的黑人来到北方城市的陌生环境里，面临着新的歧视和困难。杜波依斯也敏锐地观察到了这一变化，他的关注点也转向城市的黑人问题，其解决黑人问题的策略也因此发生了显著的变化。

一、"希望之乡"黑人的命运

早在内战前，由于北方各州在独立革命后逐步废除了奴隶制度，北部在南部黑人的心目中一直是自由的天堂和"希望之乡"（promised land）。①许多黑人奴隶通过"地下铁路"（Underground Railway）奔向美国北部和加拿大去追寻自由的生活。内战以后，少数黑人如涓涓细流奔向北部城市。19 世纪 80 年代以来，由于南部剥夺黑人选举权运动的展开、法律上种族隔离制度的确立、私刑等种族暴力事件的无以复加、90 年代的经济萧条、水旱灾害和棉铃虫灾等造成的南部农业歉收，促使南部大批黑人向北部城市迁移。1900 年以后，黑人迁出南部人数与日俱增，主要流向美国北部和西部地区。②

---

① Edwin S. Redkey. "The Flowering of Black Nationalism: Henry McNeal Turner and Marcus Garvey." Huggins, Kilson, and Fox. eds. *Key Issues in the Afro-American Experience*, 2: 115.

② Reynolds Farley. "The Urbanization of Negroes in the United States." Theodore Kornweibel, Jr. ed. *In Search of the Promised Land: Essays in Black Urban History*. New York: Kennikat Press, 1981: 8, 15-16.

"一战"的爆发加快了南部黑人迁往北部的速度，形成了黑人"大迁徙"（Great Migration）的滔滔洪流，被称为内战以来黑人历史上最为重要的事件。[1] "一战"爆发后，美国先是依靠向交战双方出售战争物资捞取利益，随后又抛弃"中立"立场直接介入战争。北部战时工业不断扩大生产规模，加上北部青年男子大批应征入伍，造成工厂劳动力奇缺。与此同时，战火的阻隔也使欧洲移民人数大幅度下降。1900－1914年间，欧洲移民在1200万以上。1914年，欧洲移民只有100万。1915年，欧洲移民减至1914年的1/3，1916年，减至1914年的1/4。到1918年，仅有110618名欧洲移民来美，同时还有94585名移民离开美国。[2]北部城市因"一战"所形成的巨大的"就业真空"吸引了遭受自然灾害和种族歧视双重苦难的南部黑人大规模北迁，形成了宏大的国内移民洪流。

南部黑人的北迁使北部城市黑人人口迅速增长。1916－1929年，近150万黑人离开南部，多数来到东北部、中西部，少数来到远西部。[3]1910－1920年，底特律的黑人由5741人增至40838人，增长了611.3%；克利夫兰由8448人增至34451，增长了307.8%；芝加哥由44103人增至109458人，增长了148.2%；纽约由91709人增至152467人，增长了66.3%；印第安纳波利斯由21816人增至34678人，增长了59.0%；费城由84459人增至134229人，增长了58.9%；圣路易斯由43960人增至69854人，增长了58.9%；辛辛那提由19639人增至30079人，增长了53.2%；匹兹堡由25623人增至37725人，增长了47.1%。[4]1920－1930年，纽约市人口增长了114%，芝加哥增长了113%，底特律增长了194%，费城增长了64%。1930年的统计表明，所有南部城市黑人人口比例都下降，而所有北部城市黑人人口都呈上升趋势。[5]南部黑人大批迁往北部和中西部等地，明显改变了美国黑人的地区性分布。南部黑人人口占比由1900年的89.7%下降为1930年的78.8%。全国黑人城

① Allen Weinstein and Frank Otto Gatell. *The Segregation Era, 1863-1954: A Modern Reader*. New York: Oxford University Press: 171.

② Dewey H. Palmer. "Moving North: Migration of Negroes During World War I." Davis G. Bromley and Charles F. Longino, Jr. eds. *White Racism and Black Americans*. Cambridge, Mass.: Schenkman Publishing Company, Inc., 1972: 30.

③ Kornweibel. ed. *In Search of the Promised Land*: 133.

④ Robert Weaver. "The Negro Ghetto." Meier and Rudwick. eds. *The Making of Black America*, 2: 174.

⑤ Daniel M. Johnson and Rex R. Campbell. *Black Migration in America: A Social Demographic History*. Durham, NC: Duke University Press, 1981: 78.

市人口占比由 1900 年的 22.7％上升到 1910 年的 27.4％，1920 年的 34.0％，1930 年的 43.7％。北部和西部的黑人城市人口占比由 1900 年的 70.4%上升至 1910 年的 77.5％，1920 年的 84.5％，1930 年的 88.1％。①不难看出，黑人国内迁移的主要趋势是从乡村到城市，从南部到北部和中西部。

　　随着黑人向北部、中西部和西部的迁移，美国黑人问题成为一个全国性的问题。早在 1908 年，白人记者雷·斯坦纳德·贝克就写道，美国黑人问题已不是一个地区性的问题，而是一个全国性的问题。北部和南部的种族歧视只是程度不同而已。②内战前，北部许多州剥夺了黑人选举权、陪审团权等公民权利，在教堂、学校、剧院、饭店等公共设施和火车、汽船等公共交通工具上实行种族歧视和种族隔离。③19 世纪 70－80 年代，北部的黑人拥有了平等的选举权，可以与白人平等地享用公共设施，学校实行黑白师生合校。1865 年，马萨诸塞州率先通过了民权法。1894 年，纽约州和堪萨斯州也相继通过了民权法。1883－1885 年，北部另外 11 州都通过法律禁止在公共场所实行种族歧视。④但是，实际上这些民权法并未得到认真的贯彻执行。⑤北部城市随着黑人人口的增加，种族歧视和种族对立情绪也增强。1900 年纽约市、1904 年俄亥俄州的斯普林菲尔德、1906 年印第安纳州的格林斯堡、1908 年伊利诺伊州的斯普林菲尔德等地发生的严重的种族暴力冲突，有力地证明了这一点。⑥

　　北部许多城市的黑人在公共场所也遭受了种族歧视和种族隔离。1910 年俄亥俄州的辛辛那提俨然是当时的南方城市。市里的公园、旅馆、饭店、剧院、医院、浴池、电梯、幼儿园、劳教所、监狱和从辛辛那提开往南方的火车等公共设施都实行种族隔离。辛辛那提大学的俄亥俄医学院以及电疗学院都不招收黑人学生。黑人也没有其他医学院可以就读。即使在其他城市学医

---

① Reynolds Farley. "The Urbanization of Negroes in the United States." Kornweibel. ed. *In Search of the Promised Land*: 10, 13.

② Baker. *Following the Color Line*: 109, 128, 233. 1900 年之前,美国 90%的黑人聚集在美国南部各州。因此可以说, 1900 年之前的美国黑人问题主要集中在美国南部。

③ Woodward. *The Strange Career of Jim Crow*: 17-21.

④ Allan Spear. "The Origins of the Urban Ghetto, 1870-1915." Huggins, Kilson, and Fox. eds. *Key Issues in the Afro-American Experience*, 2: 158-159.

⑤ Woodward. *The Strange Career of Jim Crow*: 172.

⑥ Logan. *The Betrayal of the Negro*: 349.

的黑人，也没有机会在该市行业。城市里的大医院都不聘用黑人医生。[①]印第安纳州府印第安纳波利斯 1923 年划定了 14 所黑人小学，实行黑人、白人小学分开办学。到 1929 年，黑人中学生也被集中于一所黑人中学。[②]印第安纳州的加里市 1908 年开始实行黑白小学隔离的制度。1927 年，中学也实行隔离制度。黑人中学生在少数合校的中学也遭受种族歧视和隔离，如黑人学生不能与白人学生一起上课和参加舞会、乐队、体育队等；黑人学生只能在游泳池清洗前一天用；黑人学生的照片不能被收入学校年鉴（school yearbook）。另外，加里的教堂、剧院、医院、公园、公墓和公共汽车都实行种族隔离。有些商店、饭店、加油站不向黑人开放。[③]其他北部城市的黑人都在公共场所遭受了不同程度的种族歧视和隔离。

　　北部城市对黑人最突出的种族隔离形式是居住区隔离。白人采用各种手段，极力把黑人限制在黑人聚居区之内，不准他们越雷池一步。为了实现这一目标，芝加哥市白人成立了"海德公园改善和保护俱乐部"（Hyde Park Improvement Protective Club）和"肯伍德和海德公园财产所有者协会"（Kenwood and Hyde Park Property Owners Association）等组织，他们提出的口号是"使海德公园区是白色的"。其主要手段有：（1）不将白人居住区内的住房出售或出租给黑人；（2）购买白人区内的黑人住房；（3）鼓励白人向黑人提供贷款让黑人在黑人社区购买住房；（4）抵制向在白人区内居住的黑人出售商品的商人；（5）对敢冒白人之大不韪住进白人居住区的黑人实行暴力恐吓。1917 年 7 月 1 日至 1921 年 8 月 1 日，芝加哥市发生了 58 起爆炸事件，多数发生在黑人家中，造成了 2 人死亡，数人受伤，财产损失 10 万美元。1919 年春，几乎每天都会发生向黑人住房投掷炸弹或在街头、公园殴打黑人的事件。[④]纽约市白人签订"限制性协定"（restrictive agreement），相互约定不将住房出租或出售给黑人。还有的白人建议在黑人与白人居住区之间划定

---

① Frank U. Quillin. "Cincinnati's Colored Citizens." Hollis R. Lynch. ed. *The Black Urban Condition: A Documentary History, 1866-1971*. New York: Thomas Y. Crowell Company, 1973: 94-95.

② Emma Lou Thornbrough. "Segregation in Indiana during the Klan Era of the 1920s." Meier and Rudwick. eds. *The Making of Black America*, 2: 191.

③ Neil Betten and Raymond A. Mohl. "The Evolution of Racism in an Industrial City, 1906-1940: A Case Study of Gary, Indiana." Kornweibel. ed. *In Search of the Promised Land*: 151-153, 155-156.

④ Allan H. Spear. *Black Chicago: The Making of a Negro Ghetto, 1890-1920*. Chicago: The University of Chicago Press, 1967: 22-23, 210-212.

一条永久性的分界线，或建一堵 24 英尺（约 7.3 米）高的栅栏。①1926 年 3 月，印第安纳波利斯市制定了居住区隔离法令，规定除非经另一种族居住区居民的同意，白人不能住进黑人区，黑人亦不能住进白人区。②白人的种族歧视的态度、做法及地方政府的政策，促进了北部黑人聚居区的逐渐形成。

北部黑人城市聚居区的住房通常是破旧不堪，卫生条件极差，而且房租高昂。纽约哈莱姆区的许多住房又暗又脏，水管破裂，暖气废弃，老鼠肆虐。1919 年，哈莱姆黑人普通住房房租每月 21－22 美元。1927 年，平均每月房租 41.77 美元。1927 年一项调查表明，一套三室的住房，黑人每月要比其他人种多付 8 美元租金，四室的住房要多付 10 美元，五室的住房要多付 7 美元。20 年代，白人工人每年缴纳房租约占其收入的 20％，而黑人每年房租占其收入的 30％－40％。③1913 年芝加哥的一项调查表明，芝加哥市黑人聚居区南赛德区（South Side）74％的住房破损失修，有的漏雨，有的房门没有合页，有的窗户破碎、木头地板腐烂，有的厕所漏水甚至没有厕所。许多住房没有供电、供水、供热设施，住房周围垃圾成堆。芝加哥市黑人住房房租也比白人高。四间一套的住房一般每月房租为 8－8.5 美元，而黑人要付 12－12.5 美元。④1929 年，在华盛顿，同等大小但却在建筑材料、建筑质量等方面劣等的住房，黑人购买平均要比白人多付 500－2000 美元不等。⑤

北部城市的黑人在就业方面遭受着种族歧视，被限制在经济世界的最底层，主要从事非熟练性工作。1900 年，波士顿 73％以上的黑人从事擦皮鞋、看大门、擦地板、擦窗户、家政服务、饭店服务、机械维修、园林整修、商品搬运等非熟练性工作。⑥ 1910 年，辛辛那提黑人不被允许加入砌砖工人、油漆工、木工、车工、管子工、理发师、酒吧服务员、印刷工人等工会，也

---

① Gilbert Osofsky. *Harlem: The Making of a Ghetto: Negro in New York, 1890-1930*. New York: Harper & Row Publishers, 1966: 106-108.

② Thornbrough. "Segregation in Indiana During the Klan Era of the 1920s." Meier and Rudwick. eds. *The Making of Black America*, 2: 188.

③ Osofsky. *Harlem*: 136, 137, 140.

④ Sophonisba P. Breckinridge. "The Color Line in the Housing Problem." Lynch. ed. *The Black Urban Condition*: 127-128; Spear. *Black Chicago*: 148.

⑤ William Henry Jones. "The Housing of Negroes in Washington." Lynch. ed. *The Black Urban Condition*: 168.

⑥ John Daniels. "Industrial Conditions Among Negro Men in Boston." Lynch. ed. *The Black Urban Condition*: 106-107.

不被允许从事教师、店员、速记员、簿记员、办公室职员等职业。[1]1920年，巴尔的摩黑人工人占家政和个人服务业的65.5%，占整个非熟练性工作的47%，占建筑和维修工的70%，占轧钢厂非熟练工人的64%，占商店搬运工的71.8%，占其他搬运工的92.5%，占服务员的78%，占码头装卸工的73%。[2]20年代，纽约市黑人男子的工作主要为码头装卸工、电梯操作员、搬运工、看门人、卡车司机、私人司机、服务员；黑人妇女主要从事家政服务。[3]黑人的工作性质决定了其收入一般很低。1920年，伊利诺伊州东圣路易斯黑人非熟练工作每天工资为2.25—3.35美元，熟练性工作每小时35—50美分。[4]20年代，哈莱姆普通黑人家庭年收入1300美元，而纽约市普通家庭年收入1570美元。[5]从事低收入的非熟练性工作为主造成了北部城市黑人聚居区居民的普遍贫困。

居住环境恶劣、劳动强度高和无钱就医等因素造成了黑人患病率和死亡率居高不下。印第安纳波利斯对1901—1905年该市黑人死亡率与出生率的比较显示，1901年出生279人，死亡332人；1902年出生280人，死亡329人；1903年出生283人，死亡448人；1904年出生327人，死亡399人；1905年出生384人，死亡443人。[6]死亡率远远高于出生率。1922年，印第安纳波利斯黑人占该市总人口的1/10，而病亡者占该市死亡人数的1/4。[7]1895—1915年，纽约州黑人死亡者每年比出生者多400人。纽约市的黑人死亡率也大大高于出生率。1923—1927年，哈莱姆的黑人死亡率比纽约市的死亡率高42%。同期哈莱姆婴儿死亡率为111‰，而纽约市婴儿死亡率为64.5‰。哈莱姆的产妇死亡率和婴儿死亡率是其他地区的两倍。纽约市黑人主要死于肺结核和肺炎。死亡的黑人中1/4死于肺结核。1929—1933年，哈莱姆死于肺结核的黑人数量是白人的4倍。黑人的高死亡率使哈莱姆的殡葬业生意兴隆。另外，哈莱姆黑人中间肺结核、肺炎、心脏病、癌症和死胎

① Frank U. Quillin. "Cincinnati's Colored Citizens." Lynch. ed. *The Black Urban Condition*: 96.

② Charles Johnson. "Negroes at Work in Baltimore, Md." Lynch. ed. *The Black Urban Condition*: 155.

③ Osofsky. *Harlem*: 137.

④ Emmett J. Scott. *Negro Migration during the War*. New York: Oxford University Press, 1920, cited from Lynch. ed. *The Black Urban Condition*: 148.

⑤ Osofsky. *Harlem*: 137.

⑥ Baker. *Following the Color Line*: 115.

⑦ Thornbrough. "Segregation in Indiana During the Klan Era of the 1920s." Meir and Rudwick. eds. *The Making of Black America*, 2: 191.

的发生率是白人的 2.5－3 倍。黑人中间的性病和儿童的佝偻病也很普遍。①

北部城市的种族歧视等原因造成了黑人家庭破裂和犯罪率高等社会问题。吉尔伯特·欧索夫斯基（Gilbert Osofsky）指出:"家庭不稳定成为 20 世纪黑人城市生活的一个主要特征。"因为丈夫收入不足以养家糊口，1900 年纽约市 59% 的黑人妇女外出工作以支持家庭日常开销。他认为，经济上对妇女的依赖伤害了黑人男子的自尊心和责任心，造成许多家庭破裂。②北部城市单身妇女为家长的家庭一般在 10%－30%。大危机期间的一项统计表明，芝加哥、底特律、纽约、费城等市接受救济的黑人家庭中仅有 29%（芝加哥）至 50%（纽约市）的家庭为由丈夫、妻子和孩子构成的正常家庭。③北部城市黑人聚居区的黑人犯罪率也较高。以哈莱姆为例: 哈莱姆是曼哈顿主要的"卖淫中心"。1928 年的一项调查发现至少有 61 家妓院。赌博也很盛行。吸毒问题严重。哈莱姆成为纽约市的贩毒中心。1914－1927 年，纽约市黑人少年犯罪率呈上升趋势。1914 年，黑人少年犯罪率为 2.8%，1930 年上升至 11.7%。④

1913－1921 年伍德罗·威尔逊总统任职期间，北部的种族主义无以复加。令人啼笑皆非的是，他给垄断资本主义的发展开辟了"新自由"，而与此同时却给黑人锻造了"新枷锁";他打着"保障美国民主安全"(to make America safe for democracy）的旗号让美国人（包括美国黑人）去欧洲浴血奋战，却对前线和国内的黑人实行"非民主"的种族歧视和种族隔离。

1912 年 10 月，威尔逊竞选总统时信誓旦旦地做出保证:"如果我当上美国总统，他们（黑人）可以指望我会绝对公平地对待他们，可以指望我会尽可能地帮助促进他们的种族在美国的利益。"⑤然而，1913 年夏，威尔逊上任后不久，就将自己的竞选承诺抛诸脑后。美国财政部和邮政部在办公室、午餐室和厕所对黑人与白人政府雇员实行种族隔离。威尔逊声称这是"为了避

---

① Osofsky. *Harlem*: 8, 141, 153.

② Osofsky. *Harlem*: 4.

③ E. Franklin Frazier. "Some Effects of the Depression on the Negro Northern Cities." Lynch. ed. *The Black Urban Condition*: 208.

④ Osofsky. *Harlem*: 146-147.

⑤ Aptheker. ed. *A Documentary History of the Negro People in the United States*, 2: 58.

免摩擦",对黑白种族都有好处。①另外,威尔逊政府执政期间召开的第一届国会提出了 20 余个种族主义的议案,主张在哥伦比亚特区的公共交通中实行种族隔离;对联邦政府黑白雇员实行种族隔离;在陆军和海军中不授予黑人军衔;禁止黑白种族通婚;禁止外来黑人移民;废除宪法第 15 条修正案等。②1915 年,威尔逊还在白宫组织观看歪曲内战后重建历史、丑化黑人形象、宣扬"白人至上"的种族主义电影《一个国家的诞生》(*The Birth of a Nation*)。③"一战"期间,黑人士兵在国内和国外遭受着种种歧视。在黑人的争取下,才为黑人建立了隔离的军官训练营。由于担心黑人青年军官查尔斯·杨(Charles Young)上校升迁过高去指挥白人士兵,军方以高血压为由将其解职。在法国战场上的 20 万黑人士兵被独立编队,由白人军官统帅,而且 3/4 被用于做繁重的后勤工作,常常遭受白人军官的辱骂和拳打脚踢。④1918 年 8 月,美国远征军总司令约翰·潘兴(John J. Pershing)还向法军发布了一项《有关黑人部队的秘密情报》("Secret Information Concerning Black American Troops")。该情报指出,黑人被美国白人视为"劣等"种族,白人与黑人之间只能存在经济或服务关系。如果不在美国白人与黑人之间建立一道"不可逾越的鸿沟",黑人的种种恶习就会造成美国白人种族的退化。但是法国白人太"亲近"和"娇纵"黑人了。这是对美国"国家政策"的公然"冒犯",这是美国白人"不能容忍的"。该情报建议法方通告指挥黑人部队的法国军官,不要与黑人交往太密切,不能像对待白人美国军官那样对待黑人,不能与黑人一起进餐,不能与黑人握手,不能在不必要的军事行动之外与黑人交谈或接触,不能当着白人美国人过分夸奖黑人,不要让法国妇女与黑人交往,等等。⑤战争快结束时,威尔逊还派塔斯克基学院院长罗伯特·莫顿前往法国战场告诉黑人士兵,回国后不要期望享有在法国所获得的

① Nancy J. Weiss. "The Negro and the New Freedom: Fighting Wilsonian Segregation." Weinstein and Gatell. *The Segregation Era*: 131, 137; Kathaleen Wolgemuth. "Woodrow Wilson and Federal Segregation." Melvin Steinfield. ed. *Cracks in the Melting Pot: Racism and Discrimination in American History*. New York: Glencoe Press, 1973: 273.

② Weiss. "The Negro and the New Freedom: Fighting Wilsonian Segregation." Weinstein and Gatell. *The Segregation Era*: 133;富兰克林:《美国黑人史》,第 387 页。

③ 富兰克林:《美国黑人史》,第 388 页。

④ Carter G. Woodson and Charles H. Wesley. *The Negro in Our History*. Washington D.C.: The Associated Publishers, Inc., 1962: 516, 518-519;福斯特:《美国历史中的黑人》,第 475 页。

⑤ John Hope Franklin and Isidore Starr. eds. *The Negro in Twentieth Century America: A Reader in the Struggle for Civil Rights*. New York: Vintage Books, 1967: 463-464.

自由，要满足于战前的地位。①在美国国内，驻扎各地的黑人军队也同样遭受歧视。他们被禁止进入旅馆、餐馆、剧院和社交场合。②

"一战"期间和"一战"结束以后的几年里，美国黑白种族关系极为紧张。1915年，亚特兰大白人牧师威廉·约瑟夫·西蒙斯（William Joseph Simmons）复兴三K党，一年之内会员发展至10万余人。"一战"后该团体迅速发展，到1923年已有会员300万－600万，在东北部和中西部各州的活动十分活跃。③遭受私刑的黑人数目居高不下，1913年85人，1914年69人，1915年99人，1916年65人，1917年52人，1918年63人，1919年79人，1920年57人，1921年58人，1922年54人。④黑人与白人的种族暴力冲突频繁爆发。1917年7月，伊利诺伊州东圣路易斯种族冲突，造成125名黑人死亡，近100名黑人受伤，300多个黑人住房被烧毁，6000多黑人无家可归，财产损失价值300万美元。⑤1917年8月，驻扎在得克萨斯州休斯敦市郊的第24步兵团不堪白人侮辱，持枪冲进市里射杀白人17名。黑人在冲突中死亡两人。结果13名黑人被绞死，99名黑人被判监禁，其中41名为无期徒刑。⑥1919年6月到12月，美国大约发生了25起严重的种族冲突，主要发生地有华盛顿、芝加哥、内布拉斯加州的奥马哈（Omaha）、田纳西州的诺克斯维尔（Knoxville）、得克萨斯州的朗维尤（Longview）、阿肯色州的伊莱恩（Elaine）。其中芝加哥骚乱造成38人死亡，包括黑人23人、白人15人，另有537人受伤，1000多人无家可归，财产损失25万美元。⑦1921年5月底至6月初俄克拉何马州的图尔萨种族骚乱造成大约50名白人死亡，150－200名黑人死亡，财产损失150万美元。⑧

---

① 福斯特：《美国历史中的黑人》，第475页；富兰克林：《美国黑人史》，第403页；Woodson and Wesley. *The Negro in Our History*: 527-528.

② 福斯特：《美国历史中的黑人》，第475页。

③ Gossett. *Race*: 281; 富兰克林：《美国黑人史》，第412页。

④ Aptheker. ed. *A Documentary History of the Negro People in the United States*, 2: 612.

⑤ "The Illinois Race War and Its Brutal Aftermath." Joseph Boskin. ed. *Urban Racial Violence in the Twentieth Century*. Beverly Hill, Calif.: Glencoe Press, 1976: 43; Woodson and Wesley. *The Negro in Our History*: 512.

⑥ Aptheker. ed. *A Documentary History of the Negro People in the United States*, 2: 184.

⑦ "The Chicago Riot." Boskin. ed. *Urban Racial Violence in the Twentieth Century*: 51; 富兰克林：《美国黑人史》，第413－416页。

⑧ Walter White. "The Eruption of Tulsa." Boskin. ed. *Urban Racial Violence in the Twentieth Century*: 34-38.

黑人来到北部寻找幸福的"希望之乡"，遭遇的却是像梦魇一样残酷的现实。他们刚刚逃出南部赤裸裸的种族歧视和种族隔离的牢笼，却又被圈入了难以逃脱的黑人聚居区，在经济和社会生活中遭受着同样冷酷无情的种族歧视，甚至种族隔离。黑人路在何方？

二、对黑人问题的新认识和解决的新思路

目光敏锐的杜波依斯看到了黑人问题所发生的演变，对黑人问题的认识更加深入，其解决黑人问题的计划自然而然也因时而变。

19世纪末期，杜波依斯曾认为种族偏见是由不同种族的文化差异所造成的种族间的误解和摩擦。①进入20世纪以后，这一认识逐渐发生了变化。1909年，杜波依斯提出，白人对黑人的种族歧视和种族隔离是一种"新的奴隶制"，是"有意识地制订的行动计划"。它建立在三个错误论断的基础之上：（1）黑人从本质上说是一个劣等种族；（2）给黑人选举权是错误的；（3）解决种族问题的唯一永久性办法是公开地在法律上确认黑人的劣等性。②在杜波依斯看来，种族歧视首先是一个政治性问题。它是白人拒绝在黑人中间实行某些根本性的民主原则，将美国黑人排斥在政治体制之外，剥夺了美国黑人在政府中的发言权，违背了政府须经被统治者同意的原则。从另一方面讲，种族歧视越来越成为一个经济问题。随着无选举权的黑人工人与拥有选举权的白人工人之间就业竞争的加剧，种族歧视必然会被南部政客所利用，成为他们煽动种族仇恨、借以飞黄腾达的阶梯，它必然成为资本家分化黑白工人、坐收渔翁之利的手段，成为白人剥夺黑人的经济机会、排斥黑人的经济竞争、捞取和独占经济利益的工具。③白人对黑人实行经济排斥和剥削的手段无所不用其极。例如，阻碍黑人取得领导性职位；阻止黑人晋升；将黑人排斥在某些行业之外；不允许黑人在平等的基础上与白人竞争；阻挠黑人购买土地；阻碍黑人以选举权维护其经济权利和经济地位。④这使黑人只能挣扎在社会的最底层，时时处于生存危机之中。

---

① Du Bois. "The Conservation of Races." Foner. ed. *W. E. B. Du Bois Speaks*, 1: 80.
② Du Bois. "The Evolution of the Race Problem." Foner. ed. *W. E. B Du Bois Speaks*, 1: 198, 199.
③ Du Bois. "Race Prejudice." Foner. ed. *W. E. B. Du Bois Speaks*, 1: 212-213.
④ Du Bois. "The Economic Future of the Negro." Foner. ed. *W. E. B. Du Bois Speaks*, 1: 155.

为了实现黑人与白人在政治、经济、社会、文化等方面完全平等的目标，1913－1915 年间杜波依斯提出了一个计划，该计划包括两部分：第一部分的主要目的是消除实现上述目标和黑人进步的一切障碍。主要手段有：第一，通过法院诉讼争取有利于黑人的法院判决，保护美国黑人的合法权利。第二，在国会争取补救性立法，取消一切仅仅基于种族与肤色的歧视性立法，争取政府对黑人公立学校教育的援助。第三，增进黑人与白人之间的相互接触和了解。第四，影响和改变公众舆论。通过扩大《危机》杂志发行量、利用黑人报刊的宣传、广泛发行小册子、组织演讲、利用幻灯片和电影、编辑一部《黑人百科全书》等形式揭示有关美国黑人的历史与现状的事实，揭穿有关黑人种族劣等的谎言，使人们认识到"黑人也是人"，使人们认识到种族歧视是人类进步的巨大障碍，如果不消除这些障碍，必然危及现代文明的基础。①

杜波依斯计划的第二部分涉及黑人自身的建设性工作。主要包括：（1）实行经济合作。在黑人中间宣传积累财富是为了造福社会而不是个人，应避免现代经济史上的残酷经济剥削。黑人不应仅仅追求个人拥有住房、土地和财产，还要组织各种形式的经济合作，如生产与消费，利润分成，设立建筑协会、贷款协会，组织慈善事业，组织南部黑人迁移以改善经济、政治状况，争取保护妇女和童工的经济立法等。（2）复兴文学与艺术。通过写作、戏剧、电影等艺术形式展示黑人的艺术天赋；复兴被忘却的古代黑人艺术与历史，"向世界展示黑人富有创造性的艺术家形象，并将黑人作为艺术刻画的鲜明主题"。（3）实现政治团结。组织国会选区的黑人选民，为承诺维护黑人利益的代表投票；利用政治力量争取劳工立法和社会改革。（4）发展黑人教育。争取让每一位黑人儿童享有免费的公立学校教育；遴选有天赋的黑人儿童，让他们接受最好的教育，以便培养黑人领袖、黑人思想家、黑人技术员和黑人艺术家。（5）主导全国有色人种协进会等组织，"使之服务于我们的目标、我们的目的以及我们的理想"。（6）增进世界有色种族之

---

① Du Bois. "The Immediate Program of the American Negro." Hamilton. ed. *The Writings of W. E. B. Du Bois*: 122-124; Du Bois. "A Memorandum to the Board of Directors of the National Association for the Advancement of Colored People on the Objects and Methods of the Organization"; Du Bois. "Completing the Work of the Emancipator: Six Years of Struggle Toward Democracy in Race Relations: Being the Six Annual Report of the National Association for the Advancement of Colored People, 1915." Aptheker. ed. *Pamphlets and Leaflets by W. E. B. Du Bois*: 116, 168-169.

间的联系。①

　　早在尼亚加拉运动时期（1905－1909），杜波依斯的上述计划就已初具雏形。这从尼亚加拉运动所建立的各种委员会和分部的名称及其活动上可略见一斑。1905年，尼亚加拉运动成立了公民与政治权利委员会、法律辩护委员会、报业与公众舆论委员会、经济机会委员会、教育委员会。1906年又成立了艺术部（Art Department）和泛非部（Pan African Department）。②由此可见，杜波依斯心中有一个宏大的综合性计划。1907年8月，尼亚加拉运动第三次年会决定通过法律诉讼来消除州际交通中的种族隔离。③随后尼亚加拉运动组织对南方普尔曼铁路公司歧视黑人事件提出起诉，并支持南卡罗来纳州一个涉及黑人的民权案。④另外，尼亚加拉运动还在华盛顿、巴尔的摩、纽约、明尼阿波利斯、克利夫兰等市举行群众集会，宣传它的主张。⑤它还鼓励黑人在选举中保持政治独立。⑥

　　尼亚加拉运动时期，杜波依斯十分重视报刊、书籍的宣传作用。1905年，他给北方白人金融家雅各布·希夫（Jacob H. Schiff）写信，希望他资助出版一份黑人月刊杂志。在信中，他指出："今天的美国黑人处于一个危急时刻。只有团结一致采取行动才能使我们免于被压垮。这种团结必须依靠教育以及长期的不断努力。"为了及时报道美国黑人以及世界的新闻，鼓舞美国黑人走向光明的目标，他计划创办一份杂志。⑦在未能得到资助的情况下，他自己筹资创办了《月光》周刊（*Moon*，1906－1907）和《地平线》月刊（*Horizon*，1907年1月－1910年7月）。1909年，他出版了传记《约翰·布朗》（*John Brown*）。同年，他还提出了编纂《非洲百科全书》（*Encyclopedia Africana*）

---

　　① Du Bois. "A Memorandum to the Board of Directors of the National Association for the Advancement of Colored People on the Objects and Methods of the Organization." Aptheker. ed. *Pamphlets and Leaflets by W. E. B. Du Bois*: 118; Hamilton. ed. *The Writings of W. E. B. Du Bois*: 124-126.

　　② Du Bois. "Constitution and Bylaw of the Niagara Movement." Aptheker. ed. *Pamphlets and Leaflets by W. E. B. Du Bois*: 60-62.

　　③ Du Bois. "Third Annual Meeting of the Niagara Movement, August 26-29, 1907." Aptheker. ed. *Pamphlets and Leaflets by W. E. B. Du Bois*: 74.

　　④ Du Bois. "The Niagara Movement (1908)"; "The Niagara Movement (1909)." Aptheker. ed. *Pamphlets and Leaflets by W. E. B. Du Bois*: 77, 79.

　　⑤ Du Bois. "The Niagara Movement (1908)." Aptheker. ed. *Pamphlets and Leaflets by W. E. B. Du Bois*: 77.

　　⑥ Du Bois. "The Niagara Movement (1909)." Aptheker. ed. *Pamphlets and Leaflets by W. E. B. Du Bois*: 79.

　　⑦ Aptheker. ed. *The Correspondence of W. E. B. Du Bois*, 1: 108.

的设想。他指出，他的这一设想一方面是为了纪念林肯的《解放黑人奴隶宣言》发表 50 周年，另一方面也是为了合作开展对黑人历史和黑人社会学的彻底的科学研究。①1909 年的一期《地平线》月刊自称是一份"激进的"杂志，倡导黑人乃至人类的平等；主张实现普遍的成年男子选举权和妇女选举权；主张废止战争、对垄断资本征税、逐步实现资本社会化和推翻打着宗教旗号的压迫和暴政。②

在这一时期，杜波依斯的经济思想与 19 世纪末期比较发生了明显的变化，开始强调黑人的经济合作。在 19 世纪末，他像布克·华盛顿一样主张个体黑人的经济成功。③1906 年，杜波依斯提出了发展黑人"群体经济"（group economy）的思想。他指出，一个国家可以通过保护性关税来保护其工业的发展，充分开发资源，才能有能力打入国际市场。而美国黑人为了摧毁种族歧视，必须发展群体经济，也即黑人进行企业生产与社会服务的内部合作，以便形成一个大致上独立于周围白人世界的"封闭的经济圈"（closed economic circle）。④当《波士顿晚报》（Boston Evening Transcript）编辑克莱门特（E. H. Clement）致函问他是否支持种族隔离时，杜波依斯回信解释说：他反对"物理上的种族隔离"（physical segregation），但他非常乐意接受"精神上的隔离"（spiritual segregation）和"精神层面的经济隔离"（an economic segregation on the spiritual side）。也就是说，黑人与白人互为邻居，但是他们应在黑人的商店进行交易，其生意也应服务黑人民众。⑤这是一种黑人经济民族主义思想。

1907 年亚特兰大大学黑人问题研究大会的主题为"黑人中间的经济合作"。杜波依斯等人起草的会议决议鼓励黑人实行经济合作。这种经济合作应

---

① Aptheker. ed. *The Correspondence of W. E. B. Du Bois*, 1: 146, 147.

② August Meier. *Negro Thought in America, 1880-1915: Racial Ideologies in the Age of Booker T. Washington*. Ann Arbor: The University of Michigan Press, 1963: 185.

③ Dittmer. *Black Georgia in the Progressive Era*: 39.

④ Du Bois. "The Economic Future of the Negro." Foner. ed. *W. E. B. Du Bois Speaks*, 1: 153; W. E. B. Du Bois. "The Economic Revolution in the South." Booker T. Washington and W. E. B. Du Bois. *The Negro in the South: His Economic Progress in Relation to His Moral and Religious Development*. Philadelphia: George W. Jacobs & Company, 1907: 99, 引自 https://archive.org/details/negroinsouthhise00wash/page/n3/mode/ 2up，最后访问日期：2022 年 10 月 30 日。

⑤ Broderick. *W. E. B. Du Bois*: 102-103.

着眼于多数人的福利，而不是少数人的发达。①杜波依斯在会上发表了题为
《合作的意义》的演说，进一步阐述了他的黑人"群体经济"思想。他指出，
美国黑人在宗教、教育、食品、住房、书刊、报纸、医疗保健、法律咨询等
方面在很大程度上由黑人服务于黑人自己。黑人应把黑人群体内部的工业生
产和社会服务进行协调，实行合作，以便黑人群体成为一个"在很大程度上
独立于周围白人世界的封闭的经济圈"。②杜波依斯设想的黑人的合作经济方
式是这样的："一个黑人早上起来，他睡的床垫是黑人制作的，他住的房子是
使用黑人砍伐和刨平的木材并由黑人搭建的；他穿上的西服是他在黑人的裁
缝店购买的，袜子是在黑人棉纺厂制造的；他使用黑人打造的炉子，烹饪从
黑人蔬菜店购买的食品；他在黑人工厂上班谋取生计，病了住在黑人医院，
死了在黑人教堂举行葬礼；黑人保险公司给他的妻子足够的赔偿，保证他
的孩子能够在黑人学校上学。这当然是进步。"③值得一提的是，在白人主
导的经济体系里，想要建立一个独立运行的黑人经济体系，显然具有乌托
邦色彩。

1910 年，杜波依斯应邀来到全国有色人种协进会纽约总部，任宣传与研
究部主任。其间，他进一步完善了尼亚加拉运动中形成的解决黑人问题的计
划，并且利用全国有色人种协进会所提供的平台来实施他的计划。我们从全
国有色人种协进会的目标与策略等方面，可以看出杜波依斯对该组织的影响。

全国有色人种协进会成立的契机是 1908 年 8 月 14—16 日发生在林肯
的故乡伊利诺伊州斯普林菲尔德市的一场血腥的种族冲突。事件的导火索是
一个黑人青年强奸了一名白人妇女。数千白人走上街头，殴打、枪击所见到
的一切黑人，捣毁或烧毁黑人的房屋和店铺。冲突中两名黑人被处私刑，4 名
白人死于流弹，70 多人受伤，6000 多名黑人逃离该市。这是进入 20 世纪以
来，美国北部最严重的种族冲突事件，引起全国舆论界广泛震动。社会主义
者威廉·沃林（William E. Walling）在《独立派》（*The Independent*）杂志上
发表了题为《北部的种族战争》的文章，指出这场骚乱的真正根源是"种族

---

① Du Bois. ed. *Economic Cooperation Among Negro Americans*. Atlanta, GA: The Atlanta University
Press: 4.

② Du Bois. ed. *Economic Cooperation Among Negro Americans*: 179.

③ Rudwick. *W. E. B. Du Bois*: 149.

仇恨"。他写道："我们必须复兴废奴主义者、林肯和洛夫乔伊①的精神，在绝对政治平等和社会平等的基础上对待黑人，否则瓦达曼②和蒂尔曼③将很快把种族战争转移到北部。"沃林还进一步写道：当南部白人对付黑人的那些办法也在北部流行的时候，"政治民主的一切希望都将被扼杀，北部的弱小种族和阶级将像在南部一样遭受迫害，公立教育将黯然失色，美利坚文明将很快走向衰落或经历另一场更为深刻、更具革命性的内战。这场内战不但将扫除奴隶制残余，而且也会清除阻碍革命之后所确立起来的民主和自由制度发展的一切其他障碍"。④

沃林的呼吁得到了玛丽·欧文顿（Mary W. Ovington）、亨利·莫斯科维茨（Henry Moskowitz）、奥斯瓦尔德·维拉德等人的响应。他们商定在 1909 年 2 月 12 日林肯的生日那天召集一次会议，讨论解决黑人问题的方案。维拉德起草了一个召开会议的倡议书。倡议书指出，在林肯 100 周年诞辰之际，如果这位"伟大的解放者"（Great Emancipator）能再次造访这个国家，他会对黑人的状况感到震惊和失望。南部黑人被剥夺了选举权，在公共交通、公共场所等许多领域遭受种族隔离。在北部、南部和西部，他们常常遭受侮辱、攻击和屠杀。我们"对这些状况的沉默意味着默认。北部要为它面对民主遭到多次攻击时的漠然态度负责任。每一次这种攻击对白人和对黑人同样都会产生不利影响。歧视一旦被允许便一发不可收拾。南部近期的历史表明：白人选民在为黑人铸造枷锁的同时，也在为他们自己打造锁链。'一座裂开的房子不会持久'。今天的政府就像 1861 年的美国一样无法半奴役、半自由地存在下去"。倡议书呼吁"一切民主的笃信者参加一次全国性会议来讨论目前的社会问题，发出抗议的声音，并恢复争取公民自由和政治自由的斗争"。⑤包括杜波依斯在内的 55 名自由主义者和社会主义者在倡议书上签字（布克·华

---

① 伊莱贾·洛夫乔伊（Elijah Lovejoy）是美国内战前的白人牧师，废奴主义者，被拥护奴隶制的暴徒枪杀。

⑩ 上文提到的密西西比州极端种族主义州长詹姆斯·瓦达曼。

③ 上文提到的南卡罗来纳州极端种族主义州长本杰明·蒂尔曼。

④ William English Walling. "The Race War in the North." Arthur Weinberg and Lila Weinberg. eds. *The Muckrakers: The Era in Journalism That Moved America to Reform: The Most Significant Magazine Articles of 1902-1912*. New York: Capricorn Books, 1964: 238-239. 另见 https://www.eiu.edu/past_tracker/African American_Independent 65_3Sept1908_RaceWarInTheNorth.pdf，最后访问日期：2022 年 11 月 12 日。

⑤ Mary White Ovington. "How the National Association for the Advancement of Colored People Began." John Hope Franklin and Isidore Starr. eds. *The Negro in Twentieth Century America*: 97-98.

盛顿拒绝签字和参加会议）。

1909 年 5 月 31—6 月 1 日，全国黑人大会在纽约市召开，大会成立了"促进黑人种族全国委员会"（National Committee for the Advancement of Negro Race），在 1910 年 5 月第 2 届全国黑人大会上改称"全国有色人种协进会"。尼亚加拉运动的许多成员加入，其中 8 人被选入了全国有色人种协进会理事会。①废奴主义参议员查尔斯·萨姆纳（Charles Sumner）的个人秘书、美国律师协会（American Bar Association）前主席穆尔菲尔德·斯托里（Moorfield Storey）当选全国有色人种协进会首任主席。在建立初期，该协会是一个以白人自由主义者为主导的公民权利组织。②全国有色人种协进会的目标是："促进权利平等，消除美国公民中间的等级制度或种族偏见，促进有色公民的利益，为他们争取公正的选举权，增进他们获得司法公正、子女教育以及根据其能力在就业和法律（保护）方面完全平等的机会。"③这与尼亚加拉运动的目标基本一致。另外，在实现上述目标的策略上，全国有色人种协进会与尼亚加拉运动有许多相似之处，主要有：（1）通过报刊等舆论工具和群众集会等形式揭示事实，影响民意，寻求民众的理解与支持。（2）通过法院诉讼消除在选举权、教育、公共设施、就业等领域的种族歧视和种族隔离的法律和做法。（3）通过宣传鼓动、游说等形式争取国会和州议会通过保护黑人公民权利的立法。④结合杜波依斯自己的主张来看，上述策略显而易见体现了他对全国有色人种协进会行动方针的影响。

全国有色人种协进会的建立为杜波依斯争取黑人种族平等的斗争提供了一个全新的平台。他利用这一平台，积极推行他在尼亚加拉运动时期初步形成的解决黑人问题计划，在 1913—1915 年间，他对其计划进行了明确阐述。其努力主要集中在舆论宣传、发展黑人文学和艺术、倡导经济合作和促进世

---

① Mary White Ovington. "How the National Association for the Advancement of Colored People Began." Franklin and Starr. eds. *The Negro in Twentieth Century America*: 84.

② Broderick. *W. E. B. Du Bois*: 90-91.

③ Langston Hughes. "The Formation of the NAACP." Joanne Grant. ed. *Black Protest: History, Documents and Analysis, 1619 to the Present*. Greenwich, Conn.: Fawcett Publications, Inc., 1968: 212.

④ Robert L. Zangrando. "The 'Organized Negro': The National Association for the Advancement of Colored People and Civil Rights." James C. Curtis and Lewis L. Gould. eds. *The Black Experience in America: Selected Essays*. Austin: University of Texas Press, 1970: 149, 150, 154, 159; Robert W. Bagnall. "Negroes in New Abolition Movement." Aptheker. ed. *A Documentary History of the Negro People in the United States*, 3: 501-504.

界有色种族间的合作等方面。为了进行舆论宣传，杜波依斯于 1910 年创办了《危机》杂志，之所以采用这一名称，是因为他认为"这是人类发展史上的一个危急时刻"。他设想通过揭示事实，发表观点，来揭露种族偏见的危害，尤其是对于黑人种族的负面影响。杜波依斯在《危机》创刊号的社论中指出："今天，宽容与隐忍、理性与克制将有助于接近实现世界充满人类友爱的旧的梦想，而偏狭与偏见、强调种族意识和力量可能重复过去民族与群体接触的可怕历史。我们致力于实现和平与友谊这种更崇高和更广阔的愿景。"《危机》杂志的主要内容和宗旨是：报道世界范围内有关种族关系，尤其是对美国黑人有影响的事件和运动；对有关种族问题的黑人和白人的书籍、文章和报刊的观点进行报道和评论；刊载一些简短的文章；其社论将倡导不同种族或肤色的人的权利，坚持不懈地争取实现"美国民主的最高理想"。其原则是，不会成为任何政治集团或党派的喉舌。①

尽管杜波依斯宣布《危机》杂志为全国有色人种协进会的"喉舌"②，但它实际上成为杜波依斯发表个人观点的"私人领地"（private domain），成为表达黑人声音的一个重要渠道。③在这期间，杜波依斯充分展示了他卓越的编辑和写作才能，也借此发出了黑人种族的"最强音"。④1910 年，《克利夫兰公报》（*Cleveland Gazette*）称，黑人认为杜波依斯是其种族真正的领袖。也有媒体称他是美国黑人的主要代言人。⑤应该说，从 1910 年到 20 世纪 30 年代，他已成为美国黑人中间最有影响的领袖人物。

《危机》杂志的办刊原则是：提供可靠的信息和引人入胜的内容；秉笔直

---

① Du Bois. "Editorial." *The Crisis*, Vol. 1, No. 1 (November, 1910): 10. https://babel.hathitrust.org/cgi/pt?id=emu.010000154224&view=1up&seq=1，最后访问日期：2023 年 3 月 11 日。Du Bois. *An ABC of Color*: 39; Du Bois. "The Crisis Prospectus"; "The Crisis." Aptheker. ed. *Pamphlets and Leaflets by W. E. B. Du Bois*: 93, 105.

② Du Bois. "The Crisis Prospectus"; "The Crisis." Aptheker. ed. *Pamphlets and Leaflets by W. E. B. Du Bois*. 93, 105.

③ Du Bois. *Dusk of Dawn*: 293; Du Bois. *Autobiography*: 261; Leslie Alexander Lay. *The Life of W. E. B. Du Bois: Cheer the Lonesome Traveler*. New York: The Dial Press, 1970: 59; Raymond Wolters. *Negroes and the Great Depression: The Problem of Economic Recovery*. Westport, Conn: Greenwood Publishing Corporation, 1970: 272.

④ Broderick. *W. E. B. Du Bois*: 112.

⑤ Broderick. *W. E. B. Du Bois*: 116, 120. 布罗德里克认为，杜波依斯这段时间的影响，还算不上 1000 万黑人民众的领袖，尽管他在这一时期发出了"最响亮的声音"，但他的思想很难触及普通黑人民众。

书，无所畏惧。①内容主要涉及与黑人有关的政治、法律、教育、文学、艺术、体育、黑人组织、黑人会议、妇女权利、黑人教育、黑人社会生活等。1910－1930年间，杜波依斯在《危机》等杂志上发表了数百篇文章，揭露美国学校和公共场所的种族隔离、私刑以及其他各种形式的种族歧视和暴力，介绍美国各行各业的黑人的成就以及世界各国有色人种的动态，阐述他的种族平等思想。例如，他反对针对黑人的私刑；谴责1910年芝加哥、费城、哥伦布和大西洋城规划设立隔离公立学校；批评伍德罗·威尔逊政府在财政部和邮政部实施的种族隔离政策。②他在《危机》1915年2月号发表的《私刑产业》（"The Lynching Industry"）一文中，统计公布了1885－1914年被处以私刑的2732名黑人名单。杜波依斯反讽道："所有这一切都表明，美国特别适合担任世界的道德领袖。"③

　　《危机》杂志的发行量节节攀高。第1期的《危机》发行量只有1000册，1911年4月的订阅读者达到10000人，1912年达到22000人，1915年达到35000人，1919年，在全国有色人种协进会会员人数达到7万人时，《危机》杂志的订阅读者猛增至104000人，杂志发行至墨西哥、西印度群岛、南美洲、欧洲、亚洲和非洲等地④，其影响可见一斑。《危机》杂志进入了千千万万普通人的家庭，深受广大读者的欢迎。一位《危机》杂志的热心读者的女儿告诉杜波依斯，其父亲临终前的愿望就是读一下1915年12月号杂志，但在杂志邮寄到之前他就去世了，最后，家属把收到的这一期《危机》杂志放到了其棺材里。杜波依斯闻讯，给予这个家庭一年的免费赠阅。⑤黑人作家兰斯顿·休斯（Langston Hughes）在1970年回忆说，他小时候姥姥给他读的书，除了《圣经》，就是《危机》杂志；他最早的诗歌也是在杜波依斯主编的《危机》杂志上发表的。《危机》杂志"成为我生活的一部分"。⑥1920年6月，全国有色人种协进会授予杜波依斯"斯平加恩奖章"（Spingarn Medal），

① Rudwick. *W. E. B. Du Bois*: 152.

② Broderick. *W. E. B. Du Bois*: 94.

③ Lewis. *W. E. B. Du Bois: Biography of a Race*: 514.

④ Du Bois. "Report of the Director of Publications and Research." Aptheker. ed. *Pamphlets and Leaflets by W. E. B. Du Bois*: 150; Aptheker. ed. *Annotated Bibliography of the Published Writings of W. E. B. Du Bois*: 206；Broderick, *W. E. B. Du Bois*: 116.

⑤ Lewis. *W. E. B. Du Bois: Biography of a Race*: 505.

⑥ John Henrik Clarke. ed. *Black Titan W. E. B. Du Bois: An Anthology by the Editors of* Freedomways. Boston: Beacon Press, 1970: 8.

以表彰他对协会所做出的突出贡献。

在全国有色人种协进会的宣传与研究部工作期间，杜波依斯与家人聚少离多，全身心投入到杂志编辑、文章撰写和巡回演讲中。他在一年一度的全国巡回演讲和国外旅行期间发表演讲，剖析种族问题。在 1910－1915 年这 5 年之中，他在美国国内和国外共发表了 314 次演说，听众共计 138017 人①。单单在 1913 年，他就走过了 31 个州，行程达 7000 英里（约 11265 千米）。② 他还应邀前往英国等国家进行演讲，揭露美国种族问题的真相。另外，除了 1911－1915 年编辑的亚特兰大大学黑人问题研究大会的 4 个年度报告之外，他还出版了《寻找银羊毛》（*The Quest of the Silver Fleece: A Novel*，1911）、《黑人》（1915）、《黑水》（1920）、《黑人的天赋：黑人与美国的发展》（*The Gift of Black Folk: Negroes in the Making of America*，1924）、《黑公主罗曼史》（*Dark Princess: A Romance*，1928）等书，通过文学或历史题材的论著剖析和刻画美国的黑白种族关系，宣传自己在种族问题上的主张。1920 年 1 月，杜波依斯创办黑人儿童画册《布朗尼兹的书》（*Brownies' Book*），旨在通过图文并茂的形式，帮助黑人儿童认识到自己肤色的美丽，向他们介绍黑人的历史进程、历史人物与成就，给他们以鼓励、指导和帮助。③画册还经常刊登诗歌、音乐、游戏、谜语、寓言故事、民间传说、国内外时事等。④杂志寓教于乐，雅俗共赏，有助于帮助黑人儿童培养正确的价值观和自我认同，拓宽儿童的知识面和视野。另外他还编辑发行了大量的小册子，介绍黑人状况，揭露种族歧视。杜波依斯还重视群众游行示威的作用。1917 年 8 月 28 日，他走在游行队伍前面，率领 1 万多名纽约黑人沿纽约第五大街进行"沉默大游行"（Silent Parade），以抗议"一战"期间北部和南部频发的种族暴力和私刑。游行队伍中打着"不应杀人！""总统先生，为什么不为了民主使美国安全？！"

---

① Du Bois. "Report of the Department of Publications and Research: From August, 1910, through November, 1915." Aptheker. ed. *Pamphlets and Leaflets by W. E. B. Du Bois*: 159.

② Broderick. *W. E. B. Du Bois*: 116.

③ Aptheker. ed. *Annotated Bibliography of the Published Writings of W. E. B. Du Bois*: 207. 到 1921 年 12 月停刊，《布朗尼兹的书》共出版了 24 期。

④ Elinor Desverney Sinnette. "'The Brownies' Book': A Pioneer Publication for Children." Clarke. ed. *Black Titan W. E. B. Du Bois*: 164-175.

"你们的双手沾满了鲜血！"等标语。①

杜波依斯十分关注黑人文学和艺术的发展。他指出，黑人种族具有特殊的艺术天才，黑人民众应支持黑人艺术家的创作与表演。而黑人艺术家应把黑人民族的经历作为其艺术创作和艺术表演的"肥沃土壤"②。杜波依斯重视戏剧的教育功能。他指出，黑人戏剧必须是描述黑人生活，必须由黑人编导和演出，必须服务于黑人民众。③1911 年，他编写了题为《埃塞俄比亚之星》（*The Star of Ethiopia*）的大型黑人历史剧，展示了黑人民族从史前的古埃及文明到当代的历史发展画卷以及其间的重要历史事件和杰出黑人历史人物。1913 年，为纪念黑人奴隶解放 50 周年该剧在纽约市公演，大获成功。1915 年，为抵消种族主义电影《一个国家的诞生》的恶劣影响，《埃塞俄比亚之星》在华盛顿和费城等地上演。1925 年又在洛杉矶演出此剧，④演员达1400 多人。纽约、华盛顿、费城三市观众总计 35000 多人。杜波依斯宣布他编导此剧的目的：一是向黑人民众展示黑人种族丰富多彩的历史生活；二是向白人世界宣告黑人也是有血有肉、有感情的人。⑤1925 年 6 月，杜波依斯等人在哈莱姆建立了克里格瓦剧团（Krigwa Players），创编和上演反映黑人生活的剧作。杜波依斯还建议设立黑人唱片公司及黑人文学和艺术学院（Institute of Negro Literature and Art），以促进黑人音乐、文学和艺术的发展。⑥

杜波依斯在 20 年代哈莱姆黑人文艺复兴（Harlem Renaissance）中发挥了较大作用。他在《危机》杂志上定期举行小说、诗歌、散文、剧本、绘画、歌曲、《危机》杂志封面设计等创作比赛，请黑人专家评审，并给优胜者颁发奖金予以鼓励。⑦黑人文艺复兴时期涌现出的许多青年作家，如克劳德·麦凯（Claude Mckay）、兰斯顿·休斯、琼·图默（Jean Toomer）、康蒂·卡伦（Countee Cullen）、杰西·福西特（Jessie Fauset）、安妮·斯宾塞（Anne Spencer）、艾布拉姆·哈里斯（Abram Harris）等都在《危机》杂志上发表过

① Lerone Bennett. Jr. *Before the Mayflower: A History of the Negro in America, 1619-1964*. Baltimore: Penguin Books, 1966: 293-294.

② Aptheker. ed. *Annotated Bibliography of the Published Writings of W. E. B. Du Bois*: 276.

③ Aptheker. ed. *Annotated Bibliography of the Published Writings of W. E. B. Du Bois*: 270.

④ Du Bois. "A Pageant"; "The Star of Ethiopia: A Pageant"; "The Star of Ethiopia: A Pageant of Negro History." Aptheker. ed. *Pamphlets and Leaflets by W. E. B. Du Bois*: 151, 162, 206-209.

⑤ Du Bois. *An ABC of Color*: 90, 92.

⑥ Lay. *The Life of W. E. B. Du Bois*: 74.

⑦ Du Bois. "Krigwa, 1927." Aptheker. ed. *Pamphlets and Leaflets by W. E. B. Du Bois*: 217-221.

作品。①杜波依斯还积极参与黑人文艺复兴时期的艺术论争，如"黑人应该采用什么样的艺术标准"和"艺术的目的是展示美还是宣传"等。关于前一个问题，杜波依斯指出，黑人不应接受白人的审美标准和价值观，而应具有能够反映不同于白人的心理、观点、感情、视野和美感的黑人价值观。②关于后一个问题，杜波依斯不同意阿兰·洛克（Alaine Locke）"黑人文学和艺术的目标应该是美而不是宣传"的观点。他认为，这种观点将使黑人文艺复兴走向衰落。③他指出："一切艺术是宣传，并且必须如此。"他说，他用于写作的一切艺术手法都是为了为黑人赢得平等权利的宣传。④

在"一战"后，由于战时工业缩减和经济衰退，黑人与白人之间的就业竞争日趋激烈，由此爆发频繁的种族冲突。这促使杜波依斯思考这样一个问题：为什么在一个并不应当存在饥饿的世界里，饥饿的幽灵总是把人们推向战争、屠杀和仇恨？他认识到，因为社会分配不公，少数人的财富用之不尽，而多数人依靠劳动收入却难以为生。⑤问题的根子在于私人所有制。杜波依斯认为，在经济发展的最初阶段，私人所有制有助于促进生产，也不太影响公平分配。然而，随着生产技术的日益复杂化和垄断的产生，必然造成富者愈富、穷者愈穷。解决的办法是取消私人所有制，根据民众的需要而不是资本家对原料和生产工具的垄断权对产品进行分配。这是未来工业的"伟大而真正的革命"。⑥这标志着杜波依斯开始从体制上探寻种族问题的根源。

为了克服私人资本主义的弊端，杜波依斯计划的第一步是首先从公用事业开始，实行公众对工业的控制，并且逐渐扩大到其他领域。⑦另外，1919－1930年间杜波依斯一直热衷于鼓励黑人在生产、分配和信贷等领域实行合作，以实现"经济独立"。⑧1917 年 8 月，杜波依斯在《危机》杂志上发表文章指出，世界大战意味着新的世界的诞生，黑人也必将面临新的问题。黑人目前的迫

---

① Du Bois. *Dusk of Dawn*: 270.

② Aptheker. ed. *Annotated Bibliography of the Published Writings of W. E. B. Du Bois*: 271.

③ Aptheker. ed. *Annotated Bibliography of the Published Writings of W. E. B. Du Bois*: 266.

④ Aptheker. ed. *Annotated Bibliography of the Published Writings of W. E. B. Du Bois*: 272; Du Bois. "Criteria of Negro Art." Huggins. comp. *W. E. B. Du Bois: Writings*: 1000.

⑤ Du Bois. *Darkwater*: 99.

⑥ Du Bois. *Darkwater*: 100-101.

⑦ Du Bois. *Darkwater*: 159.

⑧ Aptheker. ed. *Annotated Bibliography of the Published Writings of W. E. B. Du Bois*: 292.

切问题是谋得生计。黑人应避免走私人资本主义剥削的老路，不能培养起一个剥削黑人劳动人民的"富裕而贪婪的强盗阶级"，而应开辟一条新的经济发展之路。①在生产上，黑人应获得技术，集聚资金，对自己生产的原料进行加工，生产自己所需要的产品②。黑人必须建立一种新型的企业，为了黑人民众的利益而生产，而不是为个人谋求利润。③另外，杜波依斯主张城市黑人实行消费合作，也就是在黑人人口1万人以上的城市建立黑人经营的蔬菜、食品、服装、燃料等日用品合作商店。④1918年8月26日，杜波依斯召集来自美国7个州的12名黑人在《危机》杂志编辑部召开会议，讨论黑人经济合作问题。会上成立了"黑人合作协会"（The Negro Cooperative Guild）。会议决定鼓励黑人个人和团体研究消费合作问题，举行年度会议，鼓励黑人建立合作商店。随后，在孟菲斯和西弗吉尼亚州等地开办了几十家合作蔬菜店和合作商店，但由于种种原因，最终都如昙花一现，很快关门歇业。⑤

尽管如此，关于黑人群体内部实行经济合作的主张，是杜波依斯19世纪末期以来一条时隐时现的思想线索。直到20世纪30年代美国经济大危机时期，在黑人民众普遍面临生存危机的情况下，这一主张变得旗帜鲜明起来，一度成为其思想的主流，杜波依斯还给它起了一个并不适当的新名称——黑人的"自愿隔离"和黑人"经济国中国"，这一失策之举所引发的巨大争议，最终导致其人生轨迹突然发生剧烈转折。

三、"非洲情结"与泛非运动

认同于非洲是美国黑人思想史上一个绵延不断的主题，⑥这种思想在内战前的美国就已经出现了，它也是贯穿杜波依斯一生的一条思想线索。⑦"一战"以来，在美国国内积极奔走于争取黑人平等权利的最前列的同时，杜波

---

① Aptheker. ed. *Newspaper Columns by W. E. B. Du Bois*, 1: 223.

② Aptheker. ed. *Annotated Bibliography of the Published Writings of W. E. B. Du Bois*: 205.

③ Aptheker. ed. *Annotated Bibliography of the Published Writings of W. E. B. Du Bois*: 191.

④ Aptheker. ed. *Newspaper Columns by W. E. B. Du Bois*, 1: 233.

⑤ Aptheker. ed. *Newspaper Columns by W. E. B. Du Bois*, 1: 233; Du Bois. *Dusk of Dawn*: 280-281.

⑥ Meier and Rudwick. eds. *The Making of Black America*, 1: 66.

⑦ 有学者认为，杜波依斯对非洲的兴趣最早可以追溯至19世纪90年代，那时他就信奉"泛黑人主义"（Pan-Negroism）思想。参见 Rudwick. *W. E. B. Du Bois*: 210.

依斯也十分关注非洲的前途和命运。他所领导的泛非运动成为他生命历程中一座不朽的丰碑。

15 世纪以来，欧洲殖民主义和美国奴隶制的辩护士们一直极力贬低非洲黑人，以为其殖民掠夺和对黑人的奴役与剥削寻找借口。他们把非洲描述为没有历史、没有文明的"黑暗大陆"。他们用"肮脏""丑陋""愚蠢""残忍""淫荡""善偷盗""好抢劫""茹毛饮血""生吃活人"等负面的词汇描绘非洲黑人，说他们与"野兽"和"魔鬼"无异。在欧洲人的眼里，这些野蛮落后、蒙昧无知的"黑鬼"对人类的文明从未做出过任何贡献。①

19 世纪末至 20 世纪初，为了给肆意剥夺黑人选举权等公民权利、对其进行非人的种族隔离做辩护，美国的种族主义者们不厌其烦地重复着种族主义的陈词滥调，说非洲人愚蠢无知，原始野蛮，兽性无度，退化堕落，没有创造任何值得一提的历史与文明。1892 年，南方律师、政客兼作家托马斯·纳尔逊·佩奇声称："黑人没有取得进步，不是因为他是奴隶，而是因为他不具备从奴隶制中崛起的能力。他从未展示过推进文明的品质以及取得任何巨大进步的能力。"他以利比里亚、海地和多米尼加共和国为例，证明黑人不具备治理政府的能力。②1902 年，哥伦比亚大学教授约翰·伯吉斯（John W. Burgess）也宣称："声称从政治学的角度看，肤色无关紧要是一个严重的诡辩。黑肤色意味着他属于一个从未创造过任何文明的种族。"③1906 年，马萨诸塞州历史协会主席查尔斯·亚当斯（Charles F. Adams, Jr.）表示，黑人对人类文明未做出过任何贡献；由于白人来到非洲，非洲才达到了它发展的顶峰。④

白人有关野蛮非洲的描绘令许多黑人也深信不疑。他们对非洲毫无兴趣，不愿认同于非洲和非洲人，他们认为"他们是美国人，与非洲及其黑暗、贫

---

① Winthrop D. Jordan. *White over Black: American Attitudes Toward the Negro, 1550-1812.* New York: W. W. Norton & Co., 1968: 7-8, 24-26, 33-34; Lerone Bennett, Jr. *Before the Mayflower: A History of the Negro in America.* Baltimore, Maryland: Penguin Books, 1966: 3; Frederickson, *The Black Image in the White Mind*: 49; Charles Silberman. *Crisis in Black and White.* New York: Vintage Books, 1964: 167.

② Logan. *The Betrayal of the Negro*: 270.

③ Gossett. *Race*: 282.

④ Logan. *The Betrayal of the Negro*: 378.

乏和野蛮毫不相干"。①与此相反，杜波依斯却对非洲情有独钟。他说："按'种族'而论，我自己属于非洲人。"他把非洲称为他的"祖国"（fatherland）。他感到，他与非洲之间有一种强大的纽带维系着。在非洲这片土地上生活的祖先们给他在肤色和头发上留下了永恒的印记。他说，更为重要的是，15世纪以来，他在非洲的祖先们与他们的后裔拥有着遭受歧视和侮辱的共同历史，也经历过相同的灾难。这使他对非洲产生了一种难以割舍的深深的眷恋。②杜波依斯坚信非洲拥有自己的历史，黑人有能力也曾经创造过辉煌的文明。他知道，要想戳穿白人殖民主义者和种族主义者诋毁非洲和黑人的谰言，摧毁种族主义的理论基础，必须重写非洲史，澄清历史事实。于是自20世纪初叶以来，他进行了大量的阅读和艰苦的研究，连续出版了3本与非洲有关的著作：《黑人》、《黑人民族的历史与现实》（Black Folk Then and Now，1939）和《世界与非洲》（The World and Africa，1946），描述了自史前时期的非洲一直到当代黑人历史的发展进程，颂扬非洲源远流长的文化传统和光辉灿烂的古代文明。正如《世界与非洲》一书的前言所指出的，白人极力否认非洲和非洲黑人在世界历史和世界文明中的贡献，他写此书的目的就是要驳斥白人力图将非洲与世界文明的发展进程割裂开来的观点，展示非洲在人类历史发展进程中所发挥的不可忽略的作用，同时说明"黑人也是人"。③杜波依斯在书中阐明，非洲的历史是世界历史的一部分。在很大程度上，世界的发展离不开非洲。公元前5000年左右，非洲是世界文明的发祥地。当欧洲还是一片荒原之时，非洲的农业、贸易和手工业已达到相当繁荣的程度。公元15—16世纪，北非的黑人帝国的实力堪与英国和德国相提并论。④"一战"以后，杜波依斯热衷于导演黑人历史剧《埃塞俄比亚之星》，以及他自1909年到临终前一直念念不忘要编写《非洲百科全书》，无不是要揭穿非洲和黑人没有历史、没有文明、野蛮落后的谎言。

　　杜波依斯认为，古代非洲的灿烂文明后来江河日下的根本原因在于欧洲殖民主义者的掠夺。他写道，400多年来，欧洲殖民者在非洲的奴隶贸易和

---

① C. 范·伍德沃德：《史神有情》，载中国美国史研究会、江西美国史研究中心，编：《奴役与自由：美国的悖论——美国历史学家组织主席演说集（1961—1990）》，贵阳：贵州人民出版社，1993年，第172、173页。

② Du Bois. *Dusk of Dawn*: 116-117.

③ Du Bois. *The World and Africa: An Inquiry into the Part Which Africa Has Played in World History*. New York: International Publishers, 1965: vii, xii.

④ Aptheker. ed. *Newspaper Columns by W. E. B. Du Bois*, 2: 674.

殖民掠夺使非洲丧失了 1000 万劳力，破坏了那里的社会生活、政府组织和经济发展，毁掉了那里的文明。今天，欧洲殖民主义国家对于非洲敲骨吸髓的剥削变本加厉。[1]他感到，要想消除殖民主义者和种族主义者对非洲和黑人种族的恶意诋毁，必须使非洲摆脱野蛮落后的"黑暗大陆"的恶名。为此，非洲各国必须尽快摆脱西方殖民主义和帝国主义的魔掌，走上一条独立、发展和富强之路。这也许是杜波依斯自"一战"爆发以来关注非洲命运、热衷于泛非运动的根本原因。

泛非主义是以非洲人与世界各地非洲血统的黑人团结合作，反对殖民主义和帝国主义，争取民族独立和振兴为主要内容的黑人民族主义。杜波依斯也许是第一个提出泛非主义思想的美国黑人。[2]因此，他被称为"泛非运动之父"（the Father of Pan-Africa）。1897 年，杜波依斯提出了"泛黑人主义"的思想，它倡导世界各地黑人团结起来，共同努力以振兴非洲。他认为，美国黑人应成为"泛黑人主义"的"前卫"（advance guard）。未来非洲的发展或多或少地依靠美国黑人的努力。[3]

然而，真正意义上的泛非主义运动开始于 1900 年 7 月 23—25 日在英国伦敦召开的第一次泛非会议。这次会议是由西印度群岛黑人律师亨利·西尔维斯特·威廉斯（Henry Sylvester Williams）发起召开的。来自美国、西印度群岛和非洲的 32 名代表参加了大会，其中包括非洲四国的 16 名代表。大会决定建立一个泛非协会（"Pan-African Association"）。其宗旨是：改善世界各地黑人的状况及其与白人的关系，争取其公民权利和政治权利，促进其教育、工业与商业的发展。[4]大会还向英王提交了一份请愿书，希望英国改善对英属南非等殖民地黑人的待遇。杜波依斯任大会的秘书，并起草了大会通过的《致世界各民族书》（"To the Nations of the World"），呼吁英、法、美、德等国彻底消除基于种族与肤色的一切歧视，不要以阶级、等级、特权和血统为依据剥夺黑人的"生命、自由和追求幸福"的权利；白人不要为满足对黄金的贪欲而扼杀非洲土著居民的自由、家庭和抱负；不要堵住他们进步与

---

① Du Bois. *Darkwater*: 58.

② August Meier and Elliott M. Rudwick. *From Plantation to Ghetto: An Interpretive History of American Negroes*. New York: Hill and Wang, 1969: 3.

③ Du Bois. "On Migration to Africa." Aptheker. ed. *W. E. B. Du Bois: Against Racism: Unpublished Essays, Papers, Addresses, 1887-1961*: 47, 48.

④ P. Olisanwuche Esedebe. *Pan-Africanism: The Idea and Movement, 1776-1991*. Washington, D.C.: Howard University Press, 1994: 44-45.

文明的道路；停止对不发达国家的经济剥削和政治阴谋；允许殖民地自治，保证独立的黑人国家的领土完整和独立。决议还呼吁世界各地黑人鼓起勇气，勇敢战斗，坚持不懈，最终"向世界证明：他们具有享受人类伟大友爱的无可争议的权利"。①

伦敦泛非会议在历史上具有里程碑意义，拉开了泛非主义运动的序幕。这次会议第一次把"泛非"（Pan-African）一词写入人类的词典。②但由于经费紧张和威廉斯不久去世，他所发起的泛非运动如昙花一现，未能继续下去。

杜波依斯虽然未能荣膺发起泛非运动第一人的称号，但他继承了伦敦泛非会议的精神，赋予了泛非主义思想以实质性的内容，并将泛非主义的理想一直保持下去，直到它在非洲土壤上生根开花，成为非洲民族主义的基本思想。杜波依斯因此被誉为"泛非运动之父"，乃是当之无愧的。③

1900－1919年间，杜波依斯的泛非主义热情并未泯灭。1906年，第二次尼亚加拉运动成立了泛非部，与非洲知识分子经常保持通信联系。④1908年，杜波依斯在《地平线》杂志上发表文章指出，有必要发起"泛非运动"，因为"利比里亚的需要，海地的事业和南非的事业就是我们的事业。我们越早认识到这一点越好"。⑤ 也即是说，各地黑人命运与共，应加强联系与合作。1915年，他指出，"泛非运动"不是一种"狭隘的种族宣传"，它旨在实现世界有色种族的团结，促进全世界黑人之间的友谊。有色种族应团结一致，反对欧洲殖民者的傲慢无礼和肆意侮辱。⑥1919－1927年间，杜波依斯连续发起召开了四次泛非大会，力图将泛非主义的薪火传递下去。

杜波依斯组织第一次泛非会议的背景是"一战"。战争爆发后，杜波依斯对战争的根源进行了分析，指出世界战争与殖民主义之间的关联，探求维护世界和平的根本途径。1915年5月，在"一战"方酣之际，杜波依斯发表文章指出，欧洲殖民主义国家对亚、非、拉等广大地区的掠夺是世界战争的主要根源。为了避免非洲成为世界大战的火药桶，他建议：殖民者归还强占的非洲人民的土地，停止继续掠夺他们的自然资源；在非洲人民中开展现代文

---

① "Address to the Nations of the World." Foner. ed. *W. E. B. Du Bois Speaks*, 1: 126-127.

② Du Bois. "The Pan-African Movement." Foner. ed. *W. E. B. Du Bois Speaks*, 2: 162.

③ George Padmore. *Pan-Africanism or Communism? The Coming Struggle for Africa*. London: Dennis Dobson, 1956: 19, 117, 118, 119.

④ Lay. *The Life of W. E. B. Du Bois*: 63.

⑤ Aptheker. ed. *Annotated Bibliography of the Published Writings of W. E. B. Du Bois*: 117.

⑥ Du Bois. *The Negro*: 145-146.

明的教育；停止一个民族随意主宰另一个民族的做法，给予一切民族和种族实行自治的权力。①

　　1918 年 11 月，"一战"战火未熄，杜波依斯为了维护非洲人民的利益，就针对如何处理德属非洲殖民地问题提出了自己的设想。他认为，德国在非洲殖民地的处理应遵循三个基本原则：（1）殖民地利益之调整应考虑当地人民的愿望和利益；（2）民族自决的原则应适用于殖民地；（3）非洲、美国、南美和西印度群岛的黑人在处理德属非洲殖民地问题上应当拥有"决定性发言权"。杜波依斯设想通过协商收回葡属、比属非洲殖民地，加上原德属非洲殖民地，在此基础上就可以在非洲地区建立一个"国际非洲"（international Africa），然后设立一个国际管理委员会（Governing International Commission）对这一地区进行治理。这个地区政府的目标是：（1）在政治上，逐渐吸收非洲黑人参与政府，并且不损害非洲基于家庭和部落的地方自治；（2）在经济上，避免私人土地垄断，实现生产合作，消除贫困，实行"工业民主"（industrial democracy）②；（3）建立一个完善的现代教育制度，传播现代文化，教育非洲儿童和青年。③

　　1918 年 11 月 11 日，"一战"结束。获胜的协约国一方（英、法、美、意、日、比等 27 国）拟于 1919 年 1 月 18 日在法国巴黎召开重新瓜分战败国殖民地的分赃会议。欧美大国掌握了分赃的主动权，会议的结果必将确立一个全新的战后世界秩序，从根本上改变世界的格局。战后，全国有色人种协进会派遣杜波依斯前往法国。此行有三个目的：一是作为《危机》杂志的特别通讯员出席巴黎和会；二是搜集"一战"期间黑人在欧洲战场参战的历史资料；三是作为协会代表，尽可能向各国与会代表施加压力，维护美国黑人乃至世界黑人的利益。④

　　为了维护非洲黑人的利益，避免非洲的殖民地被帝国主义国家任意宰割，杜波依斯决定在巴黎和会期间在巴黎召集一次泛非会议。1919 年 1 月 1 日，他给伍德罗·威尔逊总统邮寄了一份备忘录，提出了召开泛非会议的设想，

---

　　① Du Bois. "The African Roots of War." Foner. ed. *W. E. B. Du Bois Speaks*, 1: 251, 254.

　　② "工业民主"的概念最初由英国社会主义者、经济学家和改革家西德尼·詹姆斯·韦伯（Sidney James Webb）提出，20 世纪初美国的主要倡导者包括著名教育学家约翰·杜威（John Dewey）。这一概念的核心思想是，工人在组织机构的管理与决策中应该拥有发言权。

　　③ Du Bois. "The Future of Africa: A Platform." Foner. ed. *W. E. B. Du Bois Speaks*, 1: 273-275.

　　④ James Weldon Johnson. "Africa at the Peace Table." Wilson, Sondra Kathryn. ed. *The Selected Writings of James Weldon Johnson*, 2 vols. New York: Oxford University Press, 1995, 2: 199.

从中我们可以看出其召开泛非会议的意图。杜波依斯在备忘录中计划邀请英、法、意、比、葡等殖民国家以及非洲、美国、西印度群岛等有黑人居民的国家和地区的代表，包括致力于促进有色种族利益的组织参加大会。大会主要内容包括：（1）听取有关世界各地黑人状况的报告；（2）听取欧美强国发表有关黑人种族政策的声明；（3）选派代表参加巴黎和会，争取获得在大会上的发言权，以维护黑人的利益；（4）确立未来黑人种族发展的原则，包括："非洲是非洲人的非洲"；给予受过良好教育的人以政治权利；让每位儿童享有现代教育；土地和自然资源应归土著居民所有；为了土著居民的利益发展工业；建立允许土著居民参政的自治政府；承认阿比西尼亚（今埃塞俄比亚）、利比里亚和海地的独立政府；在国际联盟的监督下发展德国的前殖民地；黑色、黄色与白色种族在相互尊重与平等的基础上开展合作。杜波依斯还设想在巴黎建立一个永久性的秘书处，其职责是整理黑人种族历史、研究黑人种族现状；出版小册子、发表文章和大会报告；鼓励黑人文学和艺术创作；安排下次泛非大会。[①]

1919 年 2 月 19 —21 日，在全国有色人种协进会的支持下，杜波依斯召集的第一届泛非大会在巴黎召开。来自美国、西印度群岛、非洲和欧洲 15 个国家的 57 名代表参加了大会，其中非洲 9 国有 12 名代表参加。杜波依斯担任执行秘书。在大会上，代表们介绍了各自国家黑人的经济、政治和社会问题，之后大会一致同意向协约国提交一份请愿书，要求把德国在非洲的殖民地移交国际托管，以便以后移交给非洲土著居民的自治政府。[②]大会还一致通过了杜波依斯起草的决议。决议的主要内容有：

一、西方大国制订国际法以保护非洲土著居民的政治、经济和社会利益。

二、国际联盟建立一个永久性的机构监督这些国际法的执行。

三、对非洲土著居民以及世界其他地区非洲血统的黑人的管理应依据以下原则：

1. 土地及自然资源应归土著居民所有。

2. 投资与特许权的让与应考虑土著居民的发展需要，避免对土著居民的剥削和对自然资源的掠夺性开发。

3. 除非用于惩罚犯罪，应废除奴隶制、体罚和其他形式的强迫劳役；对

---

① Aptheker. ed. *A Documentary History of the Negro People in the United States*, 3: 248-249.

② Padmore. *Pan-Africanism or Communism*: 123.

劳动条件做出明确规定。

4. 土著居民的每一个孩子有权免费学习其母国及托管国的语言，也应学习某些工业技术。国家还应尽可能让更多的土著居民接受高等技术培训和文化教育，并培养一批土著人教师。

5. 国家应承担医疗保健服务，建立医院，培养医生，宣传卫生常识。

6. 土著居民有权参与政府管理。政府的治理应获得非洲人民的同意。

7. 不应将任何宗教和文明形式强加于土著居民。

8. 不应以种族或肤色为由剥夺达到文明标准的有文化的黑人在政府中的发言权、公正地受审判权和经济与社会平等权。

9. 保障土著居民的生命与财产安全。土著工人与白人工人一样享有国际劳工法的保护。土著居民应在国际联盟的各个机构中享有平等的代表权。如果任何国家未给予非洲土著居民或非洲血统的黑人以公正的待遇和平等的公民权，国际联盟有责任将此问题公之于世。[①]

杜波依斯希望西方国家改善其殖民地和国内黑人待遇的要求无异于与虎谋皮，欧洲帝国主义国家根本不予理会。相反，泛非会议引起了殖民国家的恐惧和反对。另外，在美国国内，杜波依斯热衷于泛非会议的做法遭到了许多白人和黑人的反对。尤其是全国有色人种协进会理事会的理事们多数反对将美国的问题与非洲的问题纠缠在一起。他们认为美国的黑人问题已经够棘手了，不应将之与其他的种族问题联系在一起，而应集中力量去解决美国黑人的权利问题。[②]协进会执行秘书詹姆斯·韦尔登·约翰逊在 1919 年指出：“全国有色人种协进会认为我们的战斗在国内。”[③]霍华德大学教授凯利·米勒认为，黑人必须首先展示解决自身国内问题的能力，才能担负起领导和指引世界黑人的任务。[④]杜波依斯却不以为然，他强调国内种族问题和国际种族问题之间的紧密联系。他反驳道：“帮助承担起非洲的重担，并不意味着减少解决我们国内自己的问题的努力。相反，它意味着增强解决国内问题的兴趣。国内任何改善非洲命运的行动和感情的迸发将会改善整个世界有色民族

[①] "Resolutions Adopted at the Pan-African Congress Held February 19-21, 1919, at Grand Hotel, Paris, for the Protection of Africans and Peoples of African Origin." Aptheker. ed. *Pamphlets and Leaflets by W. E. B. Du Bois*: 185-186.

[②] Aptheker. ed. *Newspaper Columns by W. E. B. Du Bois*, 1: 65; Du Bois. *Dusk of Dawn*: 275.

[③] Toll. *The Resurgence of Race*: 210.

[④] Woodson and Wesley. *The Negro in Our History*: 552.

的状况。"①他认为，黑人必须克服"狭隘的种族观念"（racial provincialism）——认为美国的种族问题只是一个在美国赢得公正和公民权利的问题，是一个孤立的问题，与其他肤色的种族没有什么联系。他指出，不解决世界其他地区的种族问题，就不可能解决美国的种族问题。只要非洲人民处于半奴役和遭受经济剥削的地位，非洲的后裔们就不会被接纳为美国公民。所以，非洲、美洲和西印度群岛的黑人应增进相互间的理解，联合起来，共同斗争。②这体现了杜波依斯作为黑人领袖和黑人思想家的远见卓识和全球视野。

杜波依斯冲破重重阻力，于 1921 年 8 月 28 日至 9 月 6 日在伦敦（8 月28－29 日）、布鲁塞尔（8 月 31 日－9 月 2 日）和巴黎（9 月 5－6 日）发起召开第二届泛非大会。来自美国、西印度群岛、非洲和欧洲 30 个国家的 113名代表参加了大会，其中非洲代表 41 名。杜波依斯作为大会的主席发表了讲话，分析了非洲黑人面临的问题以及解决办法。大会一致通过了杜波依斯起草的《致世界宣言》（"Declaration to the World"）。宣言阐述了世界各种族平等的思想，指出各种族在政治上与社会上的平等是"世界和平与人类进步的基石"。虽然不同种族中的个体在天赋、能力和成就方面存在着一些差异，但科学研究证明没有优等种族和劣等种族的区别。以肤色和头发的曲直为标准对人类进行等级划分是愚蠢的。世界各种族之间的关系建立在一个种族奴役和剥削另一种族的基础之上，这是"世界的耻辱"。宣言谴责英、法、比、西、葡等国的殖民政策以及美国对黑人的压迫，呼吁殖民国家尊重阿比西尼亚、利比里亚、海地等国的主权与独立，并向西方大国提出 8 项要求：（1）承认文明人的价值，不论其种族或肤色；（2）给予生产力落后民族以地方自治的权利；（3）给予黑人以科学真理、工业技术、艺术审美和自我认知等方面的教育；（4）保障黑人宗教信仰和保持其社会习俗的自由；（5）在公正、自由与和平的基础上与世界其他国家开展合作；（6）归还土著居民的土地及自然资源，防止资本的过度剥削；（7）在国际联盟之下建立一个研究黑人问题的国际机构；（8）在国际联盟下属的国际劳工局下设立一个国际部以保护非洲土著劳工。③

第二届泛非大会之后，杜波依斯率领代表团赴日内瓦向国际联盟递交了

---

① Du Bois. *An ABC of Color*: 104.

② Aptheker. ed. *Newspaper Columns by W. E. B. Du Bois*, 1: 64-65, 66.

③ "To the World: Manifesto of the Second Pan-African Congress." Aptheker. ed. *Pamphlets and Leaflets by W. E. B. Du Bois*: 195, 196-197, 197-198.

一份声明（"Manifesto to the League of Nations"），提出四点要求：（1）国际联盟任命一名黑人参加殖民地托管委员会；（2）要求国际联盟关注世界范围内受过良好教育的黑人的权利问题；（3）要求国际联盟利用其"道义力量"在世界各种族平等问题上采取"坚定立场"；（4）建议国际联盟与殖民大国协调一下，建立一个研究黑人问题、保护黑人种族权利的国际机构。①杜波依斯指出，既然非洲托管地区居住着大量黑人，应该任命一名黑人参加托管委员会。他希望国际联盟能够利用其影响"世界公共舆论的强大力量"，倡导种族平等。国际联盟下属的国际劳工局的局长阿尔伯特·托马斯（Albert Thomas）表示支持在该局设立一个有关黑人土著劳力的特别部门，但由于预算经费有限，他只能雇用一人处理这项工作。②

　　1921 年 12 月 8 日，杜波依斯在巴黎组建泛非协会，其宗旨是研究全球的黑人种族，促进其政治、经济、智力、道德状况之改善。具体而言，在政治上，争取托管国给予黑人平等的公民权利；在经济上，提高黑人种族的生产能力，增强其经济力量；在思想上，教育黑人并使其认识到联合与合作的作用，促使他们在经济与政治斗争中团结一致；在智力与道德上，促进黑人中间的文化传播，培养具有崇高理想的黑人"精英"和领袖。③最后一条，显然是杜波依斯"有天赋的十分之一"思想在国际范围的应用。

　　1923 年 11 月 7-8 日和 12 月 1-2 日，第三届泛非大会分别在伦敦和里斯本召开。13 个国家的代表参加了大会。大会通过决议，提出黑人的 8 项要求：（1）确保黑人在政府中的发言权并且拥有土地和自然资源；（2）黑人应依法享有由其同胞组成的陪审团审判的权利；（3）享有接受小学教育和现代

---

　　① Du Bois. "The Pan-African Movement." Foner. ed. *W. E. B. Du Bois Speaks*, 2: 171-172; Du Bois. *The World and Africa*: 240-241.

　　② Rudwick. *W. E. B. Du Bois*: 225-226. 值得一提的是，在同期试图推动国际组织利用其影响解决世界种族问题、维护有色人种的权利的还有美国的黑人领袖马库斯·加维。1922 年 9 月，加维的组织世界黑人进步协会(UNIA)第 3 届世界黑人大会通过了《致国联的请愿书》("Petition to the League of Nations")，决定派代表向国际联盟请愿，要求将德国在非洲的殖民地归还非洲人民，以使 UNIA 有机会为世界 4 亿黑人建立一个自己的政府，发展自己的文明，向世界展示自治的能力。1928 年 9 月，UNIA 再次通过了《致国联的请愿书》，谴责美国以及欧洲殖民国家对于本国及其殖民地黑人权利的肆意剥夺，请求国际联盟保护世界黑人的权利。请愿书希望国联能保证海地、利比里亚的主权和领土完整；希望能在西非建立一个黑人民族统一联邦（United Commonwealth of Black Nations）；希望英、法、美、比等有关国家能与世界黑人达成协议，寻求解决世界黑人问题的途径。参见：E. U. Essien-Udom and Amy Jacques Garvey. eds. *More Philosophy and Opinions of Marcus Garvey.* London: Frank Cass & Co. Ltd., 1977: 198-199, 206-220.

　　③ "The Pan-African Association." Aptheker. ed. *Pamphlets and Leaflets by W. E. B. Du Bois*: 200.

工业技术教育的机会，并让天才学生接受高等教育；（4）为了非洲人的利益而不仅仅是欧洲的利益开发非洲；（5）废除奴隶贸易和酒类走私；（6）世界裁军与废止战争；（7）黑人拥有与白人一样携带武器用于自卫的权利；（8）商业和企业应为了多数人的福利开展运营，而不是仅使少数人致富。决议还要求英、法、比、葡等殖民国家给予其殖民地人民自治和参政权以及其他公民权利，消除对殖民地的政治控制和经济剥削。决议要求国际联盟选派代表调查和报告托管地区的情况；同时还要求国际联盟托管委员会及国际劳工局接纳黑人代表。决议最后宣布："我们要求在全世界的黑人被当人看待。"这是唯一"通向和平与进步的道路"。[1]与会代表也赞同杜波依斯起草的《权利宪章》（"Charter of Rights"）。该宪章要求禁止莫桑比克的奴隶制，终止比属刚果残酷的殖民剥削，肯尼亚、罗得西亚以及南非的土地权利归土著人所有，任命具有非洲血统的人担任联合国托管委员会委员，英国允许英埃苏丹（Anglo-Egyptian Sudan）独立。[2]

1923 年 12 月 22 日，杜波依斯作为柯立芝总统任命的特命全权公使（minister plenipotentiary）赴利比里亚参加其总统查尔斯·金（Charles King）的就职仪式。随后，他前往塞拉利昂、几内亚和塞内加尔考察。这是他首次踏上非洲的土地，他自称是"泛非大使"（ambassador of Pan Africa）。[3]1924 年1 月 27 日，他在塞拉利昂威尔伯福斯纪念大厅（Wilberforce Memorial Hall）发表演讲，阐述了"泛非运动的意义"。他指出，世界各地的黑人相互之间的了解还不够深入，因为他们是通过歧视他们的白人的介绍来相互了解的。因此，有必要开展泛非运动，为黑人世界提供信息，并向黑人世界发起动员。"无论我们做什么，我们都应采取一致行动。"[4]

把泛非主义的火种传播到非洲土壤上一直是杜波依斯的心愿。1927 年 8 月 21－24 日召开的第四届泛非大会，原计划 1925 年在北非突尼斯或西印度群岛召开，后因英、法阻挠，会议地点改为纽约。来自美国、德国、日本、印度、西印度群岛和非洲等 12 个国家和地区的 208 名代表参加了大会。大会宣言重申了历次泛非会议的要求，如要求非洲人获得参与政府和受到良好教育的机会，消除对非洲人的经济剥削和种族歧视，等等。还要求保障埃及、

---

[1] Aptheker. ed. *A Documentary History of the Negro People in the United States*, 2: 430-432.

[2] Lewis. *W. E. B. Du Bois: The Fight for Equality and the American Century*: 113-114.

[3] Lewis. *W. E. B. Du Bois: The Fight for Equality and the American Century*: 118.

[4] Lewis. *W. E. B. Du Bois: The Fight for Equality and the American Century*: 127.

印度、中国的民族独立和自由，要求美国停止在中美洲和南美洲的军事干预，撤出海地，恢复海地的自治政府。大会宣言还呼吁美国黑人关注影响美国黑人种族的国际性种族问题。①正如大会组委会的宣传材料中所指出的："非洲目前的各种问题都使我们国内和地方的问题具有了国际性和世界性……只要一个大洲的 5 亿人的权利和地位问题尚未解决，我们就永远不会解决美国的种族平等和完全的公民权利问题。"②泛非会议组委会的材料再次重申国际种族问题与美国国内种族问题之间的关联。杜波依斯称这次大会是规模最大、最有成效的一次泛非会议。③

由于 1929－1933 年资本主义世界的经济大危机和 1939 年"二战"的爆发，原计划两年一度的泛非会议未能如期召开。直到"二战"以后，泛非主义最终在非洲土地上落地开花，成为战后非洲民族解放运动的强大精神力量。

综上所述，笔者认为杜波依斯的泛非主义思想具有如下几方面的要点：（1）世界各种族是平等的，应相互尊重与合作，不应以种族或肤色为由剥夺另一种族的权利；（2）殖民大国应主动中止殖民主义，允许非洲各国自由发展；（3）各种族、各民族应享有独立、自决和自治的权利，非洲人的各项权利应得到保障；（4）世界各地的黑人应增进相互了解和理解，联合起来，团结一致，共同反对殖民主义和种族主义。

有学者认为，泛非会议是杜波依斯"最大的失败之一"，"完全没有意义"（a completely hollow effort）；他建立非洲人的自治政府的主张受到了欧洲殖民列强的抵制，也并未引起非洲当地黑人的响应。④但事实并非如此。在 1921 年第二届泛非大会期间，法国巴黎的《人道报》（L'Humanité）报道说："在大会上崭露头角或为我们所熟知的黑人和黑白混血知识分子通过参加大会说明，黑人种族并非一个天生或本质上劣等的种族，而且并非注定将永远处于劣等地位。"⑤这在一定程度上说明了泛非大会的意义。杜波依斯认为大会促进了黑人种族潜在领袖之间的思想交流。尽管如此，前四届泛非大会都是在非洲之外召开的，未能得到广泛的群众支持。全国有色人种协进会也认为应

---

① Aptheker. ed. *A Documentary History of the Negro People in the United States*, 2: 548-549.

② Aptheker. ed. *A Documentary History of the Negro People in the United States*, 2: 545-546.

③ Aptheker. ed. *A Documentary History of the Negro People in the United States*, 2: 549.

④ Rudwick. *W. E. B. Du Bois*: 235.

⑤ Rudwick. *W. E. B. Du Bois*: 226.

集中精力、心无旁骛地致力于解决美国的种族问题。①

尽管如此，泛非运动可以说是与欧洲帝国主义国家的"隔空对话"，也提供了一个讨论非洲问题、世界范围的种族问题和美国国内的种族问题的国际论坛，体现了杜波依斯在种族问题上的国际视野。在"二战"以后大规模群众性民权运动时期，一些黑人领袖承袭和延续了这种国际视野。

四、与马库斯·加维的路线分歧

1918－1927 年，随着马库斯·加维运动在美国的兴起，出现了一条与杜波依斯的努力方向背道而驰、分庭抗礼的路线。杜波依斯和加维分别代表着黑人历史上的两条时明时暗、交替出现的主线：融入主义（integration）和分离主义（separatism）。②杜波依斯主张不断揭露种族歧视、不断要求并争取黑人的公民权利，争取融入主流社会；而加维主张美国黑人返回非洲，建立一个强大的黑人帝国。杜波依斯与加维所代表的美国黑人争取自由的两条不同路线之间一度出现了激烈的冲突。

加维于 1887 年出生于牙买加的一个黑人家庭，还在上学时就跟一位印刷商当学徒。他记得在他小时候，没有感到黑人与白人有什么区别，自己常常与邻居白人的孩子一起玩，也与白人孩子一起上学。到他 14 岁时，他的白人邻居就不让自己的孩子与他一起玩耍了。他开始感到了"肤色界线"（color line）的存在，认识到不同的种族原是在各自独立的社会圈子里生活。③加维 18 岁时在一家印刷厂任经理。从那时起，他开始注意到黑人遭受的种种不公正的待遇，也开始关心政治。工作之余，他去中美洲、南美洲和欧洲进行考察。他常常独自沉思："黑人的政府在哪里？""他的王国和国王在哪里？"他认为黑人不应继续被其他种族"踢来踢去"了。他决心为黑人建立一个自己的自由王国，并努力让这个王国在世界文明中留下印记。1914 年 8 月 1 日，他在牙买加建立了世界黑人进步协会（the Universal Negro

---

① Rudwick. *W. E. B. Du Bois*: 227.

② 王恩铭：《分离主义与融入主义——从奥巴马现象看美国历史上黑人政治斗争的嬗变》，《史学集刊》，2010 年第 6 期，第 107－114 页。

③ Amy Jacques Garvey. ed. *Philosophy and Opinions of Marcus Garvey*, Parts I & II. London: Frank Cass & Co. Ltd., 1989, Part II: 124-125.

Improvement and Conservation Association，简称"UNIA"），宗旨是团结世界各地的黑人，以建立一个属于他们自己的国家。①具体而言，协会的目标包括：（1）建立一个世界黑人组织；（2）促进种族自尊和自豪感；（3）挽救堕落了的黑人；（4）救助贫困的黑人；（5）帮助对非洲的落后部落实行"文明开化"；（6）向世界主要国家派遣使官，以代表和促进黑人的利益；（7）在非洲各部落中确立基督教信仰；（8）建立和资助大学、学院和中等学校的发展，对黑人儿童进行文化教育；（9）开展世界范围的工业和商业交流。②可见，加维的计划也非常宏大。

加维碰巧读到了布克·华盛顿的自传《从奴隶制中崛起》，对华盛顿所在的塔斯克基学院取得的成就大为赞赏。他与布克·华盛顿建立了通信联系。③他设想在牙买加仿照塔斯克基学院建立一所工业与农业技术学院，对黑人进行道德、文化和农业与工业技术的培训，培养失业者的就业技能，并对刑满释放的黑人进行教育和改造。④1916年4月，加维来到美国待了8个月，宣传 UNIA 的计划，并为他的工业与农业技术学院募捐。⑤1918年4月29日，加维在纽约建立了 UNIA 分部，创办《黑人世界报》（*The Negro World*），该报被黑人作家克劳德·麦凯称赞为"纽约市最好的黑人周报"，发行量估计在6万—20万份。⑥到1919年，UNIA 在美国建立了约30个分会；到1923年

---

① Garvey. ed. *Philosophy and Opinions of Marcus Garvey*, Part II: 126.

② Garvey. ed. *Philosophy and Opinions of Marcus Garvey*, Part I: 78; Robert A. Hill. ed. *The Marcus Garvey and Universal Negro Improvement Association Papers*, 7 vols. Berkeley: University of California Press, 1983-1989, 1: 62, 65-66, 68, 104, 117, 256-257.

③ Hill. ed. *The Marcus Garvey and Universal Negro Improvement Association Papers*, 1: 67, 71, 116, 118.

④ Hill. ed. *The Marcus Garvey and Universal Negro Improvement Association Papers*, 1: 128, 132, 135.

⑤ Hill. ed. *The Marcus Garvey and Universal Negro Improvement Association Papers*, 1: 173, 194.

⑥ E. David Cronon. *Black Moses: The Story of Marcus Garvey.* Madison: The University of Wisconsin Press, 1969: 45.

9月，UNIA 在美国已有 900 个分会，约 600 万会员。①

加维认识到发展黑人独立经济、展现种族经济实力的重要性。他认为，一个种族如要获得拯救，必须拥有坚实的经济基础和政治独立，否则只能沦为他人的奴隶，任人宰割。②因此，黑人现在必须奠定自己的经济基础，必须在各个领域展示自己的力量（power）。力量是黑人反对不公正、保护自己的唯一武器③。力量是黑人民族强大的最有力证据。一个没有力量的个人、种族或国家必然遭受奴役。条顿种族的工业和科技力量使她成为欧洲经济和科技的主宰者；大不列颠海军和政治的力量使她成为海上霸主；美国商业和金融的力量使她成为世界上最大的金融中心。因此，黑人也必须在政治、工业、科技和教育领域展示出自己的力量，因为能够撼动人心的只有力量，而不是祈祷和请愿。④加维之所以重视黑人种族的经济独立，也与他对未来种族关系的认知有关。1919 年 1 月，加维预测道："未来的 25 年将会成为人们激烈竞争的时期。它将成为一个适者生存的时代。弱的因素将摇摇晃晃，轰然倒下。它们将被更强大的力量毁灭。"在这种情况下，黑人必须开办自己的工厂，生产黑人甚至白人所需要的生活必需品，并为黑人提供就业；必须建造船只，在美洲西印度群岛和非洲之间进行贸易。只有通过发展工商业，黑人才能奠定坚实的经济基础。⑤1919 年 6 月 26 日，加维创办了黑人之星轮船公司（the Black Star Line Steamship Corporation），通过在黑人中间发行股票筹集资金，主要目的是通过这家黑人持有和运营的轮船公司，建立与世界各地黑人之间的商业联系，发展海上商业、贸易和运输。加维认为公司的建立对于增强黑人种族的经济实力是十分必要的，同时又可展示黑人自立的能力。⑥1919 年，加维建立了黑人工厂公司（the Negro Factories Corporation），通过向黑人销售股票的形式筹集资金，试图在美国、南美洲、西印度群岛和

---

① Garvey. ed. *Philosophy and Opinions of Marcus Garvey*, Part II: 132. 关于 UNIA 的会员人数，杜波依斯认为被加维大大夸大了。杜波依斯根据 UNIA 会员在一定时期缴纳的会费和"丧葬税"（Death Tax）进行粗略计算，认为 1921 年，UNIA 的名义会员远远低于 10 万人，活跃会员 1 万—2 万。根据 UNIA 截至 1921 年 7 月 31 日的财务报告计算，活跃会员估计不到 18000 人。参见 W. E. B. Du Bois. "The U.N.I.A." *The Crisis*, Vol. 25, No. 3, 1923: 121-122. https://archive.org/details/crisis2526dubo，最后访问日期：2021 年 12 月 12 日。

② Garvey. ed. *Philosophy and Opinions of Marcus Garvey*, Part I: 7.

③ Garvey. ed. *Philosophy and Opinions of Marcus Garvey*, Part I: 5.

④ Garvey. ed. *Philosophy and Opinions of Marcus Garvey*, Part I: 19.

⑤ Hill. ed. *The Marcus Garvey and Universal Negro Improvement Association Papers*, 1: 351-353.

⑥ Hill. ed. *The Marcus Garvey and Universal Negro Improvement Association Papers*, 1: 413-414; 3: 10.

非洲的工业中心设厂生产商品，为黑人创造就业机会。[1]该公司开办了合作连锁蔬菜店、一家洗衣店、一家裁缝店、一家女帽店和一家出版社，以便服务黑人民众。[2]

　　加维的计划虽然看起来很宏大，但却大多不切实际，最终走向失败。加维本人缺乏运营企业的经验，而其下属不仅缺乏管理经验，也缺乏商业诚信，资金使用和管理不善，轮船经常出现故障并导致高额的维修费用，这使黑人之星轮船公司的财务面临困难，运营难以为继，最终走向破产。[3]黑人之星轮船公司通过发行股票筹集资金，计划筹资 50 万美元，发行 10 万股，每股 5 美元，仅限黑人购买。[4]最终一年内通过销售股票筹集到资金 610860 美元。[5]黑人之星轮船公司总共购买了三艘船，都是二手的报废船，最后无一盈利。其中"雅茅思"号（"Yarmouth"）是 1887 年建造的船，已经报废，加维花了 14 万美元购买下来，投入巨资进行了维修，首航古巴就损失了 25 万－30 万美元，第二次出海贸易损失 7.5 万美元。海地航运代理卢克·多辛维尔（Luc Dorsinville）指出，商船从纽约市到古巴、海地、牙买加跑一趟需要三个月，这一趟下来单单航行的费用就需要 1.5 万－2 万美元，三个月里货物的收入，还不抵航行费用的一半。三年间，"雅茅思"号去了西印度群岛三次，之后就一直停泊在锚地，随后因无法支付维修费被拍卖。第二艘船"卡诺瓦"号（"Kanawha"）〔又称"安东尼奥·马塞奥"号（"Antonio Maceo"）〕，加维本人说花了 6 万美元买下来，计划用于与西印度群岛之间的贸易。1921 年首航古巴和西印度群岛，半路坏掉，维修费花了七八万美元。维修后，勉强开到了古巴，因锅炉故障，遗弃在了古巴。第三艘船"谢迪赛德"号（"Shadyside"）花了 35000 美元，用于哈得逊河上的旅游，1921 年 3 月就报废了。[6]黑人之星轮船公司存续期间共向近 4 万黑人民众出售股票 155510 股；共支出 387251.89 美元，运营赤字 476169.58 美元。[7]根据加维公布的数字，光这三

---

① Cronon. *Black Moses*: 60. 黑人工厂公司发行 20 万股，每股以 5 美元的票面价值销售。

② Cronon. *Black Moses*, quoted in Allen Weinstein and Frank Otto Gatell. eds. *The Segregation Era, 1863-1954: A Modern Reader.* New York: Oxford University Press, 1970: 154.

③ Cronon. *Black Moses*: 78-88.

④ Cronon. *Black Moses*: 51.

⑤ Cronon. *Black Moses*: 59.

⑥ W. E. B. Du Bois. "The Black Star Line." *The Crisis*, Vol. 24, No. 5, 1922: 210-212, https://modjourn.org/journal/crisis/，最后访问日期：2021 年 12 月 10 日。

⑦ Cronon. *Black Moses*: 114.

艘船就造成了至少 63 万美元的损失，这些都是普通黑人民众多年的血汗和积蓄。[1]1922 年 4 月 1 日，加维宣布中止黑人之星轮船公司的运营。

　　加维解决黑人问题最核心的方案是他的"返回非洲"（Back to Africa）计划。加维希望美国的黑人能够返回非洲，建立一个属于自己的家园。这基于加维对于美国黑人问题的总体认识。加维认为，黑人在美国永远也不会有希望获得真正的政治公正和社会平等。加维深受社会达尔文主义思想的影响。他认为，美国的白人与黑人的关系有两种发展方向：一是白人在政治、工业、科学、艺术等领域达到高度文明，为了保持种族纯洁，利用"经济饥饿"（economic starvation）的手段，对不适于生存的黑人实行种族灭绝；二是同化 1500 万黑人，形成一个"不白不黑"的种族。然而，白人不会破坏自己种族的纯净，黑人也不愿意灭亡。[2]因此，黑人的命运只有一种结局；白人与黑人之间你死我活的种族火并在所难免。再过几个世纪，美国白人的人口将会大增，就业机会也必然减少。这必然造成激烈的生存竞争，甚至种族冲突。因此，一个强大的种族和一个弱小种族无法在同一个国家永远共存。[3]1920 年 11 月 7 日，加维在 UNIA 大会上发表讲话说，"美国是白人的国家"。出于"种族自私"，白人根本不会关心黑人的利益。黑人根本无法战胜美国强大的种族偏见。从经济上扼杀黑人是美国白人的"新计划"。黑人在这种经济斗争中，由于力量悬殊，也根本无法取胜。黑人的出路在于收复和建设非洲。加维说他并非要让美国或西印度群岛的黑人都回非洲，但是必须在非洲建立一个强大的政府和国家以保护世界黑人。"非洲是（黑人）唯一的希望，因为你在任何地方都无法要求你的权利，除非你要求权利时有强大的力量或政府的保护。"当黑人在非洲有强大的政府做后盾时，黑人所在国家的白人才会尊重他们的公民权利。[4]在非洲建立一个自己的政府，能够保护散落在世界各地的种族成员并赢得世界各民族和各种族的尊重，只有这样，黑人的平等地位才能得到根本保障。[5]

　　加维很显然接受了白人种族主义的一些论调，认为美国是"白人的国家"。白人缔造了这个国家，白人创造了她的文明。黑人被排斥于这个文明之外情

---

① W. E. B. Du Bois. "The Black Star Line." *The Crisis*, Vol. 24, No. 5, 1922: 212.

② Garvey. ed. *Philosophy and Opinions of Marcus Garvey*, Part II: 2.

③ Garvey. ed. *Philosophy and Opinions of Marcus Garvey*, Part II: 4.

④ Hill. ed. *The Marcus Garvey and Universal Negro Improvement Association Papers*, 3: 79-80.

⑤ Cronon. *Black Moses*: 187.

有可原。黑人应回到非洲去创造属于自己的国家与文明，才能得到真正的民主、自由与平等以及充分的发展机会。这同时可以避免黑白文明的冲突与毁灭。①总之，加维希望建立一个强大的非洲黑人帝国。他设想首先以利比里亚为基地，建立一个强大的工业和商业国家，建立农场、工厂、码头、铁路、学校（包括大学）、教堂，开采煤、铁、金、银等矿藏。②1920－1923年，加维多次派 UNIA 代表团前往利比里亚，协商黑人向该国移民问题。1923年12月，UNIA 代表团得到了利比里亚政府的热烈欢迎，总统查尔斯·金专门任命了一个当地顾问委员会提供咨询服务和建议。③但1924年，利比里亚政府突然变卦，宣布禁止海运公司将加维的黑人移民运输到该国。④加维的"返回非洲"计划胎死腹中。

　　加维在推行其"返回非洲"计划的过程中，不加鉴别地争取各色人等的支持，引发了外界对他的强烈批评。他甚至呼吁白人支持黑人在非洲建立自己的国家，不要让黑人相信他们会成为社会平等的一员并服从白人的领导，要鼓励他们去创造自己的文明。⑤他积极支持国会参议员西奥多·比尔博（Theodore G. Bilbo）等种族主义者将非洲黑人遣送回非洲的计划。⑥他甚至为白人针对黑人的私刑和种族骚乱叫好。私刑和种族骚乱"对我们都有益处，能让黑人知道他必须建立自己的文明，否则他将永远成为白人的受害者"。⑦加维还透露，1921年他到三K党亚特兰大总部与其领导人爱德华·杨·克拉克（Edward Young Clarke）长谈了两个小时，以了解三K党对黑人的态度。加维认为，作为一个黑人组织的领导，他应该了解一切事关黑人种族利益的组织和运动的意图。他认为三K党的目的是保持白人种族的纯洁，使之避免因种族混血而导致种族自杀。加维认为这是一种"值得称道的愿望"。⑧这一事件引起了黑人的普遍反对。

　　加维反对黑白种族之间的"社会平等"，因为他认为社会平等意味着黑白

---

① Aptheker. *A Documentary History of the Negro People*, 2: 401.

② Hill. ed. *The Marcus Garvey and Universal Negro Improvement Association Papers*, 3: 53-54.

③ Cronon. *Black Moses*: 126.

④ Cronon. *Black Moses*: 129.

⑤ Garvey. ed. *Philosophy and Opinions of Marcus Garvey*, Part II: 5.

⑥ Cronon. *Black Moses*: 186-187; Garvey. ed. *Philosophy and Opinions of Marcus Garvey*, Part I: 50, 51.

⑦ Cronon. *Black Moses*: 189.

⑧ Garvey. ed. *Philosophy and Opinions of Marcus Garvey*, Part II: 260-261.

种族混杂和通婚。①为了维护黑人的种族纯洁，他站在白人的立场，警告白人说，一些黑人倡导社会平等是"危险"的："一些黑人相信社会平等。他们想与这个国家的白人妇女结婚，这以后会造成麻烦。一些黑人想要干与你们一样的工作。他们想要成为这个国家的总统。"②1921 年 10 月，美国总统沃伦·哈定（Warren G. Harding）在访问亚拉巴马州伯明翰市时表示，他赞成布克·华盛顿有关黑白种族社会分离的观点。在社会和种族上，黑人和白人应绝对分离。两大种族都应"毫不妥协地反对有关社会平等的任何建议"。加维立即给哈定发去电报，表示"全世界 4 亿黑人由衷地感谢您给予种族问题的极好解释"，"所有真正的黑人都反对社会平等，相信所有种族都应沿着自己的社会路线发展"。③

加维强调维护黑人种族血统的纯洁性，反对种族通婚。UNIA 的任何成员如果与白人结婚，立即开除。④他认为，黑人与白人通婚（混血）无异于"种族自杀"。黑人应为自己的肤色而自豪。⑤白人和黑人种族为了两个种族的未来，要坚决反对"混血论者"（miscegenationists）的"毁灭性宣传和卑劣的努力"。混血将摧毁两大种族的道德。低级动物不同物种之间都不胡乱交配，都按照自然法则各自生存，而人这样的高级动物却需要严刑峻法限制他。有关社会平等的鼓动只是"骗人的东西"，任何"有自尊的"白人和黑人都应表示反对。⑥加维认为应形成一种受人尊重的真正的标准种族类型——"纯粹的黑人种族"（pure black race）。⑦1925 年 10 月 28 日，加维邀请白人种族主义组织美国盎格鲁—撒克逊俱乐部（the Anglo-Saxon Clubs of America）的领导人约翰·鲍威尔（John Powell）在 UNIA 的自由厅（Liberty Hall）演讲。演讲开始前，加维对鲍威尔及其俱乐部坚持白人种族纯洁的立场表示"同情""尊重"和"支持"。他希望 UNIA 与俱乐部密切合作，争取种族纯洁、种族分离和自我发展目标的实现。鲍威尔在演讲中称加维是"一个拥有最崇高的理想、最尊贵的勇气和最深邃的智慧的人，一个致力于一项崇高的和神圣的事业的人"。他称黑人"觉醒了"。黑人之所以在美国得不到自由，是因为"你

---

① Cronon. *Black Moses*: 192.

② Cronon. *Black Moses*: 193.

③ Cronon. *Black Moses*: 194-195.

④ Cronon. *Black Moses*: 191.

⑤ Garvey. ed. *Philosophy and Opinions of Marcus Garvey*, Part I: 16.

⑥ Garvey. ed. *Philosophy and Opinions of Marcus Garvey*, Part II: 62.

⑦ Garvey. ed. *Philosophy and Opinions of Marcus Garvey*, Part I: 29-30.

们生活于其中的文明不是你们的"。黑人在美国必然造成种族混杂，而种族混杂意味着黑人种族的"自杀"①。可见，加维在某些问题上与白人种族主义者臭味相投，沆瀣一气。

鉴于加维反对种族融合，主张维护黑人种族血统的纯洁，他对主张反对种族歧视、争取融入主流社会的全国有色人种协进会和协会的重要领导人杜波依斯等大加挞伐。加维指出，由于白人不会容许黑人在政府、工业和社会占有有利地位，以杜波依斯为首的全国有色人种协进会有关社会平等和政治平等的主张，最终只能招致更为严重的种族骚乱、种族暴力和私刑，因此对黑白种族都是危险的。②加维称杜波依斯和全国有色人种协进会是"黑人在世界上最大的敌人"。他们是策划着黑人种族灭绝行动的"毒蛇"。他呼吁黑人民众千万不要上当受骗。③他指责协进会把黑人引向"永远都无法实现的平等之梦"，同时使黑人忽视了"真正的目标"，以便为他们种族的其他人完善毁灭黑人的计划争取时间。他们对三K党有着刻骨铭心的仇恨，是因为三K党"通过诚实地表达白人对黑人的态度，使他们走向自立"。他们像重建时代的白人一样，不是把黑人引向非洲，而是要"把他囚禁在白人文明中间，继续掠夺他的劳力，利用他的无知，直到他最终被新发展起来的优等白人文明碾压致死"。④加维在致 UNIA 会员的公开信中指出，协进会想让黑人都变成白人。协进会的工作人员是黑人种族"最大的敌人"。他们倡导种族通婚和种族混血，以便同化于白人种族。这会破坏黑人种族的纯洁，无异于"种族自杀"。"做一个黑人不是耻辱，而是光荣的。"黑人要教给杜波依斯之流"自珍自爱"，"尊重他们母亲的血统"。⑤

加维对于杜波依斯本人的看法与态度经历了前后矛盾和剧烈的反转。1915 年 5 月，加维与杜波依斯在牙买加会面，杜波依斯曾与他握手，并听取了他的计划。1916 年 4 月 25 日，加维前往全国有色人种协进会纽约总部拜见杜波依斯，但因杜波依斯外出，未能与其见面。加维留下一封信，邀请杜波依斯参加他在美国的首场演讲，杜波依斯拒绝了他的邀请，但在当年 5 月的《危机》杂志上报道说，马库斯·加维来到了美国，他将发表一系列演讲，

---

① Garvey. ed. *Philosophy and Opinions of Marcus Garvey*, Part II: 341, 342, 346, 347.
② Garvey. ed. *Philosophy and Opinions of Marcus Garvey*, Part II: 310-311, 313, 315, 319.
③ Garvey. ed. *Philosophy and Opinions of Marcus Garvey*, Part II: 238.
④ Garvey. ed. *Philosophy and Opinions of Marcus Garvey*, Part II: 71.
⑤ Garvey. ed. *Philosophy and Opinions of Marcus Garvey*, Part II: 325-326.

为他在牙买加的工业和教育计划募集资金。[1]1919 年 3 月 26 日，UNIA 在纽约集会，通过决议谴责"反动领袖"（reactionary leader）杜波依斯。决议称杜波依斯为"白人收买的反动派"（reactionary under pay of white men）。[2] 而在 1922 年，加维的《黑人世界报》又将杜波依斯列为"十二个活着的最伟大黑人之一"。[3]1921 年初，杜波依斯宣布第二次泛非大会不仅会邀请黑人政府的代表以及所有对非洲血统的黑人感兴趣的黑人组织的代表，而且还会邀请各个殖民列强的白人代表参加。[4]加维对邀请殖民列强的代表表示反对，他嘲讽道，这如同老鼠开会邀请猫代表："想想吧！这让我想起了老鼠开大会，试图给猫立法，老鼠大会的秘书邀请猫来主持会议。"[5]

1923 年 2 月，加维在《黑人世界报》撰文，锋芒直指杜波依斯：他称杜波依斯为黑人的"误导者"（misleader）、"不幸的黑白混血儿"（unfortunate mulatto）。他"整天都悲叹他血管里的黑人血液，为他不是荷兰人或法国人而遗憾"。加维提到杜波依斯曾在文章中称加维为"一个矮小、肥胖的黑人，丑陋，但长着聪明的眼睛和一个大脑袋"。加维说，这位哈佛大学和柏林大学毕业的"所谓教授"是在用白人的审美观点来判断"我"。杜波依斯自称有一点荷兰人血统、一点英国人血统、一点黑人血统。这样一个人是一个"怪物"。杜波依斯丑化"我"说明他对他血管里的黑人血液十分憎恨。"对他来说，任何黑的东西都是丑陋的、可怕的、怪异的。"一切白的都是美的，因此他喜欢与白人一起跳舞，与白人一起吃饭，甚至有时与白人一起睡觉。杜波依斯极力想做黑人的领袖。如果黑人随他去了，只会因为同化和混血而失去种族认同，成为"最低级的白人"。加维称杜波依斯为"懒惰的、依赖性强的黑白混血儿"（lazy dependent mulatto）。他靠白人救济接受的教育；他靠拿白人给的工资生活。加维说，杜波依斯已经是 55 岁的人了，仍然像"寄生虫"一样依靠白人的恩赐而生活。加维还称杜波依斯"奸诈""虚伪"，说他是白人的"走狗"，一个"妒忌心强""思想狭隘的""谎言家"。在他 55 年的生命中，他一事无成。两年后的 1924 年，UNIA 大会宣布杜波依斯为"全世界黑人的

---

[1] David Levering Lewis. *W. E. B. Du Bois*: *The Fight for Equality and the American Century, 1919-1963.* New York: Henry Holt & Company, 2000: 50-51.

[2] Hill. ed. *The Marcus Garvey and Universal Negro Improvement Association Papers*, 1: 392-395.

[3] Garvey. ed. *Philosophy and Opinions of Marcus Garvey*, Part II: 313.

[4] Rudwick. *W. E. B. Du Bois*: 220.

[5] Rudwick. *W. E. B. Du Bois*: 221.

公敌"。①1925 年 6 月 5 日，加维在《赦免申请书》（"Application for Pardon"）中指出，他认为杜波依斯在访问利比里亚、参加利比里亚总统就职仪式期间破坏了他向利比里亚迁移美国黑人的计划，②目的是推进自己的泛非运动。③当然，这可能属于捕风捉影、凭空猜测，因为并未发现相关证据。

　　加维对全国有色人种协进会和杜波依斯的攻击，早就引起了杜波依斯本人的注意，但是，杜波依斯直到 1922 年才开始对加维及其运动进行深度报道和批评。杜波依斯解释说，因为全国有色人种协进会和《危机》杂志不想在个人或内部斗争上浪费时间和版面，所以，尽管遭受了不应有的影射和侮辱，但是在近两年的时间里，没有对加维搞的运动做出评论。④随着时间的推移，杜波依斯对加维的评价也越来越尖锐。1920 年，杜波依斯在《危机》杂志发表文章指出，加维是一个"不同寻常的领袖"，"基本上是一个诚实而真诚的人，拥有一个宏大的愿景、极大的活力、坚忍不拔的意志和（为黑人）服务的无私愿望，但他的性格和教育方面也存在着严重的缺陷。他独断专行，颐指气使，极为虚荣和充满怀疑"。虽然并未找到他动机不纯或公帑私用的任何证据，但他面临的最大困难是，他缺乏商业头脑、组织能力，肆意夸大自己的目标。⑤同年，杜波依斯在《白人与黑人的社会平等》（"The Social Equality of Whites and Blacks"）一文中指出：不同种族的人之间的社会交往没有什么不妥，他们之间的通婚"既不属于犯罪也并无害处"。⑥这显然与加维的观点针锋相对。1921 年，杜波依斯再次分析了加维及其计划，预见到加维运动最终失败的命运。杜波依斯写道：加维不熟悉海运业务，不懂资本投资，也没有训练有素的有力助手。这决定了加维运动的结局。"这将是一场灾难。"最终会使黑人民众的辛苦积蓄化为乌有。加维设想美国黑人通过积累和管理资本，组织工业生产，通过商业活动将"南大西洋的黑人中心"连接起来，借此最终收复非洲，建立黑人的自由家园。杜波依斯认为，这一计划是"完全可行的"，但是，这并非一个人或一个组织能够实现的，而需要数百万黑人历

---

① Cronon. *Black Moses*: 192.

② Garvey. ed. *Philosophy and Opinions of Marcus Garvey*, Part II: 243.

③ Cronon. *Black Moses*: 130.

④ W. E. B. Du Bois. "Leroy Bundy." *The Crisis*, Vol. 25, No. 1, 1922: 16-17, https://modjourn. org/journal/crisis/, 最后访问日期：2021 年 12 月 10 日。

⑤ W. E. B. Du Bois. "Marcus Garvey." *The Crisis*, Vol. 21, No. 2, 1920: 60, https://modjourn. org/journal/crisis/, 最后访问日期：2021 年 12 月 12 日。

⑥ Lewis. *W. E. B. Du Bois: The Fight for Equality and the American Century*: 70.

经数年艰苦卓绝的共同努力和个人付出的巨大牺牲。加维并非提出这一计划的第一人，但是他使这一计划得到普及，使其成为成千上万人的梦想。杜波依斯总结说："加维是一个真诚而勤奋的理想主义者；同时他也是一个刚愎自用、颐指气使的大众领袖；他有很不错的工业和商业计划，但他缺乏商业经验。他有关黑人发展工业、商业和最终实现非洲自由的梦想是实际可行的，但他的方法夸夸其谈、浪费资金、不合逻辑、没有效果、几乎非法。"如果他能够不断积累经验教训，吸引有能力的助手协助，财务公开，与他人密切合作，其计划有可能朝向成功迈出第一步。否则，"他难逃失败的命运"。①1922年，杜波依斯在文章中指出，黑人迁移非洲的计划已经有 100 多年的历史，是一个遭到彻底否定的梦想。建立独立的非洲国家虽然已经被一些黑人领袖和作家提出来过，但是通过汽船班轮将黑人世界连接起来，无疑是一个"很棒的建议"，也是"加维对种族问题的唯一原创性贡献"。②1924 年，杜波依斯再次批评了加维："马库斯·加维无疑是美国和世界黑人种族最危险的敌人。他或者是个疯子，或者是个叛徒。"杜波依斯对加维的主张进行了概括：黑人血统的人不可能成为美国公民；将黑白种族强制分离并且将黑人驱逐到非洲，是黑人问题的唯一解决方案；全国有色人种协进会计划的成功，只能引发黑白种族之间的战争。杜波依斯愤然写道："他不对白人偏见进行谴责。他在白人的偏见面前卑躬屈膝，甚至为其喝彩；他攻击的只有他自己的种族中间争取自由的人们。"③

总体而言，杜波依斯对加维及其运动的评价较为理性和公允。他写道："那是一个华而不实和夸夸其谈的计划，总体而言完全不切实际。但它是真诚的，具有某些务实性特点；加维证明自己不仅是一个令人刮目相看的大众领袖，而且也是一个宣传大师。在几年里，有关他的运动、他的承诺和计划的消息传到了欧洲和亚洲，传遍非洲的各个角落。"④杜波依斯接着指出："他被人指责不诚实和贪污，但他对我来说是一个本质上诚实和真诚的人，拥有

---

① W. E. B. Du Bois. "Marcus Garvey." *The Crisis*, Vol. 21, No. 3, 1921: 114, https://modjourn. org/journal/crisis/，最后访问日期：2021 年 12 月 12 日。

② W. E. B. Du Bois. "The Black Star Line." *The Crisis*, Vol. 24, No. 5, 1922: 210, https://modjourn. org/journal/crisis/，最后访问日期：2021 年 12 月 12 日。

③ W. E. B. Du Bois. "A Lunatic or a Traitor." *The Crisis*, Vol. 28, No. 1, 1924: 8-9, https://babel.hathitrust.org/cgi/pt?id=inu.30000052846726&view=1up&seq=15&skin=2021&q1=Garvey，最后访问日期：2021 年 12 月 13 日。

④ Cronon. *Black Moses*: 204.

远大的志向、旺盛的精力、坚定的决心和无私服务的愿望。"[1]

加维的经济计划和航运计划确如杜波依斯所预言的一样昙花一现，几乎无果而终。1922年1月，加维被指控利用邮件推广股票欺诈投资者，被判5年监禁，其追随者很快将其保释。1925年2月2日，联邦巡回上诉法院驳回了加维有关利用邮件欺诈的上诉案，加维被判5年监禁，关押在亚特兰大市的监狱。1927年，柯立芝总统为他减刑，要求立即将其释放。由于他犯有重罪，于1927年12月出狱后被直接从新奥尔良送上前往西印度群岛的船，驱逐出境。加维从此一蹶不振，其领导的运动也很快土崩瓦解，"随风而去"。加维随后来到牙买加，UNIA总部也随之迁到了那里。1928年，加维在英国伦敦建立UNIA总部，在巴黎建立分部，影响甚微。1940年，加维在伦敦去世。1928年，杜波依斯曾经在《危机》杂志社论中写道："今天，我们对马库斯·加维没有敌意。他拥有一个伟大而值得追求的梦想。我们希望他成功。他自由了。他还有一些追随者。他仍有机会在他的家乡他自己的人民中间继续开展他的工作并实现他的理想。让他去努力吧。我们会第一个为他所取得的任何成功而鼓掌。"[2]

加维和杜波依斯代表着美国黑人争取权利斗争的历史上两个对立的路线。加维运动是黑人历史上第一次大规模的群众性运动，支持者们主要是没有多少文化的黑人下层普通民众[3]，其目标主要是通过动员普通黑人民众，让其捐献出辛苦攒下的生活费，来实现所谓黑人经济振兴与独立计划、航海计划以及返回非洲的计划。而杜波依斯主要依靠的是上层精英、媒体宣传等来争取黑人的平等与权利。孰是孰非，孰优孰劣，后来的黑人历史已经给出了答案。

---

[1] Cronon. *Black Moses*: 208.

[2] Cronon. *Black Moses*: 145.

[3] Cronon. *Black Moses*: 69.

第五章 黑人"经济国中国"与
"自愿隔离"思想

30 年代初，在经济大危机肆虐美国、黑人在经济生活中遭受沉重打击的背景下，杜波依斯提出了黑人"经济国中国"和"自愿隔离"的思想，探索解决美国黑人问题的新路径。由于他别出心裁，采用了两个不适当的术语描述他 19 世纪末期以来提出的发展黑人"群体经济"的设想，因而在黑人思想界引起了轩然大波，并与全国有色人种协进会的领导们产生了严重分歧。由于双方的误解极深，矛盾无法调和，杜波依斯断然辞去了在该组织的一切职务，离开了他战斗了 24 年的反对种族主义、争取黑人权利的"前沿阵地"。他一时间成了众矢之的，被谴责为放弃了他几十年来为争取黑人与白人完全的平等权利、反对种族歧视和种族隔离而进行的不屈不挠的斗争，倒退到了他以前极力反对的布克·华盛顿的立场上，接受甚至倡导种族隔离。由此他的人生轨迹出现了意外转折。

一、"寻求新道路"

1929－1933 年资本主义经济大危机对于处于经济世界最底层的黑人来说，无疑是雪上加霜，使黑人民众的生活普遍陷入困境。这次席卷资本主义世界，波及亚、非、拉殖民地、半殖民地国家的史无前例的大危机，对资本主义制度产生了巨大震动和冲击。美国在这次大危机中首当其冲，经济陷入严重混乱，工农业生产和对外贸易急剧下降，企业、银行纷纷破产倒闭，美元贬值，物价飞涨，工人大批失业，农民失去了农场住宅，成千上万的人们因此流浪街头，无家可归，饥肠辘辘，苦不堪言。

在这次大危机中，相对于白人群体，黑人所遭受的苦难更为深重。1931年对 16 个北部和西部城市的调查表明，黑人失业率比当地白人和白人移民都要高。芝加哥市 40.3％的黑人男子失业，55.4％的黑人妇女失业，而外来白人移民男女不同性别相应失业比例为 24.6％、12.0％，当地白人为 23.4％、31.1％。费城 1929 年 9.0％的白人失业，而黑人失业率为 15.7％；1930 年 13.8％的白人失业，19.4％的黑人失业；1931 年 24.1％的白人失业，35.0％的黑人失业；1932 年 39.7％的白人失业，56.0％的黑人失业。[①]1931 年，辛辛那提黑人男子失业人数约占该市所有失业者的 45％。[②]1932 年，哈莱姆黑人失业率为 40％－50％，底特律黑人男子失业率在 40％以上，黑人妇女失业率高达 55％。到 1932 年底，据调查，城市黑人中有 1/3 失业，另有 1/3 部分失业。黑人总是"最后受雇用，最先被解雇"。[③]

失业使黑人家庭的收入锐减。有学者对哈莱姆 2061 个黑人家庭的研究表明，中等收入的熟练工人的收入由 1929 年的 1955 美元降至 1932 年的 1000 美元，下降了 48.7％，半熟练和非熟练工人收入下降了 43％左右。占哈莱姆黑人家庭 16％的白领工人中，职业人员收入下降了 35％，业主阶层下降了 44％，职员下降了 37％。黑人中产阶级的储蓄消耗殆尽，收入损失巨大。[④]

失业和贫困使许多城市黑人无以为生，不得不接受救济。1933 年，纽约、芝加哥、费城、底特律共有 78027 个黑人家庭接受救济，占这 4 个城市黑人家庭的 32.5％。接受救济的黑人在纽约市占接受救济的总人口的 23.9％，在底特律占 27.6％，在芝加哥和费城占 34％，在匹兹堡和克利夫兰占 43.0％，在俄亥俄州阿克伦（Akron）占 67％。同年，纽约哈莱姆 56157 个黑人家庭中，有 24293 个靠救济为生。此外，哈莱姆还有 7560 个单身黑人男子在紧急救济局登记。[⑤]在 30 年代，城市中有一半，也即 200 万人靠救济为生，而

---

① E. Franklin Frazier. "Some Effects of the Depression on the Negro Northern Cities." Hollis R. Lynch. ed. *The Black Urban Condition: A Documentary History, 1866-1971.* New York: Thoams Y. Crowell Company, 1973: 206, 207.

② T. Arnold Hill. "Richmond-Louisville-Cincinnati." Lynch. ed. *The Black Urban Condition*: 224.

③ Harvard Sitkoff. *A New Deal for Blacks: The Emergence of Civil Rights as a National Issue*, 2 vols. New York: Oxford University Press, 1981: 37; Lerone Bennett, Jr. *Before the Mayflower: A History of the Negro in America.* Baltimore, Maryland: Penguin Books, 1966: 299.

④ Frazier. "Some Effects of the Depression on the Negro Northern Cities." Lynch. ed. *The Black Urban Condition*: 209.

⑤ Frazier. "Some Effects of the Depression on the Negro Northern Cities." Lynch. ed. *The Black Urban Condition*: 207.

且平均每餐仅 8 美分。饥饿难当的黑人男女、孩子不得不与猫、狗一起在垃圾堆中翻找食物。①

经济危机对南部黑人打击也很大。危机使棉花价格从 1929 年的 18 美分一磅（约为 0.45 千克）降为 1933 年初的 6 美分一磅，致使 30 年代初 2/3 以上的黑人棉农收支相抵，不名一文，或收不抵支，债台高筑。在几乎得不到任何救济的情况下，他们不得不靠乞讨或从垃圾堆中翻找"可以吃"的东西来糊口。南部城市黑人的状况也很艰难。普遍的失业迫使白人抢占了传统的黑人工作，如扫大街、清扫垃圾、家政服务等。到 1931 年，南部城市 1/3 的黑人找不到工作，1932 年这一比例上升至 1/2。亚特兰大 65％的黑人、弗吉尼亚州诺福克（Norfolk）81％的黑人靠救济为生。白人与黑人就业竞争十分激烈，白人恐怖主义组织极为活跃。1930 年，亚特兰大白人组织"黑衫党"（Black Shirts）打出了"在每一位白人拥有工作之前不让黑人有工作！"的口号。其他南部的类似组织也高喊"黑鬼滚回棉花地！城市工作是白人的！"白人为与黑人竞争工作不惜诉诸暴力。②

尽管应运而起、临危受命的富兰克林·罗斯福大刀阔斧地推行的"新政"改革瞩目于"经济金字塔底层的那些被遗忘的人"，对于缓和美国黑人的沉重灾难取得了一定的效果，但仍未能充分保障黑人民众的利益，未能明显改善黑人的经济状况。而且"新政"期间，黑人在职业培训、就业、救济和工会等方面仍然遭受着赤裸裸的种族歧视和隔离。③例如，在就业方面，1933 年，黑人仅占民间资源保护队（Civilian Conservation Corps）雇工人数的 5％，1934 年仅占 6％。在失业救济方面，亚特兰大每月发给白人救济金 32.66 美元，而黑人仅能拿到 19.27 美元。④

在黑人普通民众面对生存危机的背景下，杜波依斯认识到，当务之急是要解决黑人的生活与生存问题。他认识到自从奴隶制废除以来，黑人未能建立充分的经济基础。⑤他们当前所面临的主要问题是经济问题，也即如何改善经济状况、生活水平的问题。⑥他告诫黑人，不能再"听任我们自己仅仅

---

① Sitkoff. *A New Deal for Blacks*: 39.

② Sitkoff. *A New Deal for Blacks*: 35-36; Bennett. *Before the Mayflower*: 300.

③ 刘绪贻、李存训：《富兰克林·D. 罗斯福时代，1929－1945》，北京：人民出版社，1994 年，第 180－191 页。

④ Sitkoff. *A New Deal for Blacks*: 49, 51.

⑤ Du Bois. "A Negro Nation within the Nation." Foner. ed. *W. E. B. Du Bois Speaks*, 2: 80.

⑥ Du Bois. "A Pageant in Seven Decades." Foner. ed. *W. E. B. Du Bois Speaks*, 1: 64.

成为社会剥削和社会排斥的牺牲品"，①也不应再乞求和指望白人的拯救，而应依靠自己的双手去努力奠定经济基础，改善自身状况。

另外，1929－1933 年资本主义经济大危机进一步凸显了资本主义制度的弊端，动摇了他对资本主义制度的信心。危机爆发后，杜波依斯撰文指出，纽约股市狂跌暴露了"我们制度的根本性弱点"，同时也"动摇了美国人对美国工业组织和私人资本主义企业的信心"。②针对胡佛总统"经济危机是暂时的"的论调，他指出，大危机的根源在于资本主义的"不合理和非人道的特点"，在于它的经济生活缺乏计划，而且以私人盈利为目的。③这造成了资本主义的种种悖论：在人类对资源的开发和利用日益深入、生产和科技日益发达的今天，却有好多人食不果腹，衣不蔽体，房不遮寒；④在美国这样一个富有、繁荣的国家仍有成千上万的人没有工作，流离失所，遭受饥饿、疾病的折磨；⑤一边是大批饥肠辘辘、衣衫褴褛的人，一边是小麦、玉米和棉花因不愿低价出售而腐烂。这是"对文明的控诉"，这是"文明的自杀"。⑥如果不改变这种状况，人类文明就无法延续和发展。⑦因此，在杜波依斯看来，现在的首要问题是合理分配收入，避免少数人收入太多，而多数人却食不果腹，衣不蔽体。⑧为此，就必须从根本上改革美国的经济制度，彻底改造美国的资本主义工业组织，消除财阀对工业的垄断，取消私人盈利，让广大劳动者的辛勤劳动得到公正的回报。⑨

进入 20 世纪 30 年代以后，杜波依斯认识到，黑人的"就业和收入"问题是解决黑人问题的关键。这个问题如果解决了，黑人问题的其他方面也就迎刃而解。⑩杜波依斯之所以会形成上述看法，离不开马克思理论的影响。早在柏林大学期间，杜波依斯就开始接触马克思的学说。⑪俄国十月革命将

---

① Du Bois. *Dusk of Dawn*: 192.

② Aptheker. ed. *Annotated Bibliography of the Published Writings of W. E. B. Du Bois*: 309.

③ Aptheker. ed. *Annotated Bibliography of the Published Writings of W. E.B. Du Bois*: 320.

④ Aptheker. ed. *Newspaper Columns by W. E. B. Du Bois*, 1: 440.

⑤ Aptheker. ed. *Newspaper Columns by W. E. B. Du Bois*, 1: 68.

⑥ Aptheker. ed. *Newspaper Columns by W. E. B. Du Bois*, 1: 68; Aptheker. ed. *Annotated Bibliography of the Published Writings of W. E. B. Du Bois*: 339.

⑦ Aptheker. ed. *Annotated Bibliography of the Published Writings of W. E. B. Du Bois*: 325.

⑧ Aptheker. ed. *Annotated Bibliography of the Published Writings of W. E. B. Du Bois*: 339.

⑨ Aptheker. ed. *Annotated Bibliography of the Published Writings of W. E. B. Du Bois*: 77.

⑩ Aptheker. ed. *Newspaper Columns by W. E. B. Du Bois*, 1: 31, 71, 83, 296.

⑪ Du Bois. *Autobiography*: 168.

马克思的理论付诸实践,建立了世界上第一个社会主义国家,这引起他极大的兴趣。他开始大量阅读马克思的著作,并为其深邃的思想所震动。①1926 年,杜波依斯首次访苏。他看到苏联在马克思主义理论的指导下,实行计划经济,在消除贫困和文盲、振兴经济和文化教育等方面取得了举世瞩目的成就,这使他感触颇深。②1932 年,杜波依斯在《危机》杂志 6 月号上发表文章,号召黑人研究共产主义所涉及的问题,阅读马克思的《资本论》等书。③1933 年3 月,杜波依斯指出:"无疑,现代工业学方面最伟大的人物是卡尔·马克思。"黑人要想看清未来的道路,必须研究他的思想。④同年 5 月,杜波依斯在《马克思主义与黑人》一文中将马克思的《资本论》与《圣经》、达尔文的《物种起源》和康德的《纯粹理性批判》相提并论,称这些书"不容忽视"。他还赞扬马克思是一位孜孜不倦的、具有敏锐思想和奉献精神的"伟大天才"。⑤1933年夏,杜波依斯在亚特兰大大学开设了一门题为《卡尔·马克思与黑人》的专题讲座。1934 年,杜波依斯离开全国有色人种协进会回到亚特兰大大学之后,开始系统地研究马克思主义。⑥随着对马克思思想理解的加深,他逐渐接受了马克思有关经济基础决定上层建筑的观点。他在个人传记中写道:"我曾认为,我现在仍认为,卡尔·马克思是近代史上最伟大的人物之一。当他说经济基础——人们谋生的方式——是文明、文学、宗教发展以及文化基本模式的决定性因素时,他正好指出了我们的问题所在。我必须表达出这一思想,否则我就在精神上死亡了。"⑦

杜波依斯透过马克思主义为他所开启的这扇"理论之窗",对美国黑人问题及其解决办法进行了重新审视和界定。他认识到,经济歧视是黑人问题的最主要方面,应作为解决美国黑人问题的突破口。他说,诚然,在居住区、教育、公共场所和公共交通等领域对黑人的种族歧视为害极深,黑人应予以坚决揭露和斗争。但是,对黑人为害最深的是经济歧视:黑人得不到适当的就业培训,很难找到像样的工作,在工作中很难有机会得到晋升,工资微薄,

---

① Du Bois. *Autobiography*: 298.

② Du Bois. *Autobiography*: 290; Du Bois. *Dusk of Dawn*: 284

③ Aptheker. ed. *Annotated Bibliography of the Published Writings of W. E. B. Du Bois*: 334.

④ Aptheker. ed. *Annotated Bibliography of the Published Writings of W. E. B. Du Bois*: 341.

⑤ Du Bois. "Marxism and the Negro Problem." Loren Baritz. ed. *The American Left: Radical Political Thought in the Twentieth Century*. New York: Basic Books, Inc., Publishers, 1971: 276.

⑥ Wolters. *Negroes and the Great Depression*: 248.

⑦ Du Bois. *Dusk of Dawn*: 302-303; Du Bois. *Autobiography*: 290-291.

入不敷出，因而生活没有保障，何谈权利问题？①杜波依斯指出，政治权利和政治力量必须以经济力量为基础。黑人只有拥有了经济力量，才能彻底摧毁种族主义的壁垒。②因此，黑人在不放弃争取公民权和政治权利的宣传和鼓动的前提下，必须"寻求新道路"（Seeking a New Path），"在另一条战线上战斗"，也就是说，黑人要展开一场"经济战"，争取工作权和生存权，改善黑人自身的经济状况，增强整个美国黑人民族的经济力量，然后把经济力量作为赢得选举权、受教育权等公民权利的坚强后盾。③

因此，30 年代初，杜波依斯对他本人和全国有色人种协进会争取黑人权利的策略进行了反思与调整。多年来，包括杜波依斯在内的许多黑人领袖和白人自由主义者一直认为，美国白人对黑人的种族歧视最主要的根源在于白人对黑人缺乏了解。只要向白人揭示了事实，就能够激起白人的同情，化解种族仇恨，消除种族歧视。④因此，他们主要通过撰写文章、出版杂志和书籍、发表演讲、递交请愿书和法院诉讼等多种形式的鼓动活动，以期将有关黑人的事实展现在美国人面前。然而，到 30 年代初，杜波依斯发现，种族歧视与种族隔离的屏障仍像 1910 年一样固若金汤，甚至在某些方面变本加厉。他激愤地写道："今天，无疑美国人已经了解了事实，然而，他们大抵仍然漠不关心和不为所动。"⑤于是，杜波依斯对以前争取黑人公民权利的斗争策略进行了深刻反省。他认识到，他以前笃信的单靠鼓动的策略就能消除种族歧视的观点，现在看来，"这是一个神话"。这个神话要成为现实，至少需要 250 至 1000 年的时间。黑人不能仅靠喊出"不要隔离"（No Segregation）这样一个空洞的口号而获得拯救。⑥他认为，全国有色人种协进会需要制订一个能充分反映黑人民众利益的"积极的计划"，"而不单单是消极地努力避免隔离和歧视"。这种积极的计划应集中于对黑人的"经济指导"。⑦

另外，杜波依斯认识到，种族歧视不单纯是白人不了解黑人的问题，它还是一个沿袭已久的社会习俗和主宰人们行为的"非理性的冲动"和"无意

---

① Aptheker. ed. *Newspaper Columns by W. E. B. Du Bois*, 1: 70, 255, 473.

② Aptheker. ed. *Newspaper Columns by W. E. B. Du Bois*, 1: 187, 191, 473, 525.

③ Aptheker. ed. *Newspaper Columns by W. E. B. Du Bois*, 1: 192-193, 256.

④ Du Bois. "The Negro and Social Reconstruction." Aptheker. ed. *W. E. B. Du Bois: Against Racism: Unpublished Essays, Papers, Addresses, 1887-1961*: 145-146.

⑤ Du Bois. "A Negro Nation within the Nation." Foner. ed. *W. E. B. Du Bois Speaks*, 2: 80.

⑥ Du Bois. "Segregation in the North." Huggins. comp. *W. E. B. Du Bois: Writings*: 1240, 1242.

⑦ Aptheker. ed. *Annotated Bibliography of the Published Writings of W. E. B. Du Bois*: 334.

识的习惯"的问题。而这种长期形成的习惯、风俗和态度不可能在短期内改变。因此，彻底消除种族歧视是一个旷日持久的艰巨任务。黑人必须调整其争取权利斗争的策略，在不放弃宣传与鼓动的前提下，制订一个建设性的全面计划，增强经济实力，消除黑人群体内部的社会问题，同时也可保证黑人拥有足够的资金来进行争取政治、经济和社会平等的持久斗争。①

在这种背景下，杜波依斯在 30 年代开始构想建立一个相对独立的黑人"经济国中国"，并创立了一套"自愿隔离"的理论为其辩护。

二、"工业民主"理想与黑人"经济国中国"

为了使黑人摆脱经济困境，增强经济力量，并且消除资本主义制度的弊病，杜波依斯提出了建立黑人"经济国中国"、实现"工业民主"的计划。

什么是"工业民主"？简而言之就是民众参与工业管理并公平地分享工业成果。杜波依斯深切地感到，在工业社会里，黑人和社会下层的民众不仅需要政治上的民主，更需要就业和生活上的保障。分配不公已经成为首先需要解决的问题，所以他对"民主"的概念做了新的阐释。他认为，当代民主不应仅仅是"政治民主"，更重要的是"经济民主"。而要实现政治民主，必须首先通过经济改革来实现经济民主。因为经济民主不实现，政治民主也只能是缺乏基础的空中楼阁。② 这里的"经济民主"也就是杜波依斯所说的"工业民主"。对"工业民主"的强调表明杜波依斯对黑人问题的认识又进了一步。他在深刻理解和把握黑人问题症结的基础上，把争取经济民主，即争取生存权利作为争取政治民主的基础。

杜波依斯最早提出"工业民主"的概念是在 20 世纪 30 年代以前。③那时他已经具有了为民众利益而奋斗的思想，并且将之不断加以发挥。他认为对人的治理是引导个人的行为去实现一个共同的目标，这一目标应该是争取所有人的最大利益。这是从古至今人们向往已久和为之奋斗的理想。然而由于人的无知和自私，这一理想从未实现。"工业暴君"（industrial tyrants）为了自己的私利而不是公众的福利操纵了生产工具、生产原料和生产过程，同

---

① Du Bois. *Dusk of Dawn*: 194, 197, 284, 296.

② Aptheker. ed. *Newspaper Columns by W. E. B. Du Bois*, 1: 483, 489.

③ Du Bois. *Darkwater*: 59.

时掌握了随意控制普通工人的权力。因此，工业民主化是一个艰巨而长期的任务。①

在 20 世纪 30—40 年代，杜波依斯对其"工业民主"的思想进行了反复阐述。尽管在不同的场合，他的"工业民主"概念的含义各不相同，但是归总起来，杜波依斯所设想的"工业民主"主要包括以下几个方面：（1）由国家控制资本和企业；（2）工业生产的目的是增进劳动大众的福利而不是个人利润；（3）有计划地分配财富和社会服务；（4）消除失业和贫困。②也就是说，杜波依斯设想建立一个全新的经济秩序。在这种经济秩序中，生产更合理，分配更公正，劳工的待遇更好，人民不再遭受贫困、饥饿和病痛之苦。③

为了实现这种"工业民主"，杜波依斯试图确立一套全新的"经济伦理"，作为黑人经济活动的规范。他本人称之为"经济道德"（economic morality）、"企业道德"（business morality）或"企业伦理"（business ethics）。④其主要内容大体包括以下四个方面。

一、社会财产观

在资本主义社会，财产私有被认为是天经地义的事情。资本家凭借私有制可以肆无忌惮地剥削劳动者，尤其是黑人劳动者。马克思曾经尖锐地指出："一个除自己的劳动力外没有任何其他财产的人，在任何社会的和文化的状态中，都不得不为占有劳动的物质条件的他人做奴隶。他只有得到他人的允许才能劳动，因而只有得到他人的允许才能生存。"⑤杜波依斯看到了这个问题，所以在建立自己的经济理论时就从所有制问题上开刀。他并不主张废除私有制，但要限制滥用私有制赋予所有者的权利，因而提出了社会财产观，强调财产的"社会性"，要求个人利用私有财产为公共利益服务。杜波依斯不赞成"私人财产是个人努力的结果"的流行观点。他认为，在当今社会，财产更多的是一项"社会创造物"（social creation），而非"个人创造物"（individual creation）。没有一种财产是个人努力的结果。⑥杜波依斯指出，私有财产是一

---

① Du Bois. *Darkwater*: 134, 149, 157-159.

② Du Bois. *Darkwater*: 71; Aptheker. ed. *Newspaper Columns by W. E. B. Du Bois*, 1: 367, 380.

③ Aptheker. ed. *Newspaper Columns by W. E. B. Du Bois*, 1: 255.

④ Aptheker. ed. *Newspaper Columns by W. E. B. Du Bois*, 1: 472, 480, 518.

⑤ 马克思：《哥达纲领批判》，载《马克思恩格斯选集》，第 3 卷，北京：人民出版社，1972 年，第 5 页。

⑥ Aptheker. ed. *Newspaper Columns by W. E. B. Du Bois*, 1: 437.

项社会赋予的"社会义务"（social obligation）。个人拥有私有财产的主要目的应首先是公共利益，而个人利益位在其次。任何人无权随意挥霍和处理个人财产，因为公众才是财产的真正所有者。①

二、社会产品观

杜波依斯经济理论所要回答的第二个问题是产品的分配问题。他又提出社会产品观来说明合理分配社会产品的必要性。他认为，一件有价值的产品是许多人协作努力的结果。因此，现代工业的产品是"社会产品"（social product），属于社会。它应根据社会公正的最高标准进行分配。②他以木结构的住房为例来说明他的观点。他说，为了建造一栋木房，要由伐木工用铁匠打造的工具将树木砍伐下来，要由木匠用机器制造的工具将木材进行加工，要由矿工开采制造机器的金属，要由铁路公司铺设铁路，要由劳工铺设路基，要由资本家付给劳工工资，劳工要从其他劳动者那里购买食品，等等。如此形成一个连续的劳动链条，没有穷尽。杜波依斯总结说："从某种意义上说，今天我们拥有的世界是数代人努力的结果。难道不应该对今天世界的财富进行合理的分配吗？"③

三、企业生产与社会服务的目标

杜波依斯认为，企业生产的目的仅仅是盈利的观点是错误的。它更多的应是一种"公共服务"（public service）。④在当今世界，公众福利正取代私人利润，成为社会生产和社会服务的主导思想。因此，黑人必须改变企业生产和社会服务都是为了私人利润的"资产阶级思想"（bourgeois mind），摒弃靠剥削别人牟取私利的旧的观念，树立为公众服务的意识。⑤另外，企业的成功与否不能仅仅以获得利润的多少为标准，而应主要以其所创造的社会价值的多少、它对社会福利和人类进步的贡献大小为标准。⑥杜波依斯指出："在未来，从不公平的私人利润中解放出来就像过去从黑人奴隶制下解放出来一

---

① Aptheker. ed. *Newspaper Columns by W. E. B. Du Bois*, 1: 441-442.

② Du Bois. *In Battle for Peace*. New York: Masses & Mainstream, 1952: 168.

③ Aptheker. ed. *Newspaper Columns by W. E. B. Du Bois*, 1: 465-466

④ Aptheker. ed. *Annotated Bibliography of the Published Writings of W. E. B. Du Bois*: 306.

⑤ Aptheker. ed. *Newspaper Columns by W. E. B. Du Bois*, 1: 62, 190.

⑥ Aptheker. ed. *Newspaper Columns by W. E. B. Du Bois*, 1: 360-361.

样将是一场伟大的运动。"①

四、劳动者的报酬

劳动者的工资不应取决于雇主所获得的利润多少，而应依据劳动者的劳动为社会所创造的财富的多少，也即劳动者的劳动所创造的社会价值。②劳动阶级是财富的创造者，应该在其分配中拥有发言权。③

杜波依斯当然明白，他的经济理论直接触动了有产者的利益，根本不可能为整个美国社会所接受，所以就试图在其所设想的黑人"经济国中国"中实现上述"工业民主"的理想。在杜波依斯看来，由于绝大多数黑人处于美国社会下层，不但有可能接受他的经济理论，而且还会把这个理论作为消除贫困的指南。

那么，杜波依斯的黑人"经济国中国"的实质又是什么呢？他设想以消费合作为核心，对美国黑人一切分散的、个体的经济活动进行统筹和引导，实现黑人群体内部的生产、消费和社会服务一体化，以便在黑人群体内部建立一个相对独立的有计划的经济体系。这一方面可以积累资金，发展黑人的教育文化等事业，克服黑人中间的社会问题；另一方面，可以增强和展示黑人群体的力量，以便更有效地与种族歧视和种族隔离做斗争，为争取黑人完全的平等与权利奠定基础。从本质上说，这是一种黑人经济民族主义。

杜波依斯认为，在美国具备建立一个独立的黑人"经济国中国"的条件和可能。他指出，在美国存在着一个"部分隔离"的黑人经济。例如，黑人建立和维持着自己的教会和学校，自己能生产食品和服装，自己能出版报刊和书籍，自己开办着理发店、美容院、饭店、旅馆、商店等，也能为自己提供医疗保健、法律咨询、维修、建筑等服务。杜波依斯指出，应该对这种黑人的"内部经济"进行计划和引导，增强其整体力量，使其能对美国经济生活产生影响。这将有利于黑人争取平等权利的目标的实现。④他写道："今天存在着黑人在他们自己的群体内部组建一个合作国家（cooperative state）的可能。通过让黑人农民供给黑人工匠食品，黑人技术员指导黑人家庭工业，黑人思想家构建这种合作一体化，黑人艺术家描绘和歌颂这种努力，就能

---

① Aptheker. ed. *Newspaper Columns by W. E. B. Du Bois*, 1: 472.

② Aptheker. ed. *Newspaper Columns by W. E. B. Du Bois*, 1: 439.

③ Aptheker. ed. *Newspaper Columns by W. E. B. Du Bois*, 2: 766.

④ Du Bois. *Dusk of Dawn*: 197-198.

实现经济独立。怀疑这种可能性也就是怀疑美国黑人根本的人性及智力水平。"①

杜波依斯建设黑人"经济国中国"的起点是消费合作。他认为,经济过程始于消费,而不是生产,因为我们不是为了生产而消费,而是为了消费而生产。②因此,消费者成为当代社会的"关键人物";而消费者的购买力是其"最有力的选票"。③然而,遗憾的是,黑人未能很好地利用这一武器。杜波依斯指出,美国 280 万黑人家庭每年消费额至少有 20 亿美元,每月消费额估计为 1.66 亿美元。如果将这种分散的消费组织利用起来,就会形成一种强大的力量,必然会收到意想不到的"经济效益":(1)更有效地消费,以较少的钱获得较好的商品和服务;(2)增加生产黑人消费品的白人企业的黑人就业人数;(3)鼓励黑人企业家生产黑人消费品,提供黑人所需要的服务;(4)增进黑人企业的竞争力,增进国民福利;(5)与白人生产者和消费者进行合作,消除经济领域的肤色界线。④

杜波依斯认为黑人可以采用的消费合作的主要形式有:(1)黑人消费者组织起来一起购买雇用黑人并且给予黑人良好工作条件和报酬的白人企业的产品;⑤(2)黑人有组织地光顾雇用黑人职员、礼遇黑人顾客的商店;(3)黑人利用其消费力量迫使电报、电话、电力和铁路等公共服务部门雇用更多黑人;⑥(4)黑人消费者集资集体批发消费品,开办合作商店,销售所得利润年终根据每位集资者购买商品的数量分红;⑦(5)黑人消费合作社必须积累资金,组织生产合作社作为补充,以便在无法以合理价格取得商品时自行生产,⑧黑人企业应根据黑人民众的需求和消费水平来安排生产,并避免以

---

① Du Bois. "A Negro Nation within the Nation." Foner. ed. *W. E. B. Du Bois Speaks*, 2: 85.

② Aptheker. ed. *W. E. B. Du Bois: Against Racism: Unpublished Essays, Papers, Addresses, 1887-1961*: 146.

③ Aptheker. ed. *Newspaper Columns by W. E. B. Du Bois*, 1: 31.

④ Du Bois. "The Negro and Social Reconstruction." Aptheker. ed. *W. E. B. Du Bois: Against Racism: Unpublished Essays, Papers, Addresses, 1887-1961*: 143-144, 148.

⑤ Aptheker. ed. *Newspaper Columns by W. E. B. Du Bois*, 1: 38.

⑥ Du Bois. "The Negro and Social Reconstruction." Aptheker. ed. *W. E. B. Du Bois: Against Racism: Unpublished Essays, Papers, Addresses, 1887-1961*: 149.

⑦ Du Bois. "The Negro and Social Reconstruction." Aptheker. ed. *W. E. B. Du Bois: Against Racism: Unpublished Essays, Papers, Addresses, 1887-1961*: 147-148; Aptheker. ed. *Newspaper Columns by W. E. B. Du Bois*, 1: 214.

⑧ Aptheker. ed. *Newspaper Columns by W. E. B. Du Bois*, 1: 56.

利润为生产目的对黑人劳工的剥削；①（6）黑人应尽量消费黑人自己生产的产品，如购买黑人种植和生产的粮食和食品，利用黑人种植的棉花纺织毛巾和床单等；②（7）黑人集资合作开办洗衣店、面包店、食品店、食品厂、服装厂、维修店、印刷厂等，以满足黑人的衣、食、住、行等基本需要；③（8）黑人还应集资组织贷款协会（credit union），以低息向黑人个体经营者及生产消费合作社贷款。④

　　杜波依斯倡导的另一种消费合作的重要形式是职业服务"社会化"，即将黑人经营的银行、保险、法律、医疗等机构由私人经营改为黑人群体共有互利，以便更好地服务于黑人社区。在医疗方面，广泛建立黑人医院和医疗卫生组织，由公众付给医生工资，医生应以公众健康为目标，在黑人中间进行疾病的治疗和预防工作。⑤在法律方面，由于种族歧视，一方面大批黑人得不到公正的法律辩护而被投入监狱，另一方面黑人律师因不容易得到委托而难以谋生。应由黑人团体付给黑人律师工资，并请他们为黑人辩护。⑥黑人银行不应参与投机、仅为谋利，应向诚实的劳动者提供贷款，并将闲散资金用于黑人社会公益事业。黑人保险公司也不应为谋利而投机，而应发挥救济不幸者的作用。⑦

　　杜波依斯计划把现有的黑人教会作为组织消费合作、协调黑人经济活动的中心。他设想在黑人教会内部增加一名"企业经理"（business manager）。他应受过企业经营方面的良好教育，具备经济学、社会学、历史、当代语言、音乐和艺术等知识，对欧美的消费合作有些研究，还要具备聪明才智、高尚品格和献身精神。杜波依斯认为，以黑人教会为核心组织黑人消费合作，可以节省大笔开支。⑧

　　杜波依斯的黑人"经济国中国"思想还包括一个自我发展和自我完善的

---

① Du Bois. *Dusk of Dawn*: 208, 211-212.

② Du Bois. "The Negro and Social Reconstruction." Aptheker. ed. *W. E. B. Du Bois: Against Racism: Unpublished Essays, Papers, Addresses, 1887-1961*: 151.

③ Du Bois. "The Negro and Social Reconstruction." Aptheker. ed. *W. E. B. Du Bois: Against Racism: Unpublished Essays, Papers, Addresses, 1887-1961*: 148.

④ Aptheker. ed. *Newspaper Columns by W. E. B. Du Bois*, 1: 69.

⑤ Aptheker. ed. *Newspaper Columns by W. E. B. Du Bois*, 1: 61.

⑥ Aptheker. ed. *Newspaper Columns by W. E. B. Du Bois*, 1: 569.

⑦ Aptheker. ed. *Newspaper Columns by W. E. B. Du Bois*, 1: 518-519; Du Bois. *Dusk of Dawn*: 154.

⑧ Du Bois. "The Negro and Social Reconstruction." Aptheker. ed. *W. E. B. Du Bois: Against Racism: Unpublished Essays, Papers, Addresses, 1887-1961*: 154.

计划，也就是黑人自己筹资改善黑人自己的社会、教育等机构，发展黑人文化教育事业，解决黑人中间的社会问题，改善黑人自身形象。这一计划主要包括以下几个方面：

（1）关于黑人教育问题。杜波依斯主张，黑人儿童和青少年应当主要在黑人教师执教的黑人学校接受教育。应对这些黑人学校进行统一筹划，改善校舍、师资、教学设备和教学质量，并使之在提高黑人青少年文明程度、减少其文盲率和犯罪率中发挥应有的作用。另外，杜波依斯强调应由黑人控制自己的教学队伍和教育政策，采用黑人自己编写的教材，弘扬黑人民族的理想。[1]

（2）关于黑人教会。杜波依斯认为，黑人教会应停止宣讲毫无意义的教条，停止举行毫无意义的仪式，取消无益于社会进步的社会活动，而在进行伦理教育、性格培养和组织慈善活动、救助黑人民众方面发挥应有的作用。[2]

（3）关于黑人文艺。杜波依斯指出，黑人艺术家、文学家应以美国黑人丰富多彩的生活为素材进行绘画、雕塑和文学等创作，应培养黑人的艺术鉴赏能力，采用新的艺术标准，而不应以白人的好恶为标准来进行文学和艺术创作。发展黑人文学、艺术的宗旨在于服务于黑人，而不是白人。应由黑人自己出版自己的文学、艺术等作品。[3]

（4）关于黑人犯罪问题。杜波依斯认为，黑人不应把黑人犯罪仅仅归咎于种族歧视，应该从自身找找黑人中间存在大量犯罪现象的原因。所以，黑人一方面应该建立法律辩护组织以抵制白人警察和地方法院的不公，另一方面也应积极地、有组织地教育和改造黑人青年罪犯。[4]

总之，杜波依斯的黑人"经济国中国"思想是为了消除资本主义剥削和资本主义制度自身难以克服的失业、贫困等社会问题，发展黑人的教育、文化和社会事业，改善黑人经济状况，增强黑人群体的总体实力，以便更有力地反击种族歧视和种族隔离。

值得一提的是，杜波依斯的黑人"经济国中国"思想显然吸收了一些社会主义的思想因素，也明显受到了 19 世纪英国和法国的空想社会主义者罗伯特·欧文和查尔斯·傅立叶的启发。杜波依斯设想通过生产和消费合作，

---

[1] Du Bois. *Dusk of Dawn*: 201, 214.

[2] Du Bois. *Dusk of Dawn*: 201-202.

[3] Du Bois. *Dusk of Dawn*: 202, 214.

[4] Du Bois. *Dusk of Dawn*: 202-204.

将黑人民众联合成为一个坚不可摧的"经济法郎吉"（economic phalanx，法郎吉即农工协作社），建立一个自给自足的经济体系，以便更好地服务于黑人民众。①同时，也可增强黑人的经济力量，以"向这个国家表明：黑人是这个国家财富生产和财富消费的重要部分。如果黑人在任何程度上不能发挥这些职能，将会减少这个国家的财富并降低其效率"。②

三、在"隔离"问题上与全国有色人种协进会的矛盾

杜波依斯与全国有色人种协进会的白人领导层，尤其是该组织理事会主席奥斯瓦尔德·维拉德以及执行秘书沃尔特·怀特（Walter White）的矛盾由来已久。起初，矛盾的根源一方面是杜波依斯有些刚愎自用、傲慢、性情暴躁，另一方面是他在工作中总是坚持己见，而且想要在《危机》杂志的编辑工作中有更多的独立性，希望可以通过该杂志自由表达其有关种族问题的评论与观点。他被该组织领导们视为一切矛盾的根源，甚至有人想要让他打包走人。③在 20 世纪 30 年代，为了支持他的上述黑人"经济国中国"思想，杜波依斯提出了一套建议黑人实行"自愿隔离"的理论。由于他措辞不慎和语言表述上的问题，造成各方之间误解的鸿沟，使他与全国有色人种协进会产生了严重分歧和不可调和的矛盾。

1933 年 9 月，杜波依斯在《危机》杂志上发表文章，呼吁黑人为了自身的生存实现种族团结，采取"群体行动"，对黑人经济活动进行"富有远见的计划"，以使黑人更好地生活和更有效地支持黑人社会振兴机构。他指出，这也许会增加"隔离"，然而在过去的 20 多年里，黑人的进步都是通过独立的行动，在"隔离的种族机构"中所取得的。黑人在教会、学校、企业、文学和艺术等方面所取得的成就就是有力的证明。④

1934 年 1 月，杜波依斯在《危机》杂志上发表了题为《隔离》

---

① Du Bois. "The Right to Work." Huggins. comp. *W. E. B. Du Bois: Writings*: 1237.

② Wolters. *Negroes and the Great Depression*: 239.

③ Broderick. *W. E. B. Du Bois*: 99-100.

④ Du Bois. "On Being Ashamed of Oneself." Huggins. comp. *W. E. B. Du Bois: Writings*: 1022, 1024-1025. 另参见 *The Crisis*, Vol. 40, No. 9 (September, 1933): 199-200. https://archive.org/details/sim_crisis_1933-09_40_9, 最后访问日期：2023 年 3 月 12 日。

（"Segregation"）的社论，提出了"自愿隔离"（voluntary segregation）的思想。他把隔离分为没有歧视的"纯粹的隔离"（segregation pure and simple），也即"自愿隔离"和"带有歧视的隔离"两种。他说，黑人应该坚决反对"带有歧视的隔离"，而不应反对"自愿隔离"，如黑人一起居住在没有歧视的社区，黑人学生在黑人教师执教的学校上学。他指出："拥有阶级意识的工人的团结将最终解放整个世界的劳工。拥有种族意识的黑人通过在其自己的机构和运动中的团结合作将最终解放黑人种族。今天，美国黑人所面对的重大举措是通过坚定的自愿合作实现经济解放。"[1] 杜波依斯将黑人群体内部的合作错误地称为"隔离"是一个严重的失策。而且他对没有歧视的隔离和带有歧视的隔离的区分自相矛盾，因为他在同一篇文章中指出："反对隔离就是反对歧视。美国的经验是，通常存在种族隔离的地方，就存在种族歧视。"[2]

　　同年2月，杜波依斯为了给他建立黑人"经济国中国"、实行"自愿隔离"的设想寻求历史依据，在《危机》杂志上的一篇文章中做出了两个论断。第一个论断是，尽管全国有色人种协进会曾就种族隔离的具体事件表达过明确的反对立场，然而，它却从未对种族隔离问题表明"总的立场"（general stand）或形成"总体思想"（general philosophy）。他以该协会反对学校、医院和教育领域的种族隔离和"一战"期间争取建立黑人军官训练营为例，说明全国有色人种协进会一直反对种族隔离的"扩大"，反对基于种族的任何歧视，但它有时候不得不"面对某些不幸而又不容否认的事实"，接受了现有的隔离学校和独立的黑人军官训练营，因为这终究比没有黑人军官训练营好，这是他们"唯一的现实选择"。杜波依斯做出的第二个论断是：全国有色人种协进会从未正式反对过教会、学校、企业和文化机构等独立的黑人组织，从未否认黑人为了自卫和自我发展而联合起来采取独立行动的必要性以及种族自豪（race pride）、种族忠诚（race loyalty）以及黑人团结（Negro unity）的重要意义。杜波依斯认为，在一个日益隔离的世界，仅仅呼喊"不要隔离"的口号或者通过决议谴责和抗议无济于事。"无论我们有何愿望或怎么说，

---

[1] Du Bois. "Segregation." Aptheker. ed. *A Documentary History of the Negro People in the United States*, 2: 63-65. 另参见 *The Crisis*, Vol. 41, No. 1 (January, 1934): 20. https://archive.org/details/sim_crisis_1933-09_40_9，最后访问日期：2023年3月12日。

[2] Du Bois. "Segregation." Aptheker. ed. *A Documentary History of the Negro People in the United States*, 2: 63-65. 另参见 *The Crisis*, Vol. 41, No. 1 (January, 1934): 20. https://archive.org/details/sim_crisis_1934-01_41_1，最后访问日期：2023年3月12日。

绝大多数美国黑人都出生在黑人家庭，在独立的黑人学校接受教育，到黑人礼堂做礼拜，与黑人配偶成亲，并在黑人的基督教青年会和基督教女青年会休闲。"① 在这里，杜波依斯再次将隔离的机构与黑人的独立社会组织混为一谈。

全国有色人种协进会的领导们立即对此做出反应。3月，协进会理事会理事长乔尔·斯平加恩（Joel E. Spingarn）在《危机》杂志上发表文章指出，全国有色人种协进会理事会确实没有发表过公开声明反对种族隔离，但该组织及其官员的一贯立场是"旗帜鲜明地反对隔离"，一直把它视为一种"恶"（evil），因为隔离的原则是错误的，"有隔离的地方就必然会有歧视"。它虽然偶尔把隔离视为一个"必要的恶"（necessary evil），然而却从未把它视为"积极的善"（positive good）。②协进会执行秘书沃尔特·怀特也在同期《危机》杂志上宣布，全国有色人种协进会从它成立的那一天起，反对隔离的立场从未动摇过；杜波依斯在1月份《危机》上发表的社论只代表他的"个人观点"，而不能代表协进会。怀特认为，接受隔离的地位意味着接受黑人恶劣的居住条件以及劣等的社会角色，意味着被隔离群体的"精神枯萎"（spiritual atrophy）。黑人应以一切可能的方式对建立种族隔离的企图进行毫不妥协的不断斗争。在怀特看来，"种族隔离的发展就像癌症一样，无论它在哪里露头，都必须进行抵制"。③

4月，杜波依斯在《危机》杂志上发表长篇文章，针锋相对，应答对其有关隔离问题的观点的批评。他说，单纯鼓动的策略失败了。全国有色人种协进会20多年的反对种族隔离的努力"几乎未能取得任何结果"（little less than nothing），在全国仍存在着广泛的种族歧视和种族隔离。在黑人饥肠辘辘、生存都成问题的时候，空喊口号拯救不了他们。他认为"隔离有的是法律所强制的，有的是经济或社会状况所迫，有的是自由选择的结果"。对于法

---

① Du Bois. "The N.A.A.C.P. and Race Segregation." Aptheker. ed. *A Documentary History of the Negro People in the United States*, 2: 66-70; Du Bois. "Segregation." Aptheker. ed. *A Documentary History of the Negro People in the United States*, 2: 63-65. 另参见 *The Crisis*, Vol. 41, No. 2 (February, 1934): 52-53. https://archive.org/details/sim_crisis_1934-02_41_2，最后访问日期：2023年3月12日。

② J. E. Spingarn, et al. "Segregation－A Symposium." *The Crisis*, Vol. 41, No. 3 (March, 1934): 79-80. https://archive.org/details/sim_crisis_1934-03_41_3，最后访问日期：2023年3月12日。

③ Broderick and Meier. eds. *Negro Protest Thought in the Twentieth Century*: 144-147. 另参见 J. E. Spingarn, et al. "Segregation － A Symposium." *The Crisis*, Vol. 41, No. 3 (March, 1934): 80-81. https://archive.org/details/sim_crisis_1934-03_41_3，最后访问日期：2023年3月12日。

律上的隔离，每位黑人乃至每位美国人都必须予以抗议和反对。然而，鉴于目前白人对黑人的普遍排斥态度，彻底消除种族隔离也是不现实的。要实现美国黑人与白人之间的"完全融合"（complete integration）至少需要一个世纪，甚至十个世纪。在这种情况下，黑人必须"自我隔离"（self segregation）和"自我联合"（self association）对抗"强制性隔离"（compulsory segregation）。他建议黑人凝聚经济与社会力量，凝聚作为生产者和消费者的力量，运行、支持和掌控自己的机构，组织自己的经济生活，建设自己的社区，经营和改善自己的学校等社会机构。"如果他无法居住在一个城市卫生而体面的区域，他就必须建造自己的住宅，使其提升并维持在适于居住的水平。如果他无法让他的孩子在像样的学校与其他孩子一起接受教育，他就必须在像样的黑人学校教育其子女，并且对此类学校进行安排、管理和监督。如果他无法在美国的工业领域拿到足以谋生的工资，或找到符合其教育和天才的工作，或基于其业绩得到提拔和晋升，他就必须组织自己的经济生活，以尽可能避免这些歧视使他陷入被剥削的悲惨境地。"杜波依斯认为，尽管这包含或多或少的"主动隔离"（active segregation）和"默认隔离"（acquiescence in segregation），然而，黑人不得不如此。否则，黑人将"丧失自尊，丧失自信，丧失自知，丧失通过我们自己的努力而不是借助于慈善机构谋得体面的生计的能力"。为了自己的生存和最终摧毁一切藩篱，黑人必须暂时屈从于隔离（submit to much segregation），主动采取自我隔离的行动。"如果我室友太吵闹和太脏了，我离开他；如果我的邻居变得太烦人和太侮辱人了，我就另找一间房子；如果白人美国人拒绝把我当人看待，我会在确保体面的生活的前提下，将与白人美国人的交往频率减至最低。"①

　　杜波依斯的一系列文章引起黑人媒体的关注，纷纷来函询问全国有色人种协进会有关隔离问题的立场是否有变，②这引起了全国有色人种协进会的极大不安，其理事会决定召开一次会议，专门讨论种族隔离问题，重申该组织在这一问题上的原则立场。杜波依斯向大会提交了一份议案，供理事会讨论。议案指出：

　　① Du Bois. "Segregation in the North." Huggins. comp. *W. E. B. Du Bois: Writings*: 1240-1241, 1242, 1243, 1245-1246. 另参见 *The Crisis*, Vol. 41, No. 4 (April, 1934): 115-117. https://archive.org/details/sim_crisis_1934-04_41_4, 最后访问日期：2023 年 3 月 12 日。

　　② Rudwick. *W. E. B. Du Bois*: 281.

　　纯粹的以种族和肤色为基础的对人的隔离不仅是愚蠢的和不公正的，而且也确实是危险的，因为它是一条径直导向民族猜忌、种族对抗和战争的道路。因此，全国有色人种协进会一直反对，还将继续反对种族隔离的根本原则。

　　另一方面，它同样明确地认识到，当像美国黑人这样一个群体遭受不断的和蓄意的隔离，说理和呼吁对推动变革无效或收效缓慢时，这样一个群体必须为了自己的振兴和维护其自尊而联合与合作。

　　因此，全国有色人种协进会一直认可和鼓励黑人教会、黑人大学、黑人公立学校、黑人商业和工业企业，并相信应使它们成为根据任何标准来评判都是最好的和最有效的机构。这不是要使人为的对人的隔离永久化，其明确目标是证明黑人的效率，显示黑人的能力和训练有素，说明种族隔离的无用和浪费。①

　　全国有色人种协进会在 4 月份召开的会议上通过一项决议明确宣布："全国有色人种协进会反对以种族和肤色为由对人实行强制隔离的原则与实践，强制隔离存在的本身带有优等群体和劣等群体的暗示，必然导致把较低的地位强加给被认为劣等的群体。因此，原则与实践都要求坚决反对任何形式的强制隔离。"②

　　5 月，杜波依斯在《危机》杂志上报道了他本人的上述提议和全国有色人种协进会的决议之后反问道：这是否意味着全国有色人种协进会不支持独立的或隔离的黑人公立学校、黑人高校、黑人报纸、黑人企业、黑人教会、黑人历史、黑人文学、黑人艺术、黑人贫民窟改造项目？或者是它确实支持这些项目而不敢公开说出来？③同时，他在 5 月和 6 月的《危机》上继续为他的"自愿隔离"思想做辩护。在杜波依斯的一次演讲后，一位女孩走上前

---

① Du Bois. "The Board of Directors on Segregation." Huggins. comp. *W. E. B. Du Bois: Writings*: 1252. 另参见 *The Crisis*, Vol. 41, No. 5 (May, 1934): 149. https://archive.org/details/sim_crisis_1934-05_41_5，最后访问日期：2023 年 3 月 12 日。

② Du Bois. "The Board of Directors on Segregation." Huggins. comp. *W. E. B. Du Bois: Writings*: 1253. 另参见 *The Crisis*, Vol. 41, No. 5 (May, 1934): 149. https://archive.org/details/sim_crisis_1934-05_41_5，最后访问日期：2023 年 3 月 12 日。

③ Du Bois. "The Board of Directors on Segregation." Huggins. comp. *W. E. B. Du Bois: Writings*: 1254. 另参见 *The Crisis*, Vol. 41, No. 5 (May, 1934): 149. https://archive.org/details/sim_crisis_1934-05_41_5，最后访问日期：2023 年 3 月 12 日。

来问他："在我看来你以前反对种族隔离，但现在你准备妥协了。"杜波依斯解释说，他并没有妥协，他是"以隔离对抗隔离"（fight Segregation with Segregation）。①杜波依斯说，有人说他有关隔离的观点是"劝人绝望"。黑人合作实现黑人种族的振兴和发展并非"劝人绝望"，实际上黑人要反击种族歧视和隔离，但是"要用头脑去斗争"（fight with his brains）。②

5月21日，全国有色人种协进会再次通过决议，重申它反对"强制隔离"并不意味着它支持其他形式的隔离，因为一切形式的隔离，在根本上都是强制的。全国有色人种协进会反对一切形式的隔离。协进会指责杜波依斯亵渎了理事会对他的信任，并申明《危机》是协进会的机关刊物，任何在协进会领取薪水的官员不得在《危机》上批评协进会的工作、政策和工作人员。③

6月11日，杜波依斯在全国有色人种协进会通过上述决议后，毅然决然地向理事会递交辞职书。他在辞职书中说："在我35年的公益服务中，我对解决黑人问题的贡献主要是在认真努力地了解事实的基础上进行坦率的批评。我并非一贯正确，然而我却一直是真诚的。我在这晚年不愿意使我的诚实意见的表达受到理事会建议的限制。"因此，他宣布辞去在全国有色人种协进会的一切职务，辞职书立即生效。④

全国有色人种协进会理事会接到辞职书后，立即组成了一个"调解委员会"，试图化解分歧，达成和解，挽留杜波依斯。7月1日，杜波依斯在报纸上发表了一封致协进会理事会的公开信，宣布辞职书于当日生效，并且陈述了他离开协进会的原因。他说，在经济大危机所带来的新的形势下，全国有色人种协进会应该制订一个全新的"建设性积极计划"，以取代一度十分"必要和有效的""消极抗议计划"（negative program of protest）。然而，在今天这样一个危机、混乱和变革的时代，这个组织却"没有计划，没有有效的组织，缺乏具备把全国有色人种协进会导向正确方向的能力或意向的行政官员"。他争取调整协进会内部人员和工作计划的一切努力都失败了，他的"经

---

① Du Bois. "Segregation." *The Crisis*, Vol. 41, No. 5 (May, 1934): 147. https://archive.org/details/sim_crisis_1934-05_41_5, 最后访问日期：2023年3月12日。

② Du Bois. "Counsels of Despair." Huggins. comp. *W. E. B. Du Bois: Writings*: 1252-1259. 另参见 *The Crisis*, Vol. 41, No. 6 (June, 1934): 182. https://archive.org/details/sim_crisis_1934-06_41_6, 最后访问日期：2023年3月12日。

③ Broderick. *W. E. B. Du Bois*: 170-171; Du Bois. *Dusk of Dawn*: 313; Du Bois. *Autobiography*: 298.

④ Aptheker. ed. *The Correspondence of W. E. B. Du Bois*, 1: 478-479.

济再调整"（economic readjustment）计划无人理会。"如果我默不作声表示同意，我要承担责任。如果我在组织内部提出批评，他们对我的话置若罔闻。如果我进行公开批评，则似乎是将家丑外扬。因此，我只有一个选择，最终彻底退出协会。"①

7月9日，全国有色人种协进会理事会通过决议，同意杜波依斯辞去在该协会的一切职务。决议对他的离去表示"深深的遗憾"，并对他在协进会所做的工作给予很高的评价。决议指出，他白手起家，创办《危机》杂志，自负盈亏，到"一战"结束时，杂志最大发行量已达10万余份，"这在美国出版业中是一项空前的成就"。《危机》杂志以及他的著作和文章中所阐述的思想"改变了黑人世界以及开明白人世界的一大部分，以至于整个黑人与白人种族的关系问题从此呈现出一个全新的面貌。……没有他，协进会不可能有它的过去和现在"。决议接着说："本理事会在许多问题上并非一直与他一致，也不能赞同他对协进会及其官员的某些批评。然而，过去的某些分歧并未妨碍发挥他的作用。恰恰相反，因为当初选择了他是因为他独立的判断力、他表达自己信念的勇气以及他敏锐而非凡的智力。仅仅一个唯唯诺诺的人不会引起世人的注意，也不会推动理事会本身去进一步研究许多重要问题。失去了他，我们将会失去其思想的激励和对美国黑人的重要问题的透彻分析。在知识的掌握方面，协进会中没有人能够替代他的位置。因此，我们对他所做的工作致以诚挚的谢意，并祝愿他在今后即将从事的一切工作中获得极大快乐。"②至此，杜波依斯在全国有色人种协进会24年的工作落下了帷幕，随后应邀前往亚特兰大大学社会学系从事教学与科研工作。③

---

① Aptheker. ed. *The Correspondence of W. E. B. Du Bois*, 1: 480. 另参见 *The Crisis*, Vol. 41, No. 8 (August, 1934): 245-246. https://archive.org/details/sim_crisis_1934-05_41_5, 最后访问日期：2023 年 3 月 13 日。

② Huggins. comp. *W. E. B. Du Bois: Writings*: 1262-1263; Du Bois. *Dusk of Dawn*: 314-315; Du Bois. *Autobiography*: 299. 另参见 *The Crisis*, Vol. 41, No. 8 (August, 1934): 246. https://archive.org/details/sim_crisis_1934-05_41_5, 最后访问日期：2023 年 3 月 13 日。

③ 在亚特兰大大学工作期间，杜波依斯出版了一系列学术著作，如《美国黑人重建》《黑人民族的历史与现实》，个人传记《黎明前的黑暗》；筹备编写《黑人百科全书》；创办杂志《种族》（*Phylon*, 1940）。《美国黑人重建》是美国第一本从黑人的视角描述黑人在重建中发挥的积极作用的著作，以纠正传统重建史学认为解放后的"自由人"不具备参与自治政府的能力的荒谬论调。参见 Rudwick. *W. E. B. Du Bois*: 286-287.

四、黑人思想界的反应

杜波依斯的黑人"经济国中国"和"自愿隔离"思想的提出犹如一股超级龙卷风，在美国黑人中间引起了轩然大波。许多黑人认为杜波依斯背叛了自己与种族主义进行毫不妥协的斗争的路线，放弃了对黑人平等权利的追求，接受了白人的种族隔离，颇有点儿像他当年极力反对的布克·华盛顿。

几乎所有的黑人领袖和黑人报纸都站在全国有色人种协进会的立场上反对杜波依斯。[1]杜波依斯一时间成为众矢之的。芝加哥《卫士报》（*The Defender*）刊登了一幅布克·华盛顿与杜波依斯的漫画。在布克·华盛顿画像上方写着："难道他竟然正确吗？"在杜波依斯的画像上方写着："他是个懦夫吗？"[2]该报还评论说，以前的"民权战士""现在把他的盔甲挂起来了，向他事业的敌人投降了"。[3]杜波依斯的老朋友、华盛顿特区黑人长老会牧师弗朗西斯·格里姆科说，如果杜波依斯让黑人接受种族隔离，那么他的领袖地位也该结束了。黑人追随作为毫不妥协地争取完全的平等的战士的"旧式杜波依斯"（old DuBois）太久了，他们不愿意转向一个听起来像布克·华盛顿的"新式杜波依斯"（new DuBois）。[4]黑人作家莱斯特·格兰杰（Lester Granger）指出，杜波依斯"离开了争取种族平等的航船，却欲在剥夺公民权利和种族隔离的港湾寻找一个更为安全和安静的避难所。"[5]费迪南德·默顿认为，杜波依斯的计划在原则上是错误的。他无法区分其观点与世纪之交的布克·华盛顿的某些观点有何区别。它可能像华盛顿所倡导的行动路线一样对黑人造成恶劣的心理影响，妨碍黑人废除种族隔离、实现社会与政治平等的目标，它会被白人和黑人解释为黑人接受了种族隔离及其所暗含的黑人低劣论。黑人在任何情况下都应坚决反对一切形式的种族隔离，并以最终根除

---

[1] Sitkoff. *A New Deal for Blacks*: 252.

[2] Broderick. *W. E. B. Du Bois*: 169.

[3] Sitkoff. *A New Deal for Blacks*: 252.

[4] Broderick. *W. E. B. Du Bois*: 177. 另参见 Francis J. Grimke. "Segregation." *The Crisis*, Vol. 41, No. 6 (June, 1934): 173–174. https://archive.org/details/sim_crisis_1934-06_41_6, 最后访问日期：2023 年 3 月 12 日。

[5] Sitkoff. *A New Deal for Blacks*: 252.

它为目标。不容否认的是，任何隔离的机构只能使黑人的劣等地位永久化。①

　　许多黑人认为杜波依斯的黑人"经济国中国"设想如空中楼阁，不切实际。他们认为，白人掌控着美国的金融和经济制度，黑人作为一个边缘化的经济群体，根本没有能力集中性、大规模生产和分销自己所生产的产品。即使黑人独立实施了经济计划，也可能遭受白人的抵制。②克劳德·麦凯在1935年5月致詹姆斯·韦尔登·约翰逊的信中说："我看不到在美国建立一个黑人国家的希望或地方。这种思想在我看来只是浪费思想能量而已。"③全国黑人大会秘书约翰·戴维斯（John P. Davis）指出："某些黑人领袖想象的隔离的黑人经济秩序……只是一个注定会撞在经济现实暗礁上的幻想。"④富兰克林·弗雷泽（Franklin Frazier）告诉黑人："不必对杜波依斯的种族计划太认真。"⑤他进一步指出："南部成千上万的黑人失去了农场，同时更多的黑人依靠城市的救济，合作计划的口号只能是'分享你的贫困'（Share Your Poverty）。"⑥曾任全国有色人种协进会执行秘书的詹姆斯·韦尔登·约翰逊指出，杜波依斯要使黑人种族成为一个"自给自足的统一体"（self-sufficient unit），建立一个"国中国"（*imperium in imperio*），而这种"国中国"必须建立在一个独立而隔离的群体经济的基础上，这与当今社会的发展趋势背道而驰。而且，黑人根本无法在美国建立真正独立的经济与社会机构。黑人种族的一切独立机构和经济、社会与文化活动都与整个国家有着不可分割的联系。退一步讲，即使黑人能够建成自给自足的统一的经济体系，那也不会消除种族偏见，而只会引起更为强烈的嫉妒、仇恨和迫害。"自愿隔离"只能使二等公民的地位永久化。⑦

　　费迪南德·默顿也认为杜波依斯的计划无法实现，因为黑人是一个劳动阶级，除了劳力之外一无所有，主要靠向白人出卖劳力谋得生计，无法独立

---

　　① Ferdinand Q. Moton. "Segregation." Charles V. Hamilton. ed. *The Black Experience in American Politics*. New York: Capricorn Books, 1973: 96. 另参见 *The Crisis*, Vol. 41, No. 8 (August, 1934): 244-245. https://archive.org/details/sim_crisis_1934-05_41_5, 最后访问日期：2023年3月13日。

　　② Rudwick. *W. E. B. Du Bois*: 283.

　　③ Sitkoff. *A New Deal for Black*: 252.

　　④ John B. Kirby. *Black Americans in the Roosevelt Era: Liberalism and Race*. Knoxville: The University of Tennessee Press, 1980: 167.

　　⑤ Sitkoff. *A New Deal for Blacks*: 252.

　　⑥ Rudwick. *W. E. B. Du Bois*: 283.

　　⑦ James Weldon Johnson. *Negro Americans, What Now?* New York: The Viking Press, 1934: 14-16.

生存。另外，建立工商业组织需要巨大资本，黑人无力提供。[1]拉尔夫·邦奇（Ralph J. Bunche）也指出："经济分离主义"（economic separatism）不会成功。因为白人控制着信贷、基础工业和政府，个体的黑人小企业根本无法与白人小企业竞争。邦奇形象地说："黑人企业从贫困的黑人聚居区的乳房上吸吮奶汁，必然会营养不良。"而且，贫困的黑人消费者只能从白人经销商那里购买价格较低的商品。邦奇举例说，美国黑人每年花费在食品、服装、鞋子上的钱大约为41.5亿美元，而其中仅有8300万美元流向黑人零售商。黑人"经济国中国"只是一个空中楼阁而已。[2]

　　当然也有个别黑人支持杜波依斯的方案。有一位黑人大学生投书报刊说："就像一位睿智的将军一样，他看到可以从一个更有利的点位发动攻击。他没有领导他的部队贸然进攻，而是选择改变方向，寻求其他能够更有把握、更快取得［成功］的路线。杜波依斯博士认识到，黑人拧成一股绳，才能巩固前线，集中力量推进。"[3]

　　其实，全国有色人种协进会和杜波依斯的同时代人认为杜波依斯接受和倡导种族隔离是对他的误解，误解的责任完全在于杜波依斯采用了错误的术语概括其计划。他所谓的"纯粹的隔离""自我隔离""自愿隔离"或"主动隔离"等，本意上是强调黑人种族的团结自立、自我发展，依靠自身的力量改善自身的经济与社会状况。这一主张是18世纪末以来黑人思想界一条绵延不绝的思想线索，也是杜波依斯19世纪末期以来一条持续不断的思想脉络。以往包括杜波依斯在内的黑人对此思想的阐述一直未引起什么争议和非议。只是当杜波依斯把他的体现这一思想的黑人"经济国中国"计划冠之以"自愿隔离"等名称时，才引火烧身。尽管杜波依斯连篇累牍地阐释和说明他的"自愿隔离"思想的实质内容，但都无法避免全国有色人种协进会和黑人思想界认为他接受了种族隔离的现有秩序。另外，无论叫什么"隔离"，这都与全国有色人种协进会反对一切形式的种族隔离的原则立场相抵触。实际上，在整个争论过程中，反对他的人都是坚持反对真正的种族隔离的立场，同杜

---

[1] Moton. "Segregation." Charles Hamilton. ed. *The Writings of W. E. B. Du Bois*: 95-96. 另参见 *The Crisis*, Vol. 41, No. 8 (August, 1934): 244. https://archive.org/details/sim_crisis_1934-05_41_5, 最后访问日期：2023年3月13日。

[2] Ralph J. Bunche. "The Program of Organizations Devoted to the Improvement of the Status of the American Negro." Meier and Rudwick. eds. *The Making of Black America*, 2: 248.

[3] Rudwick. *W. E. B. Du Bois*: 281.

波依斯所强调的黑人应重视自我发展完全对不上号。双方各说各话，争论的焦点的根本不是一回事。布罗德里克认为，杜波依斯与全国有色人种协进会之间的分歧部分是对"隔离"（segregation）这个词在语义学上的分歧。"隔离"这个词对于他来说主要是指在白人美国社会里发展起一种独立的黑人文化。这一计划可能会附带涉及黑人与白人之间居住区上的分离，黑人需要聚居在一起，才能充分发挥黑人社群的功能。然而，居住区隔离只是杜波依斯计划的一个"副产品"，而不是其"有意识的目标"。全国有色人种协进会多年来一直在与行政部门和法律部门设置的种族隔离做斗争，杜波依斯使用"隔离"一词描述其计划，协进会的领导们只能将其解释为对协会存在理由的直接攻击。①

如果我们不拘泥于杜波依斯的用词，对他的论点做实事求是的考察，那就绝不会简单地把杜波依斯的"自愿隔离"思想等同于"种族隔离"。在这场争论中，他一直坚持黑人不应放弃争取平等权利、反对种族歧视和种族隔离的斗争。他指出，白人种族隔离的目的是孤立黑人，以使他"精神上崩溃，体质上下降，经济上产生依赖"。因此，每一位黑人和开明的美国人义不容辞的责任是对此予以坚决抵抗。②黑人应不停地鼓动，告诉这个国家，仅仅依据种族和肤色实行种族隔离是"毫无道理的"，也是"对文明的一记响亮的耳光"。③其间，他还曾写道，有人说既然"我们无法取胜，那就只能屈服并且接受必然的命运"。他断然表示："永远不能这样。这纯属一派胡言。我们在这个世界的事情是战斗，再战斗，永不屈服。然而，一个人如果有头脑，他必须用他的头脑来战斗。"他举例说，正如现代战争必须事先制订周密的计划，并且在战斗中讲究隐蔽、前进、迂回、后退等策略，才能有效地打击敌人，消除种族歧视与隔离、解决黑人问题也应讲究策略与方法，要进行研究和思考，培养忠诚的追随者，对人员进行长期的培训，建立机构，宣传种族和民

---

① Broderick. *W. E. B. Du Bois*: 169.

② Du Bois. "Segregation in the North." Huggins. comp. *W. E. B. Du Bois: Writings*: 1245. 另参见 *The Crisis*, Vol. 41, No. 4 (April, 1934): 116. https://archive.org/details/sim_crisis_1934-04_41_4, 最后访问日期：2023 年 3 月 12 日。

③ Du Bois. "The Negro and Social Reconstruction." Aptheker. ed. *W. E. B. Du Bois: Against Racism: Unpublished Essays, Papers, Addresses, 1887-1961*: 146.

族理想。①

杜波依斯后来回忆这段历史时说，他的经济计划被批评为"完全的种族隔离"，他被指责为放弃了争取黑人完全平等的目标，转而主张种族隔离，这完全是一种"误解"。②他说，为了自我生存，黑人必须团结起来，建立和发展黑人自己的经济、社会机构。与此同时，也不应减弱争取政治、经济、社会、文化平等的斗争。③他认为，他改善美国黑人经济状况的努力和反对种族歧视、争取平等权利的斗争并不对立，而是"同一理想的一部分"。④所以说，杜波依斯并未改变争取黑人平等权利的目标，只是改变了一下达到目标的策略而已。这一点他本人也多次强调过。⑤鲁德维克认为杜波依斯与其反对者的分歧不是原则上的，而是政策层面的。杜波依斯"出于策略的原因，从强调融入（integration）转向分离主义（separatism）"。在他看来，面对强大的种族主义，黑人应系统开发自身的资源，然后在要求融入主流社会时才能处于更有利的地位。然而，"即使发展隔离的经济实际可行，黑白两大种族也会认为有组织的分离（organized separation）是一种无法改变的现实，从而削弱建立一个种族融合社会的可能性"。⑥总之，笔者认为，杜波依斯在反对种族歧视、种族隔离，争取黑人平等权利的目标上与全国有色人种协进会是一致的，只是在实现目标的策略上发生了分歧，这种分歧完全是由语言表述方式造成的。

另外，也不应把杜波依斯与布克·华盛顿相提并论。杜波依斯 30 年代的思想与布克·华盛顿的思想有共同之处，如二人都强调美国黑人自身对解决黑人问题的作用，都尤为重视黑人的经济问题，都认识到黑人展示经济力量的重要性。但二者又有根本不同，表现在：布克·华盛顿要求黑人暂时完全放弃争取黑人平等权利的斗争，接受白人种族歧视和种族隔离的现存秩序，

---

① Du Bois. "Counsels of Despair." Huggins. comp. *W. E. B. Du Bois: Writings*: 1254, 1258. 另参见 *The Crisis*, Vol. 41, No. 6 (June, 1934): 182, 183. https://archive.org/details/sim_crisis_1934-06_41_6, 最后访问日期：2023 年 3 月 12 日。

② Du Bois. *Dusk of Dawn*: 197, 307.

③ Du Bois. *Dusk of Dawn*: 304-305.

④ Du Bois. *Dusk of Dawn*: 305.

⑤ Du Bois. *Dusk of Dawn*: 288; Du Bois. "A Pageant in Seven Decades." Foner. ed. *W. E. B. Du Bois Speaks*, 1: 64, 66; Broderick. *W. E. B. Du Bois*: 175, 219-220, 226, 229; Joseph DeMarco. *The Social Thought of W. E. B. Du Bois*. Lanham, MD: University Press of America, Inc., 1983: xiii.

⑥ Rudwick. *W. E. B. Du Bois*: 282.

而杜波依斯从未放弃争取黑人平等权利的斗争，从未真正默认或接受过种族隔离。布克·华盛顿主张扶植个体土地所有者和小资产阶级，使其在社会中展示个体的经济价值，而杜波依斯却强调增强城市黑人群体的总体经济力量。布克·华盛顿认为个体黑人发财致富、展示社会价值后自然就会得到白人恩赐的权利，杜波依斯则认为只有黑人群体经济力量的增强才能成为争取权利的有力砝码。一个是消极的，一个是积极的。所以，把二者相提并论是不妥当的。应当注意的是，尽管杜波依斯强调对于美国黑人问题的形成白人和黑人都有责任，解决应从两方面入手的观点从 19 世纪末到 20 世纪 30 年代一直没有变化，但在不同时期，其侧重点确实有所转移。如 1900－1930 年间，他偏重于宣传鼓动路线，主要从改变白人的偏见入手；而 30 年代以后，他更重视解决黑人自身的问题。30 年代之前他更偏重于争取黑人的公民权利，30 年代之后他更关心黑人经济状况的改善；30 年代之前他主要寄希望于黑人中"有天赋的十分之一"和白人自由主义者的孤军奋战，30 年代以后他试图直接发动和组织黑人民众改善自身的经济状况。

但是，杜波依斯的黑人"经济国中国"理论确实带有空想的色彩，他的同时代人对此持批评态度是不无道理的。确实，正如拉尔夫·邦奇所指出的，白人掌握着国家的政权和经济命脉，黑人小资本即使联合起来，也无法与白人抗衡。白人银行一般拒绝向黑人贷款。黑人企业家或商人缺乏资本，而且遭受白人连锁店的竞争。黑人商店运营成本高，同样的商品售价也较高。黑人消费者不得不购买价格略低的白人商人的商品。1929 年全国共有 25701 家黑人零售商店，其销售额为 1.01 亿美元，仅占全国总销售额的 0.21%。[1]在这种情况下，实行生产和消费合作十分困难，对国民经济生活的影响也微乎其微。而且，大危机中，大批黑人企业破产。黑人中间一半以上零售商以及储蓄和贷款协会均告破产。1890－1930 年间建立的 100 余家黑人银行，到 1936 年仅余 13 家。[2]另外，在美国资本主义的汪洋大海中要实现其"工业民主"的理想也不太可能。所以说，杜波依斯的黑人"经济国中国"思想不过是一种理想主义的计划，在很大程度上不过是难以实现的"乌托邦"。

杜波依斯的黑人"经济国中国"和"自愿隔离"的提法是对全国有色人种协进会 20 多年来单一鼓动路线的质疑和挑战，在 20 世纪 30 年代经济大

---

① Kornweibel. *In Search of the Promised Land*: 136, 145.

② Sitkoff. *A New Deal for Blacks*: 253.

萧条的背景下有其合理的、积极的一面。在经济大危机使黑人生计生存成为当务之急的背景下，在种族隔离的屏障仍固若金汤的情况下，仅仅空喊"反对隔离"的口号确实不能解决黑人的失业、贫困、饥饿等迫切的现实问题。对于广大黑人民众来说，在基本生活都无法保障的情况下，空谈公民权利确实没有意义。生存权先于其他权利。这是杜波依斯对黑人问题认识上的一大飞跃。

杜波依斯的黑人"经济国中国"和"自愿隔离"思想中所体现的黑人自尊自信、团结合作、自立自强的精神是美国黑人民族以往斗争传统的精髓，也是她未来永远弥足珍贵的精神遗产。在上述那场论争中，杜波依斯曾慷慨激昂地写道，为了黑人民族的振兴和发展，黑人不应再向白人卑躬屈膝，摇尾乞怜。他们必须理直气壮地向世人宣布："黑人种族是一个伟大的人类种族，在其成就和能力方面不逊色于任何种族。……这个种族，凭其在当今时代的有利地位，能够依靠自己的意志、自己的能力和自己的主动性而前进。"①杜波依斯一生都在努力向世人揭示和证明这一点。②

---

① Du Bois. "Counsels of Despair." Huggins. comp. *W. E. B. Du Bois: Writings*: 1255. 另参见 *The Crisis*, Vol. 41, No. 6 (June, 1934): 182. https://archive.org/details/sim_crisis_1934-06_41_6, 最后访问日期：2023 年 3 月 12 日。

② 研究杜波依斯的学者布罗德里克认为，杜波依斯在 1934 年强调黑人分离主义，是其回到家乡大巴灵顿以来的种族思想发展的"逻辑结果"（logical conclusion）。他明确表示接受"自愿隔离"的"催化剂"包括：对白人自由主义者的不满；未能在黑人和工人阶级中间找到同盟军；20 世纪 30 年代经济大危机的影响。参见 Broderick. *W. E. B. Du Bois*: 229.

第六章　"二战"以后的杜波依斯

"二战"以后，杜波依斯继续探索克服资本主义制度弊病、改善黑人经济状况的途径。半个多世纪对社会主义思潮和运动的关注促使他最终选择了社会主义。他认识到，在资本主义制度下，黑人不可能获得真正的自由和平等，不可能摆脱贫困和文盲的羁绊。黑人的唯一出路在于社会主义。这表明，杜波依斯对于解决美国黑人问题路径的探索，进一步深入到了体制层面。另外，杜波依斯自 19 世纪末以来对世界范围内种族问题的观察和思考使他逐步认识到，殖民主义和帝国主义掠夺的对象都是亚非拉地区的有色种族；殖民国家与有色种族之间的关系，构成了一个全球范围的种族问题。殖民主义和帝国主义国家之间在亚非拉地区争夺势力范围是世界战争的根源，而一旦发生战争，就会使有色种族陷入深重的苦难；不解决世界范围内的种族问题，美国的黑人问题也就无法从根本上得到解决。因此，"二战"以后，他比以前更加热衷于反对殖民主义和帝国主义，关注世界和平问题。杜波依斯这种新的关注点并不能说明他已经不再关注美国的种族问题，而是因为他看到了国内种族问题与全球种族问题之间的紧密联系，解决全球的种族问题，有助于解决美国国内的种族问题。另外，在"二战"前后，杜波依斯一如既往地心系非洲，热衷泛非主义，最后在他的暮年得以完成自己的一个夙愿，亲自将泛非主义的旗帜转交给了非洲新独立国家的年轻一代领导人。

一、杜波依斯的"社会主义"观

杜波依斯对社会主义的兴趣是他自 19 世纪末期以来一直到"二战"以后的一条思想线索。这种兴趣随着他对资本主义制度认识的加深而日益增强。资本主义制度下激烈的就业竞争所造成的频繁的种族冲突、资本主义制度周期性的经济危机给普通人民的生活带来的灾难性打击、资本主义制度所造成的贫富悬殊这一社会痼疾以及资本主义强国对亚非拉广大有色民族地区的掠夺与争夺所引发的频繁的世界战争给有色民族所带来的苦难，等等，都促使杜波依斯对资本主义制度产生怀疑，逐渐消解着他对资本主义制度的信心和在资本主义制度下实行改革的希望，推动他逐步成为社会主义的坚定的信仰者和支持者。

1892—1894 年在柏林大学留学期间，杜波依斯就对社会主义有了初步的了解。在这一时期，他开始接触马克思的学说，并为当时德国的社会主义运动所吸引。他先是参加了柏林大学的社会主义俱乐部的一些会议，最后加入了社会主义俱乐部。①他还经常参加德国社会民主党的大会，甚至把自己视为社会主义者。②

杜波依斯对社会主义的兴趣一直延续到 20 世纪。20 世纪初，他一方面对私人资本主义充满了信心，另一方面同情社会主义运动，持有一些社会主义观点。③早在 1903 年，杜波依斯就声称，尽管他不是一个社会主义者，但是他赞同社会主义的许多信条。④1907 年 2 月，杜波依斯在《地平线》杂志上发表的文章中自称"半路中的社会主义者"（Socialist of the Path），并表明了他对私人资本主义的信念。他认为政府不会比私人更好地经营企业，因此不应完全废除私人所有制，实行生产方式的"完全公有化"。但他同时又认为，所谓"私有企业就像蓝天一样并非私有财产"。应为了公众的利益更多地由公众经营铁路、矿山和工厂。这是社会进步的趋势。他说，他将"兴奋地和充满希望地"关注这一趋势的发展。⑤他在同期《地平线》杂志上发表的《黑人与社会主义》一文中指出，社会主义是美国黑人的"一大希望"。美国黑人已成为资本家手中的"玩物"，被操纵，被利用，也被蔑视。黑人获得拯救的途径不应像白人资本家一样欺诈、钻营、攫取和囤积，而应着眼于实现"人类的友爱、机会的平等以及为了幸福而不是为了财富而工作"。这是社会主义的奋斗目标，这也应是黑人的奋斗目标。对于社会主义者，虽然"我们不会

---

① Philip S. Foner. *American Socialism and Black Americans: From the Age of Jackson to World War II*. Westport, Conn.: Greenwood Press, Inc., 1977: 194; Aptheker. ed. *The Correspondence of W. E. B. Du Bois*, 1: 23.

② Du Bois. *Autobiography*: 168, 289.

③ Aptheker. ed. *The Correspondence of W. E. B. Du Bois*, 1: 82.

④ Broderick. *W. E. B. Du Bois*: 86.

⑤ Du Bois. "Socialist of the Path." Hamilton. *The Writings of W. E. B. Du Bois*: 70.

事事处处追随他们和赞同他们……但是在趋向和理想方面，他们是当今社会的精英"。①1908－1912年间，杜波依斯曾寄希望于美国社会党（Socialist Party of America）能致力于争取黑人公民权利。1908年2月，他在《地平线》杂志上告诉黑人选民，今天的美国只有社会主义者把黑人当人看。他号召黑人在选举中投社会党的票。1911年12月，他在《危机》杂志上发表了同样的观点。②

然而社会党在黑人问题上的立场令杜波依斯感到失望。该党在种族歧视和黑人权利问题上保持沉默。该党领袖尤金·德布斯（Eugene Debs）认为，在推翻了资本主义制度以后，种族问题便迎刃而解。在此之前，"我们没有什么特殊的东西给黑人，我们不能对不同的种族发出不同的号召"。③1912年，杜波依斯加入了社会党，但很快于当年11月退党，原因是他对该党在黑人问题上的立场感到失望，转而支持民主党候选人伍德罗·威尔逊竞选美国总统。随后他发表了一系列文章批评社会党的种族主义色彩。1913年2月，他在《新评论：国际社会主义每周评论》（*The New Review: A Weekly Review of International Socialism*）杂志上发表了题为《社会主义与黑人问题》的文章，指出，黑人占美国工人的1/5，然而，社会主义者没有勇气宣布黑人也是人，未能把黑人纳入其社会改革计划之内，相反，却为赢得南方白人的支持而对"种族仇恨"置若罔闻。他强调说："黑人问题是美国社会主义者的真正试金石。"排斥黑人的社会主义计划不是"真正的社会民主"，也不是真正的社会主义。④

1917年俄国爆发十月革命以后，杜波依斯对世界上第一个社会主义国家表示出极大的兴趣，并给以较高的评价。1919年8月，他在《危机》杂志上发表文章指出，在"一战"中产生的遭到恶毒诅咒的"新思想"——布尔什维主义——也许不会使这场大屠杀受害者白白死去。这种思想认为只有劳动者有权参加选举和治理国家。⑤1912年他在另一篇文章中写道："十月革命"也许是两个世纪以来最伟大的事件。它的领导者是"最为无私的先知"。⑥1922年4月，他指出："在'二战'以后，俄国取得了最为惊人的发展，成为最

① Du Bois. "Negro and Socialism." Hamilton. *The Writings of W. E. B. Du Bois*: 71.

② Aptheker. ed. *Annotated Bibliography of the Published Writings of W. E. B. Du Bois*: 114, 138.

③ Sitkoff. *A New Deal for Blacks*: 20.

④ Du Bois. "Socialism and the Negro Problem." Foner. ed. *W. E. B. Du Bois Speaks*, 1: 239-243.

⑤ Du Bois. *An ABC of Color*: 112-113.

⑥ Broderick. *W. E. B. Du Bois*: 138.

具有希望的国家。"虽然她一度遭受诋毁、扼杀和蹂躏，但她仍坚定不移地致力于工业发展，并最终赢得了世界的认可。①这一时期，杜波依斯对于苏联社会主义的认识是朦胧的，还停留在感性的水平上。1926、1936、1949 和 1958年杜波依斯四次访问苏联，以及 1958—1959 年秋冬之际他对东欧的捷克斯洛伐克、德意志民主共和国和亚洲的中国等社会主义国家的实地考察，使他对社会主义的认识逐步由感性上升到理性，促使他认为社会主义具有优于资本主义的无可比拟的优越性，从而做出了他思想历程中的又一次重大抉择。

1926 年，杜波依斯有生以来第一次访问苏联。他称这次旅行是"一个永远难忘的经历"。②他说，他在苏联的两个月给他带来的震动超过了在他一生中的任何事情。他指出："从那以后，我的思想观点和对世界的认识与以前相比有了很大的不同。"③在苏联期间，他看到，尽管四年世界大战以及三年国内战争给苏联国家造成的创伤还未平复，那里的人们还衣衫褴褛，食不果腹，然而他们的生活却充满生机与活力。在苏联的土地上，他看到了一种不畏艰难困苦和挫折失败的"令人难忘的精神"。④这次苏联之行使杜波依斯更加坚信社会主义是推动人类进步的一条"伟大途径"。⑤

1926 年访苏之后，杜波依斯不断发表文章热情赞扬苏联的各项成就。1926 年 11 月，他在访苏观感中写道："我惊讶而好奇地看着苏联展现在我面前的新气象。我可能受骗了，或者得到的信息不全面。如果说我在苏联亲眼所见、亲耳所闻的正是布尔什维主义，那我就是一个布尔什维主义者。"⑥他看到，尽管苏联人的住房比较破旧，但是工人住的是最好的房子；劳动者在重要政治部门任职；闲暇之余，他们可以去剧院观看表演，或者去博物馆参观。在美国，大亨富豪受人崇拜，而在苏联，工人备受尊崇。他认为苏联相信文化多元主义（cultural pluralism），每个族群都被允许发展自己的文化，每种民族文化都处于平等的地位。而且，苏联的独特之处是，那里没有种族

---

① Aptheker. ed. *Annotated Bibliography of the Published Writings of W. E. B. Du Bois*: 236. 另参见 *The Crisis*, Vol. 23, No. 6 (April, 1922): 247. https://modjourn.org/issue/bdr521604/，最后访问日期：2023 年 3 月 13 日。

② Du Bois. *In Battle for Peace*: 23.

③ Du Bois. *Dusk of Dawn*: 287.

④ Du Bois. *Dusk of Dawn*: 287.

⑤ Du Bois. *In Battle for Peace*: 23.

⑥ Du Bois. *An ABC of Color*: 151. 另参见 *The Crisis*, Vol. 33, No. 1 (November, 1926): 8. https://archive.org/details/sim_crisis_1926-11_33_1，最后访问日期：2023 年 3 月 13 日。

歧视。①1927年2月，杜波依斯指出，如果布尔什维克意味着为了公众利益而不是私人利益重新组织工业，我赞成这一做法。苏联的教育旨在培养拥有知识、掌握技能的工人，旨在培养"未来的统治者"。苏联提出的一个关键问题是："你能否把工人而不是百万富翁视为当代权力和文明的中心？如果能的话，那么俄国革命将横扫全球。"②在十月革命十周年之际，他还发表纪念性文章，为十月革命欢呼，谴责欧美国家对苏联政府的肆意诋毁和歪曲，称赞布尔什维克推翻沙皇政府后建立起来的新政府敢于面对世界其他国家不敢面对的经济问题。③1929年11月，杜波依斯指出，苏联所走的路线代表着未来世界的发展方向。④

　　1936年，杜波依斯再次访苏。他看到从他1926年首次访苏以来的十年中，苏联发生了翻天覆地的变化。他所到之处都是一片欣欣向荣的景象。⑤随后，他继续发表文章对苏联社会主义制度的优越性进行阐述和宣传。1936年6月，他称苏联所进行的实验是"世界上最有希望的"。⑥1937年1月和2月，他对美国和苏联的制度进行了比较，美国由富有者和出身高贵者掌握国家权力，而在苏联，普通的人民群众有机会参与治理国家；美国的财富和资本控制在私人手中，而在苏联由国家控制和分配财富；美国由资本家为了私人利润对土地和资源进行垄断和掠夺性开发，而在苏联则由国家拥有土地和资源，并为了民众的根本利益而利用财富和资源。⑦1940年2月，杜波依斯写道，苏联不是"超人"，她在前进中也许有时会跌倒或倒退，然而她在消除贫困方面取得了显著的成就，她在推翻垄断资本主义、改造工业、发展农业和教育等方面展现了苏联人民的"巨大力量"。⑧

　　1949年，杜波依斯第三次访苏。苏联在十月革命后短短的三十年内跻身世界强国之林给他留下了深刻的印象，使他更加坚信社会主义。1950年9月，他指出，采用"某种形式的社会主义"是任何国家未来发展的必然趋势。社会主义是走向人类文明的真正途径。社会主义以计划经济取代建立在运气和

① Rudwick. *W. E. B. Du Bois*: 255-256.

② Broderick. *W. E. B. Du Bois*: 139-140.

③ Du Bois. *An ABC of Color*: 153-154.

④ Aptheker. ed. *Annotated Bibliography of the Published Writings of W. E. B. Du Bois*: 306.

⑤ Du Bois. *Autobiography*: 31-32.

⑥ Aptheker. ed. *Newspaper Columns by W. E. B. Du Bois*, 1: 83.

⑦ Aptheker. ed. *Newspaper Columns by W. E. B. Du Bois*, 1: 161, 163.

⑧ Aptheker. ed. *Newspaper Columns by W. E. B. Du Bois*, 1: 286.

私利基础上的经济，显示出其极大的优越性：社会主义国家没有贫困，没有失业，人人享有医疗保险和老年保障以及免费的普及义务教育，人人无私地奉献，尽心尽力地去工作，不是为了私利，而是为了服务于他人。[1]1957年以后，杜波依斯在资本主义制度下实行改革的希望彻底破灭。1957年初，他指出，在资本主义制度下，黑人只能属于低薪群体；如果不推翻资本主义垄断，黑人无法在美国作为一个具有文化特色和独特贡献的民族而存在，并成为美国文化的一部分。[2]1958年初，杜波依斯在题为"走向社会主义美国"的研讨会上发表演说指出，社会主义不是"犯罪"，也不是"阴谋"，而是走向人类进步的途径。美国黑人必须研究社会主义在欧洲和亚洲崛起的历史及其对非洲解放的特殊的适用性。黑人必须认识到，没有任何其他制度能像社会主义一样带给美国黑人真正的解放。长期以来，欧洲和北美资本主义建立在对美国黑人奴役的基础上，只要资本主义的私有制存在，对黑人的奴役便永远不会完全消失。因此，今天只有社会主义才能拯救美国黑人。[3]1958年2月，杜波依斯宣布："我相信社会主义。我向往一个将实现共产主义理想——各取所需，各尽其能——的世界。为此，我将用余生为之奋斗。"[4]

1958年8月至1959年6月间，杜波依斯访问了苏联、东欧社会主义国家和中国。他说这是"我曾经历的最令人惊奇的旅行。它极大地改变了我的整个观点"。[5]这次旅行使他认清了美国媒体有意丑化社会主义国家的伎俩，使他对社会主义国家有了一个全新的认识。[6]这更坚定了他的社会主义信念。1958年，他在《自传》中写道："我相信共产主义。我所说的共产主义意思是指在财富的创造中的一种有计划的生活方式，以及努力建立一个以其人民的福利而不仅仅是部分人的利润为目标的国家。我认为所有人都应根据其能力得到雇用，财富和服务应根据其需要得到分配。我曾认为这些目标能够在生产工具私有且可以为个人随意使用的资本主义制度下实现，经过认真的观察，我现在认为私人拥有资本和私人企业正将世界引向灾难。"杜波依斯指出，共产主义的胜利将是一个缓慢的过程，在这个过程中难免会犯各种错误，但

---

[1] Aptheker. ed. *Newspaper Columns by W. E. B. Du Bois*, 2: 1088-1089.

[2] Aptheker. ed. *Newspaper Columns by W. E. B. Du Bois*, 2: 988, 992.

[3] Du Bois. "The Negro and Socialism." Foner. ed. *W. E. B. Du Bois Speaks*, 2: 304, 307, 310.

[4] Aptheker. ed. *Newspaper Columns by W. E. B. Du Bois*. 2: 105.

[5] Du Bois. *The Education of Black People: Ten Critiques*: 155.

[6] Du Bois. *The Education of Black People: Ten Critiques*: 155-156.

他相信共产主义终将会取得胜利。他将以一切可能的方式为实现这一目标而努力。①1961 年 10 月 1 日，杜波依斯加入了美国共产党。在入党申请书中，他写道："资本主义无法实现自身的改革。它必然自取灭亡。普遍的自私不可能为所有人带来社会福利。共产主义——致力于让所有人各取所需，各尽其能——是人类生活的唯一出路。"他相信美国共产党作为第三党，有助于促进美国确立真正的民主制度，它倡导：公共持有自然资源和所有资本；公共控制交通与通信；消除贫困和对个人收入的限制；禁止劳动剥削；社会化医疗，让老人得到住院治疗和护理；所有人享受免费教育；开展就业培训，保障所有人拥有就业机会；促进增长与改革；法律之下的自由；不要教条式的宗教。②

　　在简要介绍了杜波依斯最终走向笃信社会主义的过程之后，让我们回过头来具体看一下他为什么在晚年做出了这样的抉择。如前所述，"一战"以后城市黑、白工人激烈的就业竞争所引发的频繁的种族冲突促使杜波依斯开始认识到私人资本主义的弊端。他认为私人所有制必然导致贫困悬殊的问题。于是他开始主张从生产和消费合作入手，探索消除资本主义弊病的道路。1929－1933 年世界范围的经济大危机使资本主义的弊端变得更为突出，动摇了他对资本主义制度的信心。同时，大危机使杜波依斯认识到解决黑人的经济问题、改善黑人的经济状况是解决美国黑人问题的根本。另外，他还认识到，美国黑人恶劣的经济状况归根结底在于资本主义制度本身的弊病，如私人掌握资本和生产工具，以私人利润为生产目的，财富的过度集中等。30－40 年代，杜波依斯提出了以消费合作为核心的黑人"经济国中国"的思想和"工业民主"的理想，在美国黑人族群内部进行改革资本主义私人所有制的尝试，以克服资本主义的弊端，消除黑人中间的失业、贫困等问题。到了 50 年代，杜波依斯认识到，没有国家的支持，不实行社会主义制度，消费合作难以成功，③其"工业民主"的理想也只能化为泡影。也就是说，不可能通过局部地改革资本主义经济制度这一途径来实现他所追求的目标，必须以社会主义取代资本主义。与此同时，在对苏联等社会主义国家的实地考察之后，杜波依斯认为，社会主义制度所体现出来的优越性方面恰恰是资本主义制度的弊端所在。社会主义制度能够消除经济剥削，公平分配产品，最终消灭资本主义无法克服的民众的普遍贫困、文盲和疾病等问题。因此，杜波依斯最终坚

---

① Du Bois. *Autobiography*: 57-58.

② Du Bois. "Letter to Gus Hall." Clarke. ed. *Black Titan W. E. B. Du Bois*: 305-306.

③ Aptheker. ed. *Newspaper Columns by W. E. B. Du Bois*, 2: 988.

信社会主义是黑人的唯一出路主要是从克服资本主义的缺陷、解决黑人的经济问题的角度上说的，也主要是从这一立足点出发所做出的选择。

综上，杜波依斯所信奉的"社会主义"主要是经济意义上的社会主义，也就是他赞同社会主义的某些经济政策和原则。这些政策主要包括：政府控制资本，计划和指导工业生产；工业生产的目标是保障公众福利，而不是创造个人利润；建立福利国家，人人各尽所能，按需分配。[①]这与杜波依斯的"工业民主"理想是一致的，也是杜波依斯为实现其"工业民主"理想最终做出的抉择。早在1921年9月，他就在《危机》杂志上宣布，如果社会主义意味着"工业民主化"，那么必须实行社会主义，否则文明就会走向衰败。[②]

值得注意的是，杜波依斯并不赞成社会主义国家的某些政治理论。在20世纪初期，他指出，马克思主义的阶级分析和阶级斗争理论不可不加鉴别地应用于美国黑人，因为尽管美国黑人在理论上属于"世界无产阶级"的一部分，他们一直得不到美国"白人无产阶级"（即白人工人）的承认，相反，一直遭受他们的压迫、排斥和仇恨。[③]因此，由于白人的种族偏见，在美国，无法实现马克思所说的跨越肤色界线的黑白劳工团结。[④]他还对马克思以暴力革命推翻资本主义制度的观点提出异议。他认为，这对白人来说是一个"愚蠢的计划"，对黑人来说无异于"自杀"。应通过"和平与理性"的途径实行社会渐进的变革。[⑤]1921年夏季，他在《危机》杂志发表社论《阶级斗争》（"The Class Struggle"），对苏联通过暴力实现权力交接表示不安。他写道："我们不相信革命。"尽管在历史上在极少的情况下"有组织的谋杀"是唯一的选项，但那种情况已经不复存在。革命性的变革必须"主要通过理性、人类同情和教育儿童来实现，而不是通过谋杀"。[⑥]另外，杜波依斯指出，黑人的解放不应教条地照搬苏联和中国的模式。苏联和中国的社会主义是否适用于黑

[①] Aptheker. ed. *Newspaper Columns by W. E. B. Du Bois*, 1: 82; 2: 648, 761; Du Bois. "The American Negro and Communism." Aptheker. *W. E. B. Du Bois: Against Racism: Unpublished Essays, Papers, Addresses, 1887-1961*: 253, 295.

[②] Aptheker. ed. *Annotated Bibliography of the Published Writings of W. E. B. Du Bois*: 229.

[③] Broderick. *W. E. B. Du Bois*: 144; Lewis. *W. E. B. Du Bois: The Fight for Equality and the American Century*: 195.

[④] Aptheker. ed. *Newspaper Columns by W. E. B. Du Bois*, 1: 290.

[⑤] Du Bois. "The Negro and Social Reconstruction"; "The Release of Earl Browder." Aptheker. *W. E. B. Du Bois: Against Racism: Unpublished Essays, Papers, Addresses, 1887-1961*: 142, 199.

[⑥] Lewis. *W. E. B. Du Bois: The Fight for Equality and the American Century*: 195.

人，必须通过实践来确定。①所以绝不应把杜波依斯理解的"社会主义"与当时苏联、东欧国家和中国的社会主义制度等量齐观。

二、美国黑人问题的国际视角与反殖民主义思想

美国黑人问题的国际视角是杜波依斯自 19 世纪晚期以来的一条日益明晰的思想线索。他认为美国黑人问题是世界范围种族问题的一部分。黑人与世界其他有色民族同样遭受白人的种族歧视和掠夺，命运相连，荣辱与共。要解决美国黑人问题，必须清除世界范围的种族主义及其具体表现——殖民主义和帝国主义。

面对美国黑人民族在种族主义的重压之下所经历的苦难，杜波依斯在大学期间开始关注世界上其他种族和民族的命运和发展，尤其是遭受殖民压迫、处于水深火热之中的有色民族与种族的命运和发展。②1900 年，杜波依斯在伦敦泛非会议起草的《致世界各民族书》中精辟地概括了他对世界范围种族问题的敏锐理解和认识："20 世纪的问题是肤色界线问题，是此后在多大程度上会将种族差别（主要表现在肤色与头发的质地）作为依据，剥夺世界半数以上的人口尽最大可能分享现代文明所带来的机会与特权的权利的问题。"③1904 年 1 月，他在致《科利尔周刊》（*Collier's Weekly*）杂志编辑理查德·琼斯（Richard Jones）的信中指出："今天肤色界线已经扩展到了全球。世界的利益以此为中心。"他建议该杂志开设一个名为《沿着肤色线》（"Along the Color Line"）或《黑色大众之声》（"Voice of the Darker Millions"）的专栏，每周或每月出一期，介绍和评论美洲、非洲和亚洲等地有色种族的情况。④后来杜波依斯在其主编的全国有色人种协进会的机关刊物《危机》杂志中专门开设了《沿着肤色线》专栏，随时报道世界各地有色种族的新闻。这表明杜波依斯对世界范围的有色种族问题的关注和他在寻求解决美国黑人问题过程中的国际视野。

自 1892 年赴德国留学以来，杜波依斯一直保持着周游世界的兴趣。他

① Du Bois. "The Negro and Socialism." Foner. ed. *W. E. B. Du Bois Speaks*, 2: 310-311.

② Du Bois. *Dusk of Dawn*: 29-30; Du Bois. *Autobiography*: 125.

③ "Address to the Nations of the World." Foner. ed. *W. E. B. Du Bois Speaks*, 1: 125.

④ Aptheker. ed. *The Correspondence of W. E. B. Du Bois*, 1: 73.

一生中共出国 15 次，游历了欧洲、亚洲、非洲和西印度群岛的许多国家和地区。杜波依斯后来回忆说，这些"激动人心的旅行"加深了他对世界局势以及美国和世界范围内种族问题的理解。[①]值得一提的是，1911 年他应邀参加了世界各国人类学家及社会学家在伦敦召开的第一届世界种族大会（The First Universal Races Congress），大会决定成立一个国际委员会，通过推动跨种族合作，促进世界和平。委员会将推动对世界不同种族群体文化的研究，揭示"民族中心论思维"（ethnocentric thinking）的危害，包括研究种族混血的生物学和社会学影响，搜集可在后发展民族中间实施社会改革的证据，推动在他们中间实施改良计划。该委员会还倡导在世界各国民众中间推广职业教育和大学教育，以促进不同种族之间的和谐共存。[②]尽管这次大会影响有限，而且由于"一战"的爆发，未能保持会议的连续性，但是参加这次大会增进了杜波依斯对世界其他民族和种族的了解，增强了他关于世界各民族和各种族应当平等的信念。他逐渐认识到世界各地的有色民族相似的痛苦命运，其根源在于种族主义掩盖下的殖民主义和帝国主义。这是美国黑人与世界有色民族和种族所面临的共同敌人。这构成一个世界范围的种族问题，与美国国内的黑人问题密切关联，要想解决其中一个，就必须同时解决另外一个。

杜波依斯认识到种族主义与殖民主义、帝国主义之间有着密不可分的联系。殖民主义国家为了能够心安理得地对有色种族和民族进行肆意掠夺和剥削，制造了白人种族优越论和有色种族低劣论，宣扬有色种族的人民没有感情、没有思想、没有抱负、没有勇气，他们是傻瓜、是白痴、是懦夫、是魔鬼，需要白人的"文明开化"。白人种族的逻辑是，任何伟大的、美丽的、尊贵的、好的，都是白人的；任何卑贱的、糟糕的、错误的、可耻的都是黄色、棕色或黑色人种的。[③]白人是世界天生的统治者，而有色种族先天劣等，没有自治的能力。[④]于是，种族主义便成为殖民主义和帝国主义国家进行血腥的殖民扩张和掠夺、奴役与屠杀殖民地人民的遮羞布。殖民主义国家在掠夺和剥削亚、非、拉等广大地区的有色民族的基础上积累起巨大的财富，实现了经济繁荣，而广大殖民地人民却不得不遭受贫困、识字率低和病弱之苦，

---

① Du Bois. *Dusk of Dawn*: 267.

② Rudwick. *W. E. B. Du Bois*: 145.

③ Du Bois. *Darkwater*: 41, 42, 44.

④ Du Bois. "The Negro and Imperialism." Foner. ed. *W. E. B. Du Bois Speaks*, 2: 155-156.

作为人的权利被肆意剥夺和践踏。①杜波依斯把殖民地称为"世界的贫民窟"（the slums of the world），并指出这里是贫困、疾病和文盲最集中和最严重的地方。②杜波依斯也看到，殖民主义和帝国主义国家对殖民地原料和劳动力的争夺是世界战争的主要根源。他指出，殖民地问题是两次世界大战的主要原因。如果不从根本上予以解决，可能会导致第三次世界大战。③

　　杜波依斯除了在美国国内争取美国民主的真正实现之外，他还有一个更为宏大的目标，那就是要"使民主的习惯扩展至全球"，④也就是要消除世界范围的种族主义，争取各种族的一律平等、和睦相处和共同进步，实现包括世界有色民族在内的"世界民主"（world democracy）⑤。他指出，如果人类要想发展至最高阶段，不仅应把白人下层阶级包容进民主之中，而且也不应把亚洲和非洲等地的有色民族排斥在民主之外。只要世界的绝大多数民族由于所谓"文明民族"牟取私利而处于被殖民地位，遭受贫困、无知和疾病之苦，遭受经济剥削和种族歧视，美国和欧洲就不可能实现真正的民主，其吹嘘的民主只能成为一个"笑柄"，并且"其自身包含着自我毁灭的种子"。⑥杜波依斯写道，一个国家无法半奴役、半自由地存在下去；一个文明无法半民主、半极权地存在下去；当代世界也不可能在欧洲白人中实现民主而在亚洲和非洲推行殖民帝国主义的状态中存在下去。⑦不在占世界大多数的有色民族中间实现民主，便不会实现和平。⑧所以，在杜波依斯看来，殖民地问题

---

① Du Bois. "The African Roots of War"; "Jacob and Esau." Foner. ed. *W. E. B. Du Bois Speaks*, 1: 248; 2: 141.

② Du Bois. "Africa: In Battle Against Colonialism, Racialism, Imperialism." Aptheker. ed. *Pamphlets and Leaflets by W. E. B. Du Bois*: 335.

③ Du Bois. "The Negro and Imperialism." Foner. ed. *W. E. B. Du Bois Speaks*, 2: 159.

④ "To the World: Manifesto of the Second Pan African Congress." Aptheker. ed. *Pamphlets and Leaflets by W. E. B. Du Bois*: 196.

⑤ Du Bois. "The African Roots of War." Foner. ed. *W. E. B. Du Bois Speaks*, 1: 253; Du Bois. "The Future of Europe in Africa." Aptheker. *W. E. B. Du Bois: Against Racism: Unpublished Essays, Papers, Addresses, 1887-1961*: 191.

⑥ Du Bois. *Dusk of Dawn*: 169; Aptheker. ed. *Newspaper Columns by W. E. B. Du Bois*, 1: 600; Du Bois. "The Future of Africa in America"; "The Future of Europe in Africa." Aptheker. *W. E. B. Du Bois: Against Racism: Unpublished Essays, Papers, Addresses, 1887-1961*: 183, 184.

⑦ Du Bois. "The Future of Europe in Africa." Aptheker. *W. E. B. Du Bois: Against Racism: Unpublished Essays, Papers, Addresses, 1887-1961*: 188.

⑧ Du Bois. "Democracy and Peace." Aptheker. ed. *W. E. B. Du Bois: Against Racism: Unpublished Essays, Papers, Addresses, 1887-1961*: 236.

是一个事关世界民主与世界和平的重大问题。①

经过多年的观察与思考，杜波依斯看到了美国国内的黑人问题与世界范围种族问题的联系。他指出，美国黑人问题是世界范围种族问题的一部分。美国国内的黑人人权得不到保障，乃是亚、非、拉等广大地区有色民族的人权遭到肆意践踏的一个缩影。因此，不解决世界范围的白人和有色种族的关系问题，美国的种族问题永远也不会得到解决。于是他呼吁亚、非、拉有色种族和民族团结起来，向欧洲白人有权主宰世界、奴役其他民族的谰言挑战，共同为他们自己，也为全人类建立一个美好的新世界。②这是杜波依斯反殖民主义的思想基础。

进入 20 世纪以后，反对殖民主义一直是杜波依斯的一条思想线索。20 世纪 10 至 30 年代，杜波依斯不断撰写文章，发表演说，阐明他的反殖民主义思想。归纳起来主要包括以下几个方面：

1. 粉饰殖民主义的种族主义理论荒诞不经，世界各民族、各种族一律平等。杜波依斯指出，有色种族和民族劣等的理论纯属谎言。种族、肤色和民族血统并不能限制人的天赋和潜能。以肤色、头发和身材等种族特征来判断个人的能力是可笑的，也是危险的。③他希望建立一个各种族自由和平等的世界。④

2. 殖民主义是世界战争的主要根源。杜波依斯指出，对亚洲、非洲和拉美等地区土地和劳力的贪欲是所谓"文明民族"之间战争的最大也几乎是唯一的根源。⑤消除世界战争、实现真正的和平的唯一途径是让欧洲的民主理念在有色民族中间同样实现，建立一种包括世界所有种族和民族的"世界民主"，让每一个种族和民族成为这种民主中自由而平等的公民。⑥

3. 有色民族应当实行独立、自治。白人世界必须立即停止把其进步建立在有色世界（colored world）贫困和没文化的基础之上。⑦白人也应立即抛弃只有他们才能统治全人类的思想，让所有殖民地和民族实现独立和自治，让世界各民族在自己的政府中拥有发言权。否则，必将发生新的更为可怕的世

---

① Aptheker. ed. *Newspaper Columns by W. E. B. Du Bois*, 2: 633.

② Aptheker. ed. *Newspaper Columns by W. E. B. Du Bois*, 1: 79-80; Horne. *Black and Red*: 34.

③ Du Bois. *An ABC of Color*: 81, 116; Aptheker. ed. *Newspaper Columns by W. E. B. Du Bois*, 1: 137.

④ Aptheker. ed. *Annotated Bibliography of the Published Writings of W. E. B. Du Bois*: 140.

⑤ Du Bois. *An ABC of Color*: 59.

⑥ Du Bois. "The African Roots of War." Foner. ed. *W. E. B. Du Bois Speaks*, 1: 253.

⑦ Du Bois. *Dusk of Dawn*: 171.

界大战。①

4. 世界有色种族联合的思想。杜波依斯指出，世界有色种族和其他民族同样遭受殖民主义的掠夺和压迫，同样承受着殖民主义所造成的贫困、文盲和疾病的恶果。②因此，世界被压迫、遭蹂躏的民族应该增进相互理解与合作，联合起来，团结一致，与殖民主义进行不屈不挠的斗争，争取不再遭受奴役、欺辱、隔离和贫困。③杜波依斯相信，一旦有色种族团结起来，"世界将开启一个新时代。一个疯狂的种族令人难以忍受的主宰就将结束"。④

5. 有色种族掌握着未来世界的命运。杜波依斯认为，有色种族和民族占世界人口的 2/3，他们掌握着未来世界的命运。⑤他们必将以其绝对的人数对未来的世界产生巨大影响。⑥1915 年，他大胆预言："未来的世界很可能是有色人种创造的。"⑦

6. 有色种族在世界性组织中应拥有代表权和发言权。早在 1920 年，杜波依斯就指出，任何世界组织都不能把黑色、黄色和棕色等种族排斥在外。他们必须在世界性的组织中享有平等的发言权。⑧

7. 殖民主义必然消亡。尽管殖民主义国家拥有强大的武器，但他们对有色民族的殖民统治不会长久，白人永远统治地球和有色人种只是黄粱一梦，变革一定会到来。因为世界有色民族不会永远屈从于压迫和侮辱，必将揭竿而起，为自由而战。未来的世界属于有色人种。⑨这一点为"二战"后席卷亚非拉地区的民族解放运动所证明。

"二战"的爆发再次激起了杜波依斯对其他有色种族命运的关注和反殖民主义的热情。1940 年，他在自己创办的《种族》杂志上指出，不仅应关注美

---

① Aptheker. ed. *Annotated Bibliography of the Published Writings of W. E. B. Du Bois*: 209; Du Bois. *An ABC of Color*: 117; Aptheker. ed. *Newspaper Columns by W. E. B. Du Bois*, 1: 590.

② Aptheker. ed. *Newspaper Columns by W. E. B. Du Bois*, 1: 136.

③ Aptheker. ed. *Newspaper Columns by W. E. B. Du Bois*, 1: 41, 66, 80; Aptheker. ed. *Annotated Bibliography of the Published Writings of W. E. B. Du Bois*: 39, 62, 118; Du Bois. *Darkwater*: 60.

④ Aptheker. ed. *Annotated Bibliography of the Published Writings of W. E. B. Du Bois*: 349.

⑤ Du Bois. *Darkwater*: 49.

⑥ "Address to the Nations of the World." Foner. ed. *W. E. B. Du Bois Speaks*, 1: 125.

⑦ Du Bois. *The Negro*: 146.

⑧ Du Bois. *Darkwater*: 146.

⑨ Du Bois. *Darkwater*: 49; Du Bois. *An ABC of Color*: 42; Aptheker. ed. *Newspaper Columns by W. E. B. Du Bois*, 1: 79.

国国内的黑人种族，也要关心"更广泛的世界"中其他人的进步。①1943 年，他在《种族》上指出，当代世界的种族问题从本质上说主要是经济剥削、种族傲慢和不承认拥有不同肤色、外表和生活方式的民族的基本人性问题。②同年，杜波依斯写道，对于盟国来说，征服希特勒的战争结束后的"真正战争"，是克服他们鄙视和剥削有色民族的"习惯"。③

1944 年，杜波依斯应邀重返全国有色人种协进会，担任特别研究部主任，其目的就是要研究殖民地人民以及世界各地的黑人，并且复兴泛非大会。④同年，他表示将为争取有色民族摆脱殖民统治而奋斗终生。⑤杜波依斯呼吁白人尽快结束对别的民族的奴役和掠夺，给殖民地以自由，给殖民地人民接受教育的机会⑥。他还指出，世界大国必须尊重殖民地人民以及世界其他民族的人权，否则只能引发新的战争。⑦然而遗憾的是，敦巴顿橡树园会议（Dumbarton Oaks Conference）未能讨论殖民地问题，这意味着殖民主义将继续存在。这必然会给战后世界带来新的灾难。⑧

杜波依斯寄希望于即将成立的联合国能在消除殖民主义、维护世界和平中发挥作用。1945 年 3 月 12 日，全国有色人种协进会理事会通过了杜波依斯起草的题为《殖民主义、和平与联合国》（"Colonialism, Peace and the United Nations"）的声明。声明提议，为了避免战争，维护世界和平，应该建立一支国际部队以遏制侵略。同时，联合国应在国际法中宣布世界各种族一律平等，并对拥有和控制殖民地的条件和原则做出明确规定：（1）宗主国应庄严地保证给予殖民地民族在政府中的发言权。（2）宗主国应庄严地宣布它愿意在一个特定的日期之前根据殖民地人民的意愿，或者将殖民地人民纳入母国的政体（polity），并赋予完全的公民权利；或者允许他们成为独立、自治的国家。（3）殖民地的自然资源，包括矿山、森林、土地及其物产归殖民地所有，并主要用于这一地区的居民的福利。应规定工业组织、劳工控制和资本投入都应为了殖民地人民的利益，而不仅仅为了投资者的利润或主要为殖民

---

① Aptheker. ed. *Annotated Bibliography of the Published Writings of W. E. B. Du Bois*: 360.

② Aptheker. ed. *Annotated Bibliography of the Published Writings of W. E. B. Du Bois*: 374.

③ Aptheker. ed. *Newspaper Columns by W. E. B. Du Bois*, 1: 544.

④ Du Bois. *Autobiography*: 344.

⑤ Aptheker. ed. *Newspaper Columns by W. E. B. Du Bois*, 1: 600.

⑥ Aptheker. ed. *Newspaper Columns by W. E. B. Du Bois*, 2: 633.

⑦ Aptheker. ed. *Newspaper Columns by W. E. B. Du Bois*, 2: 671.

⑧ Aptheker. ed. *Annotated Bibliography of the Published Writings of W. E. B. Du Bois*: 73-74.

地以外的人民的福利。声明还建议联合国设立一个拥有最高权威的国际托管委员会，有权监督"一战"以后托管地区的政府以及这次大战中取得的任何敌国的领土，并在有的国家不履行其有关殖民地的承诺或拒不做出承诺的情况下收回殖民地的委托管理权，并对此进行调查，提交报告，对应采取的行动提出建议。声明指出，上述举措是停止对人类中的一大部分人的"不断的剥削"以及避免这个世界频繁陷入战争的有力保证。[①]

杜波依斯与全国有色人种协进会执行秘书沃尔特·怀特被指定为协进会的代表，担任参加旧金山联合国成立大会的美国代表团的顾问。1945 年 5 月 6 日，杜波依斯向美国代表团呈交了一份题为《错失最伟大的机会》（"Missing the Greatest Opportunity"）的备忘录。备忘录指出，对全世界 7.5 亿殖民地人民的剥削和掠夺是殖民强国的利润之源，是殖民地人民遭受贫困、无知和疾病之苦的根源，也是三个世纪以来世界战争和动荡的祸根。将要制订的《国际人权宣言》未能将殖民地人民包括在内，这是"极为不幸的"。这等于宣布我们不可能成为自由国家的公民。这等于失去一次"开辟新的进步道路"的"最伟大的机会"。杜波依斯表示希望《国际人权宣言》宣布一切种族从根本上说是平等的。他还希望美国代表团提议将下述文字写入《联合国宪章》："殖民统治制度虽然深植于历史和习俗，但在今天是非民主的，在社会上是危险的，也是战争的一个主要根源。联合国认识到民主是一切民族唯一适合的生活方式，因此在国际法第一条中规定：在尽可能早的时刻，不再剥夺任何民族或任何群体在其自己的政府中有效的发言权和享有'四大自由'[②]的权利。安全理事会下设的殖民地在其中拥有代表权的国际殖民地委员会（International Colonial Commission）将有权调查事实，执行这一宣言。"[③]

1946 年 4 月 6 日，在杜波依斯的努力下，全国有色人种协进会与非洲事务委员会（Council on African Affairs）以及西印度群岛民族委员会（West Indies National Council）联合在纽约召开反殖民主义大会。来自美国、西印度群岛、波多黎各、黄金海岸（今加纳）、尼日利亚、朝鲜、印度、缅甸以及

---

① "Colonialism, Peace and the United Nations." Aptheker. ed. *A Documentary History of the Negro People in the United States*, 3: 557-558.

② "四大自由"是美国总统富兰克林·罗斯福于 1941 年在致国会的国情咨文中提出的，包括言论自由（freedom of speech）、信仰自由（freedom of worship）、免于匮乏的自由（freedom from want）、免于恐惧的自由（freedom from fear）。

③ "Missing the Greatest Opportunity." Aptheker. ed. *A Documentary History of the Negro People in the United States*, 3: 570-571.

印度尼西亚等国的代表参加了会议。大会决议宣布："任何国家拥有殖民地、保护国和附属国一直是、现在仍然是战争和压迫的重要根源，并造成了极度贫困、突出的文盲、普遍的饥荒、营养不良和疾病。来自这些殖民地的巨大收入增强了现代大国的力量，刺激起它们的贪欲，加剧了它们的嫉妒心。因此，我们要求立即采取措施，结束对一切殖民地和附属国的占有和控制。"为此，大会建议联合国设立一个国际殖民地委员会，该委员会应包括来自殖民地和各个民族的代表。国际殖民地委员会的主要职能是：（1）监督"一战"之后托管的一切地区以及这次战争之后被夺取和置于国际共管之下的一切领土。任何以种族、信仰或肤色为由对其居民的任何群体实行法律认可的种族歧视的国家均没有资格担任受委托国。（2）确立管理一切殖民地区所应达到的经济、政治和社会标准。（3）利用联合国的权力保证一切殖民大国遵守这些标准。（4）确定每个殖民地达到行使政治自决权阶段的必要时间，并宣布允许行使这种权力的日期。（5）监督和促进有关地区从殖民地地位过渡到民族自治。（6）促进国际合作，保证一切殖民地地区的经济、教育、卫生、交通、通信等事业的发展。①

1947年，杜波依斯代表全国有色人种协进会向联合国递交了《致世界人民的呼吁书：有关美国剥夺黑人血统少数民族公民人权以及呼吁联合国予以纠正的声明》（"An Appeal to the World: A Statement on the Denial of Human Rights to Minorities in the Case of Citizens of Negro Descent in the United States of America and an Appeal to the United Nations for Redress"），向世界揭示美国黑人被剥夺政治权利以及公民权利、遭受各方面种族歧视的事实。②

在上述努力都失败后，1947年杜波依斯又草拟了一份《关于种族和殖民地的声明》（"A Statement on Race and Colonies"），希望联合国能予以发表。声明首先阐述了种族平等思想："通常被称为'种族'的主要群体在进步的能力方面从根本上说是平等的，应该享有平等的待遇、机会和尊重。从科学和宗教的角度来说，人人皆为兄弟，都有自由思考、信仰和表达思想的权利，自由居住、迁移和交流的权利，在法院面前享有公正的权利以及平等的公民的、经济的、政治的和社会的权利。文明世界的首要职责是保证任何人不会

---

① "Missing the Greatest Opportunity." Aptheker. ed. *A Documentary History of the Negro People in the United States*, 3: 558-559.

② Rudwick. *W. E. B. Du Bois*: 292. 全文参见 https://www.aclu.org/appeal-world，最后访问时间：2023年3月31日。

因为贫困、疾病或不识字而被剥夺这些权利。"声明然后重申了杜波依斯希望美国代表团争取将上述有关殖民地人民应在政府中享有发言权的内容写入《联合国宪章》。①

　　由于联合国大会的议程被美国、英国等大国操纵，杜波依斯通过联合国反对殖民主义、维护世界和平、争取种族平等的努力未取得多少成果。1949年以后，他把主要精力投入到了美国和世界范围的和平运动之中。

三、"为了永久的世界和平"

　　热爱和平、反对战争也是杜波依斯的一条思想线索。杜波依斯在青年时代一度认为战争是人类进步的动力。世界以及美国的有色民族要想赢得作为人应有的权利、平等和自由，必须通过有组织的暴力反对白人统治者。到19世纪末他开始主张和平。②他支持 1899 年 10 月在芝加哥成立的反帝联盟（Anti-imperialist League）。该联盟谴责美西战争为非正义的帝国主义战争，并且抨击屠杀菲律宾人是"不必要的恐怖行为"。③1904 年 10 月，他在公开发表的《信条》（"Credo"）一文中表达了他对战争的厌恶和对和平生活的渴望："我相信和平王子（the Prince of Peace）。我相信战争是谋杀。我相信陆军和海军在本质上体现了压迫与邪恶的色厉内荏和虚张声势。我认为较为强大的白色民族对较为弱小的有色民族的邪恶征服只能预示着那种力量的灭亡。"④

　　1907 年 10 月，杜波依斯在致反帝联盟主席兼美国律师协会主席穆尔菲尔德·斯托里的信中，表示对他编写的《塔夫脱部长的菲律宾政策》（*The Philippine Policy of Secretary Taft*）一书中的一幅插图很感兴趣。插图的名称叫《达亚山之战》（"After the Battle of Mt. Dajo"），描绘了尸骨成山的恐怖而血腥的战场画面。杜波依斯说他想把这幅插图放大并装裱后挂到他的书房中，以便让他的学生了解战争，尤其是了解征服性战争意味着什么。他还想确认

① "A Statement on Race and Colonies." Aptheker. ed. *Newspaper Columns by W. E. B. Du Bois*, 2: 727.
② Du Bois. *In Battle for Peace*: 22.
③ 福斯特：《美国历史中的黑人》，第 453－454 页。
④ Du Bois. "Credo." *Darkwater*: 4.

是否能将此画在全美发行。①

"一战"以后，杜波依斯认识到战争与种族主义和殖民主义的密切联系。他在为 1917 年 5 月美国黑人组织在华盛顿召开的会议起草的决议中指出："我们找到这次世界大战的真正根源是：居优势地位的人类群体对有色种族的鄙视，以及欧洲国家为了自私自利的目的，不顾被压迫者的根本利益，利用有色的落后民族而发生的猛烈战斗。"②所以说，种族主义和殖民主义是世界大战的主要根源。

杜波依斯认为不能孤立地看待美国的种族问题，它与美国社会的其他许多问题有着方方面面的联系，与世界范围的许多问题也息息相关。1932 年 1 月和 3 月，杜波依斯在致妇女争取和平和自由国际联盟（Women's International League for Peace and Freedom）执行秘书米尔德里德·奥姆斯特德夫人（Mildred S. Olmstead）的信中指出，人们越来越狭隘地看待美国黑人问题，把它看成是孤立的，不愿把它与其他问题联系起来。其实，今天的和平问题一直主要是一个种族问题。种族偏见鼓励战争。它常常被作为战争的借口。从另一方面讲，如果这个世界战争不断，种族问题也无法得到令人满意的解决。他告诉奥姆斯特德夫人，他设想创立一个《危机》专刊，通过精心选编的一些文章和声明来说明：种族偏见和战争是一个问题的两个方面，任何和平运动和裁减军备的努力都不应忽视这种联系。③"二战"以后杜波依斯还认识到，战争是英、法、美等殖民国家掠夺和奴役亚洲和非洲人民的手段。④杜波依斯关于和平问题从根本上来说主要是一个种族问题的论断，在那个时代确实属于真知灼见。这也是他在"二战"后致力于和平运动的根本原因。在杜波依斯看来，反对战争本身就是反对殖民主义以及与殖民主义如影随形的种族主义。

对于亲身经历了两次世界大战的杜波依斯来说，战争是野蛮、可怕的梦魇。⑤战争的残酷像挥之不去的阴霾一样时时笼罩着他的心。"一战"爆发后他愤然写道：这个世界成为充满仇恨和血腥的屠宰场。战争是地狱，战争是

---

① Aptheker. ed. *The Correspondence of W. E. B. Du Bois*, 1: 136.

② Du Bois. *Dusk of Dawn*: 248.

③ Aptheker. ed. *The Correspondence of W. E. B. Du Bois*, 1: 449-451.

④ Aptheker. ed. *Newspaper Columns by W. E. B. Du Bois*, 2: 983.

⑤ Du Bois. *Darkwater*: 37; Du Bois. *An ABC of Color*: 100.

血腥的屠杀，战争是死亡、仇恨、饥饿和痛苦。①"二战"的战火燃起之后，他再次挥笔谴责战争："战争是人类的一个残酷的习惯，是倒退至原始的野蛮状态，是令宗教蒙羞和令文明停滞的时代错误。战争是最大的灾难，没有比这更可怕的。"②战争带来的是贫困、死亡和痛苦。战争耗资巨大，只能令生灵涂炭，两败俱伤，只能毁灭世界文明。③

两次世界大战使杜波依斯认识到，战争是垄断资本家攫取利润的手段，妨碍了国内改革，损害了普通人民的利益。④垄断资本家想要战争，因为只有通过战争，他们才能把非洲、中东、中国、东南亚等地玩弄于股掌之中，并使之成为他们的利润之源；⑤只有通过战争，才能刺激生产，才能扩军备战，也才有机会捞取最大的利润。而战争政策使本来可以用于民众的教育、健康和社会进步的大批资金被用于屠杀和毁灭。⑥受害者只能是普通的美国人民。他们的生活得不到改善，他们的权利得不到保障，社会改革的步伐也因此而举步维艰。

杜波依斯认为，实现全球的和平，是解决世界各种问题的前提条件。⑦要解决世界面临的种种问题，必须有一个和平的世界环境。他说："和平本身不是目的。它是一个手段，是通向理想的途径。我们要求和平，要求目前在朝鲜以及世界其他地区实现和平，但我们从不相信或假装相信和平将消除人与人之间、国与国之间很深刻、很严重的分歧。我们说的和坚持的是：除了和平，没有其他方法能使我们开始解决世界问题。"⑧

在两次世界大战之间，杜波依斯一直在寻求消除战争的途径，他从不同的角度出发提出的主要办法有：（1）消除种族主义、殖民主义和帝国主义。⑨

---

① Du Bois. *An ABC of Color*: 77.

② Aptheker. ed. *Newspaper Columns by W. E. B. Du Bois*, 2: 892.

③ Du Bois. *In Battle for Peace*: 49; Aptheker. ed. *Newspaper Columns by W. E. B. Du Bois*, 1: 295, 356, 385; 2: 1110.

④ Aptheker. ed. *Newspaper Columns by W. E. B. Du Bois*, 2: 874, 875, 1060.

⑤ Aptheker. ed. *Newspaper Columns by W. E. B. Du Bois*, 2: 882.

⑥ Aptheker. ed. *Newspaper Columns by W. E. B. Du Bois*, 1: 438; 2: 706.

⑦ Du Bois. *In Battle for Peace*: 24.

⑧ Du Bois. *In Battle for Peace*: 86.

⑨ Aptheker. ed. *Annotated Bibliography of the Published Writings of W. E. B. Du Bois*: 40, 266; Aptheker. ed. *Newspaper Columns by W. E. B. Du Bois*, 1: 382-383.

（2）将欧洲的民主原则扩展至有色民族之中，实现世界民主。① （3）宣布一切战争为非法，是应受惩罚的罪行。② （4）建立国际仲裁机制。（5）实行世界范围的裁军。③ （6）交战国立即停止战争，以和平方式解决一切争端和冲突，放弃对别国领土和财富的觊觎。④ （7）建立一支由"世界民族联盟"（World League of Peoples）或"世界联盟"（Federation of World）控制的国际警察部队来监督协议的执行，建立一支国际部队以遏止侵略。⑤ （8）联合国在国际法中宣布世界各种族一律平等。⑥ 今天看来，其中一些设想在"二战"后已经得以实现。

"二战"以后，美国凭借战争期间迅速膨胀起来的经济和军事力量，制订了雄心勃勃的称霸全球的战略计划。美国把在战火中崛起为欧洲第一、世界第二军事强国的苏联视为其全球扩张计划的最大障碍。随着法西斯国家的战败，美苏矛盾逐渐上升为战后国际关系中的主要矛盾。1946 年初，美国政府内部就在酝酿"遏制"苏联的计划。1946 年 3 月 5 日，英国前首相丘吉尔在美国密苏里州的富尔顿（Fulton）发表了"铁幕演说"，宣扬"共产主义威胁论"，号召英美合作，抵御苏联扩张。这无疑给已经十分紧张的美苏关系火上浇油。1947 年 3 月 12 日，杜鲁门总统抛出"杜鲁门主义"，宣布支持"自由人民"抵抗"极权主义"的征服，"帮助自由人民维护他们的制度和国家的完整"。⑦ 这是美国对苏联"冷战"正式开始的宣言书。1947 年 6 月 5 日"马歇尔计划"的出台、1949 年 8 月 24 日北大西洋公约组织的建立，标志着美国对苏"冷战"的全面展开。

苏联立即做出反应，双方展开了激烈的军备竞赛和宣传攻势。美国把共产主义视为"世界上一切邪恶的根源"，视为"一种国际阴谋，像章鱼一样身

---

① Du Bois. "The African Roots of War." Foner. ed. *W. E. B. Du Bois Speaks*, 1: 253; Du Bois. *Dusk of Dawn*: 248.

② Aptheker. ed. *Annotated Bibliography of the Published Writings of W. E. B. Du Bois*: 266; Aptheker. ed. *Newspaper Columns by W. E. B. Du Bois*, 1: 357.

③ Aptheker. ed. *Annotated Bibliography of the Published Writings of W. E. B. Du Bois*: 267.

④ Aptheker. ed. *Newspaper Columns by W. E. B. Du Bois*, 1: 357.

⑤ Aptheker. ed. *Newspaper Columns by W. E. B. Du Bois*, 1: 357; Aptheker. ed. *A Documentary History of the Negro People in the United States*, 3: 557.

⑥ Aptheker. ed. *A Documentary History of the Negro People in the United States*, 3: 557, 570; Aptheker. ed. *Newspaper Columns by W. E. B. Du Bois*, 2: 727.

⑦ ［美］J. 斯帕尼尔：《第二次世界大战后美国的外交政策》（中译本），北京：商务印书馆，1992 年，第 39—40 页。

在莫斯科，触角则伸到世界最远的各个角落"。① 1950 年 7 月 27 日，美国决定介入当年 6 月 25 日爆发的朝鲜战争。这是美国与苏联"冷战"对抗和争夺世界霸权的重要一步，也是两大阵营"冷战"期间的首场热战。此后，两国始终剑拔弩张，怒目相向，甚至相互采用核威慑战略，致使国际关系极度紧张，时常有触发第三次世界大战的危险。在这种情况下，厌恶战争、渴望和平的美国人民和世界人民掀起声势浩大的和平运动。杜波依斯也同样为世界和平而忧心忡忡，而奔走呐喊。

杜波依斯极力反对英美对苏联的"冷战"对抗政策。他称丘吉尔"铁幕演说"中有关"铁幕"后隐藏着威胁人类文明的邪恶的指责是一个"谎言"，这个演说的发表是"当代最令人沮丧的事件之一"。丘吉尔代表英国宣布，他企图恢复其昔日的辉煌，使其殖民统治如"不落的太阳"。丘吉尔的路线只能导致战争，再次将世界文明投入毁灭的烈焰。②杜波依斯对"杜鲁门主义"也进行了有力的批评。他说，杜鲁门建议武装希腊等国以对抗苏联，这是一个"极为愚蠢和危险的建议"。所谓共产主义威胁文明论和援助希腊与土耳其抗击苏联是为了抵制共产主义的进攻纯属一派胡言。③"杜鲁门主义"使美国走上了一条"必将导致灾难的道路"。④杜波依斯还一针见血地指出了"马歇尔计划"的实质——美国并非要援助战争废墟上食不果腹、衣不蔽体的欧洲人民，也并非要帮助欧洲恢复其经济繁荣，而是为了控制欧洲，以便使欧洲成为美国的"半殖民地"。⑤

杜波依斯将杜鲁门与阿道夫·希特勒相提并论，称他为"我们时代最大的屠夫之一"。⑥杜波依斯还指出，美国这个所谓的"希望之乡""人类的避难所"，却成为"整个历史中最大的战争贩子"。在其歇斯底里的反共、反苏宣传的背后，实质是美国的垄断资本家企图复兴"早该灭亡的"资本主义制度。在这种制度下，他们的权力、财富、安逸与奢华建立在别的阶级或别的民族贫困、无知和病弱的基础之上。⑦美国的扩军备战导致对美国人自由的限制，摧毁了教育制度，鼓励了盗窃和谋杀，使成千上万勤劳的人民饥寒交

① ［美］威廉·富布赖特：《跛足巨人》（中译本），上海：上海人民出版社，1972 年，第 21－22 页。

② Aptheker. ed. *Newspaper Columns by W. E. B. Du Bois*, 2: 680, 681, 1089.

③ Aptheker. ed. *Newspaper Columns by W. E. B. Du Bois*, 2: 711.

④ Du Bois. *In Battle for Peace*: 164.

⑤ Aptheker. ed. *Newspaper Columns by W. E. B. Du Bois*, 2:1060.

⑥ Aptheker. ed. *Newspaper Columns by W. E. B. Du Bois*, 2: 905.

⑦ Aptheker. ed. *Newspaper Columns by W. E. B. Du Bois*, 2: 892.

迫。①美国的战争政策无异于"自杀",其征服世界的计划是"疯狂的""愚蠢的"。②杜波依斯断言,美苏关系的紧张必然危及世界和平。③

杜波依斯希望美国能够以实事求是的态度对待苏联和共产主义。所谓共产主义是"阴谋"、共产主义者是"罪犯"的说法皆为不实之词。④他指出,人们有权不同意共产主义的目标和方法,也可以认为美国拥有较好的经济制度,但人们无权置事实于不顾,否认苏联也具有真诚、勤劳、睿智以及富于牺牲精神的领导者,不应把苏联的两亿人民都丑化为"凶残的魔鬼",而自称"天使"。这只能招致无尽的仇恨和战争。文明的发展需要同情、理解和世界和平。⑤

杜波依斯认为,每个国家拥有寻求不同发展道路的权利,每个民族拥有选择自己的社会制度的权利。⑥美国非但不予以尊重,反而试图以飞机、军舰、大炮和原子弹迫使他国接受其思想和生活方式,剥夺其他民族探索适合自己的发展道路的权利。这种做法是"非理性的",只能招致灾难。⑦美国不应也不能以武力遏止社会主义或共产主义的发展。美国只能通过努力使自己的经济制度显示出卓越的优越性。只有比共产主义好的东西才能遏止共产主义。⑧杜波依斯还指出,如果一种思想是假的,那么它必然会消亡;如果一种思想是真理的话,那么它就不会永远被压制。⑨

杜波依斯指出,应该用理性而不是武力消除国家与国家之间的分歧,因为武力无法迫使人们改变其信仰、思想和行动。⑩杜波依斯相信,美苏双方能够在相互理解与合作的基础上消除分歧,恢复和保持友好关系。他还相信,共产主义与资本主义两种不同的社会制度能够和平共处,平等竞争。两种制

---

① Du Bois. *In Battle for Peace*: 165.

② Du Bois. *In Battle for Peace*: 178; Aptheker. ed. *Newspaper Columns by W. E. B. Du Bois*, 2: 875.

③ Aptheker. ed. *Annotated Bibliography of the Published Writings of W. E. B. Du Bois*: 97.

④ Aptheker. ed. *Newspaper Columns by W. E. B. Du Bois*, 2: 928.

⑤ Aptheker. ed. *Newspaper Columns by W. E. B. Du Bois*, 2: 883.

⑥ Aptheker. ed. *Newspaper Columns by W. E. B. Du Bois*, 2: 883, 1094; Du Bois. *In Battle for Peace*: 162.

⑦ Aptheker. ed. *Newspaper Columns by W. E. B. Du Bois*, 2: 874, 875.

⑧ Aptheker. ed. *Newspaper Columns by W. E. B. Du Bois*, 2: 883, 884, 1094.

⑨ Du Bois. "The Release of Earl Browder." Aptheker. ed. *W. E. B. Du Bois: Against Racism: Unpublished Essays, Papers, Addresses, 1887-1961*: 199.

⑩ Aptheker. ed. *Newspaper Columns by W. E. B. Du Bois*, 2: 1076; Du Bois. *In Battle for Peace*: 28, 86.

度可以互相取长补短，以实现人类进步的共同目标。①1948 年 7 月，杜波依斯建议全国有色人种协进会理事会讨论通过由阿尔伯特·爱因斯坦等人签名的致美国总统及国务院的公开信。公开信指出："今年我们政府两度拒绝了苏联有关进行旨在促进两国之间相互理解的直接磋商的提议。[我们呼吁] 美苏立即进行会谈以就双方的基本分歧达成一致…… [我们] 坚持认为资本主义与共产主义能够而且必须和平共处。美苏合作赢得了'二战'的胜利，摒弃了那种合作导致了我们目前的危机。"②遗憾的是这一建议未能得到响应，如石沉大海，未能产生任何影响。

杜波依斯还极力反对美国介入朝鲜战争。朝鲜战争爆发后，他起草了一份《抗议和请愿书》("A Protest and a Plea")，争取了许多黑人领袖签名，以抗议美国的军事干预。他还通过召集群众集会、发表广播讲话和撰写文章等形式要求美国立即停止对朝鲜战争的干预，尽快结束朝鲜战争，和平解决争端。③1953 年 7 月 27 日，朝鲜半岛达成停火协议。杜波依斯撰文表示庆贺。他希望由此实现永久的和平，避免发生第三次世界大战。④

1949 年之前，杜波依斯主要通过写作来表达其和平思想。1949－1950年，杜波依斯成为一个行动者，奔走世界各地，积极参与美国和世界范围的和平运动。1949 年 3 月，他协助发起了在纽约召开的文化和科学界争取世界和平大会（Cultural and Scientific Conference for World Peace）。来自美国文学、艺术和科技界的 2800 人参加了大会。大会呼吁美国停止对苏联的"冷战"政策，恢复与苏联的和平友好关系。这引起了美国新闻界的恶毒攻击和肆意歪曲。杜波依斯在麦迪逊广场花园（Madison Square Garden）召开的一次会议上慷慨陈词："我们知道，头脑清醒的人也知道：我们不是叛国者，也不是阴谋家。绝非要阴谋策划强制和暴力，这正是我们强烈反对的。这次会议的召开为的是促进和平！它的召开为的是一遍又一遍地宣布：在宗教、工业或政府方面不同的信仰体系无论如何正确或错误，战争并非以有益于人类的方式成功地消除有关分歧的方法。"⑤

1949 年 4 月，杜波依斯应邀参加了巴黎世界和平大会（World Congress of

---

① Du Bois. *In Battle for Peace*: 162.

② Horne. *Black and Red*: 99.

③ Horne. *Black and Red*: 130; Aptheker. ed. *Newspaper Columns by W. E. B. Du Bois*. 2: 876, 892, 1077.

④ Aptheker. ed. *Annotated Bibliography of the Published Writings of W. E. B. Du Bois*: 94.

⑤ Du Bois. *In Battle for Peace*: 27-28.

the Defenders of Peace)。来自世界 60 个国家和地区的 2000 余名代表参加了大会。4 月 25 日，大会向世界人民公布了《和平宣言》（"Peace Manifesto"）。宣言表示："我们反对殖民主义。它不断地酝酿武装冲突，并在引发新的世界大战的危险中起着关键作用。我们谴责……对民族间的种族仇恨和敌对的鼓励。"①宣言还庄严宣布："从此以后维护和平是一切民族所关心的事情。……我们准备好并决心赢得争取和平的战斗。这意味着赢得争取生命的战斗。"②杜波依斯在大会闭幕式上指出，殖民主义而不是社会主义或共产主义一直是并将永远是世界大战的主要根源之一。而美国正是新的殖民帝国主义的魁首。它正"把世界引向地狱，引向毁灭世界的第三次世界大战"。③

1949 年 7 月，杜波依斯参与发起了 9 月份将在墨西哥城召开的美洲大陆争取世界和平大会（American Continental Congress for World Peace）。8 月，他应邀参加了在莫斯科召开的全苏和平大会（All Russia Peace Congress），并发表了重要演说。与此同时，他还密切关注古巴、奥地利和捷克斯洛伐克等世界其他地区的和平会议与和平运动。④1950 年 4 月，杜波依斯还协助发起组建和平信息中心（Peace Information Center），担任主席，并出版小册子《和平计划》（"Peacegrams"），旨在向美国人民传递其他国家的和平运动信息，印发和平倡议书。⑤

1950 年 8 月，杜波依斯参加了在布拉格召开的世界和平大会。他在大会发言中指出，要在美国赢得和平，"需要勇气并愿意冒工作和尊严受损之风险"。10 月，美国工党（American Labor Party）提名 82 岁的杜波依斯参与竞选美国参议员。杜波依斯深知自己缺乏政治天赋、政治经验、政治后台，根本没有成功的希望，但他仍然欣然接受，因为他认为参加竞选将会为他提供一个比其他方式更好的机会来为和平事业呐喊。⑥竞选期间，杜波依斯奔波于全国各地，总共发表了 10 次演说和 7 次广播讲话，主题为世界和平和黑人公民权利。⑦杜波依斯最终未能当选，仅仅获得了 15% 的选票。⑧

---

① Aptheker. ed. *Newspaper Columns by W. E. B. Du Bois*, 2: 868.

② Du Bois. *In Battle for Peace*: 31.

③ Du Bois. *In Battle for Peace*: 28.

④ Du Bois. *In Battle for Peace*: 28, 29.

⑤ Du Bois. *In Battle for Peace*: 36.

⑥ Du Bois. *In Battle for Peace*: 44, 46.

⑦ Aptheker. ed. *Newspaper Columns by W. E. B. Du Bois*, 2: 878.

⑧ Rudwick. *W. E. B. Du Bois*: 294.

　　"二战"结束以后，杜波依斯还十分关心原子能的和平利用。"二战"期间，两颗原子弹使日本广岛和长崎两座城市瞬间化为废墟，几十万生灵刹那间灰飞烟灭。尽管美国投放原子弹加速了日本的投降和"二战"的结束，但原子弹的恐怖威力使人们记忆犹新，不寒而栗。然而，美国以原子弹撑腰，妄图称霸世界，与苏联进行"冷战"对抗。苏联不甘示弱，也开始秘密研究原子弹。1949 年 9 月，苏联成功试爆了她的第一颗原子弹，打破了美国的核垄断。1950 年 6 月，美国介入朝鲜战争之后，杜鲁门曾威胁有可能在朝鲜再次使用原子弹，令世人震惊和不安。苏联也不断扩大核武器库。双方的核讹诈政策严重危及世界和平。

　　早在 1946 年 1 月，杜波依斯就忧心忡忡地写道，原子弹是人类的共同灾难，谁也不会从中受益。[1]1946 年和 1947 年，他先后发表文章指出原子能能够用来毁灭人类，也能够用来造福人类。他认为，原子能应用于后者，而不应用于屠杀和毁灭。他还指出，应该避免原子弹成为西方"文明国家"奴役殖民地人民的新工具。鉴于此，苏联有关销毁原子武器的建议是"现实的"。还应宣布将原子能用于制造原子弹非法。杜波依斯还建议，为了人类的幸福和安全，应该将原子能置于国际机构的控制之下。[2]

　　1950 年 3 月 15 日，来自世界 18 个国家的 150 名代表在瑞典斯德哥尔摩召开的和平大会（World Partisans for Peace）上一致通过了《斯德哥尔摩倡议书》（"Stockholm Appeal"）。倡议书是对杜波依斯上述思想的概括："我们要绝对禁止核武器。它是恐怖和大规模灭绝人类的工具。我们要求设立严格的国际控制机制以保障这一禁令的执行。我们认为此后对任何国家首先使用核武器的政府是对人类的犯罪，应该被视为战争罪犯。我们呼吁世界一切友好的人们在此倡议书上签名。"[3]杜波依斯作为和平信息中心的主席，积极组织《斯德哥尔摩倡议书》在美国的签名活动，共获得了 250 万个签名。[4]他指出，这个倡议书在全世界有 5 亿个签名者，他们都有一个共同的愿望，即"避免现代文明重新陷入原始的野蛮状态"。[5]

　　杜波依斯领导的和平信息中心在全国发起的《斯德哥尔摩倡议书》签名

---

① Aptheker. ed. *Newspaper Columns by W. E. B. Du Bois*, 2: 671.

② Aptheker. ed. *Newspaper Columns by W. E. B. Du Bois*, 2: 686-687, 723.

③ Du Bois. *In Battle for Peace*: 36.

④ Du Bois. *In Battle for Peace*: 36.

⑤ Du Bois. *In Battle for Peace*: 37.

活动引起了美国政府的恐惧和仇恨。1950 年 7 月，众议院非美活动调查委员会（House Un-American Activities Committee）谴责美国的和平运动以及对原子武器施以严格的国际控制的呼吁。其报告指出："[和平] 请愿者在迷惑和分化美国人民。"①美国国务院公共事务办公室主任弗朗西斯·拉塞尔（Francis H. Russell）指出，倡议书力图"促进苏联有关原子能的无法实行的建议……把注意力集中于原子武器的使用上……忽视了共产主义其他形式的进攻"。②美国驻联合国大使沃伦·奥斯汀（Warren Austin）称倡议书签名者为"叛国者"。③美国国务卿迪安·艾奇逊（Dean Acheson）也发表声明指出："我相信，美国人民不会被现在还在全国巡回签名的所谓'《世界和平倡议书》'或'《斯德哥尔摩倡议书》'所欺骗。应认清其真相——它是苏联欺骗性的和平攻势的宣传阴谋。"④

7 月 14 日，杜波依斯发表文章反击艾奇逊等人的奇谈怪论。他写道，《斯德哥尔摩倡议书》赢得了包括美国在内的世界许多国家领导及人民的衷心支持。而在世界人民厌恶战争、渴望和平的大气候下，艾奇逊与众议院非美活动调查委员会沆瀣一气，一起谴责任何废止战争的努力。杜波依斯单刀直入地向艾奇逊指出："在你的声明中看不到任何表现，能说明你渴望和平，认识到另一场世界大战的恐怖，或同情为之战斗而付出沉重代价的伤残者、贫困者和丧生者。"杜波依斯认为，关于《斯德哥尔摩倡议书》是苏联"欺骗性的和平攻势"的指责是毫无根据的。这一声明代表着一切恐惧和厌恶世界战争，并力图避免它再度发生的人们的心声。⑤

1951 年 2 月，在美国"二战"之后掀起的歇斯底里的麦卡锡主义反共浪潮甚嚣尘上之际，杜波依斯领导的和平信息中心遭受构陷，被指控作为"外国委托人"（a foreign principal）的代理机构，未能依法登记，违反了《外国代理人注册法》（"Foreign Agents Registration Act"）。他和该中心的另外 4 位领导人被起诉，并于 11 月受到审判，但终因司法机关未能找到足够的证据而被赦免。一位耄耋老人，因参与主张世界和平的组织以及倡导和平而被戴上手铐，押上审判席，这一案件实在滑天下之大稽，是美国的一个耻辱。而且，

---

① Horne. *Black and Red*: 132.

② Horne. *Black and Red*: 133.

③ Horne. *Black and Red*: 133.

④ Du Bois. *In Battle for Peace*: 37.

⑤ Du Bois. *In Battle for Peace*: 38-39.

由于杜波依斯的政治观点，他的护照被注销，直到 1958 年 4 月，才拿到了政府新签发的护照。在这期间，黑人媒体都不敢为他发声，也不敢提及他的名字或刊登他的文章；黑人大学不再邀请他做报告或邀请他参加毕业典礼。[1]1952 年，杜波依斯出版了《为和平而战》一书，阐述了他的和平思想，详细介绍了他"二战"以后的和平活动和遭受指控的过程。1953 年以后，杜波依斯基本上中止了他争取和平的活动。1953 年，世界和平联合会（World Peace Council）为了表彰他在世界和平事业中所做出的贡献，授予他"国际和平奖"。

四、关注"二战"后非洲命运　弘扬泛非精神

"二战"前后，杜波依斯对非洲未来的关注和对泛非主义的热情依然如故。这是因为杜波依斯知道，世界上每次发生大战，都为新世界秩序的重构带来新的机遇。"二战"的爆发，为解决欧洲在非洲的殖民地问题提供了一个全新的契机。在战后世界秩序的重建过程中，杜波依斯关注非洲民族解放运动，及时建言献策，并将泛非主义的旗帜亲手交到了非洲新独立国家的青年领导人手中。

当"二战"战事正酣之时，杜波依斯就提出，非洲作为世界贸易和世界工业发展的重要组成部分，战后的任何重建计划都不应把非洲排除在外。[2]1941 年底，他就处理战后非洲问题向英美非洲委员会（Anglo-American Committee on Africa）[3]提出了自己的建议。建议指出：（1）根据肤色、头发、骨骼等遗传特征来判断一个种族的能力、固定种族关系是站不住脚的。没有任何证据表明非洲人民在生存和进步等能力方面劣于欧洲和美国的民族。（2）当今世界所面临的重大问题是促进人类不同文化间的广泛联系或交流，从而为整个人类创造出最辉煌的文明。（3）欧洲与美国的白人民族应停止掠夺和

---

① Rudwick. *W. E. B. Du Bois*: 294-296.

② Du Bois. "The Future of Europe in Africa." Aptheker. ed. *W. E. B. Du Bois: Against Racism: Unpublished Essays, Papers, Addresses, 1887-1961*: 185.

③ 英美非洲委员会：1941 年底由英国和美国的 40 名黑人和白人专家组成，主要目的是研究非洲与"二战"的关系。1942 年，该委员会出版《美国人看〈大西洋宪章〉与非洲》（*The Atlanta Charter and Africa from an American View*）。

剥削有色民族,否则只能造成奴役、疾病、死亡和战争。杜波依斯认为,非洲是当代世界的重要组成部分。欧洲和美国的白人民族对非洲的原则和态度应为:第一,为了非洲土著居民的进步和福祉,非洲土地和自然资源应归非洲土著居民所有。收回割让给外国的土地。非洲的工业生产应以满足当地居民的消费需要为主,生产资本由非洲人自行筹集。第二,非洲事务应尊重非洲土著居民的意愿。给当地居民中的一部分人以当代最高水平的教育和政府决策中的发言权。第三,当地的政治权力应先归国际托管委员会,然后逐渐移交给当地居民。①由此可见,杜波依斯基本上延续并发展了 20 世纪上半叶他在前几次泛非大会期间所提出的主张。

"二战"以后,杜波依斯十分关心非洲的民族解放运动,希望非洲各国尽快走上独立富强之路。1946 年,他在致全国有色人种协进会的一份备忘录中指出,美国黑人应该认识到,非洲是殖民地问题的核心。除非非洲获得自由,否则世界各地的非洲后裔永远也不能摆脱枷锁。因此,全国有色人种协进会应把废除非洲的殖民制度作为其计划的重要组成部分,使非洲获得自由。②1948 年,杜波依斯被全国有色人种协进会解职后,应邀加入了非洲事务委员会。该组织旨在支持非洲反对帝国主义奴役的殖民解放运动,救援被殖民当局逮捕的黑人领袖和群众,为灾民募捐,并向美国人民提供非洲解放运动的信息。③杜波依斯担任委员会副主席及其下设的非洲援助委员会(African Aid Committee)主任,为实现非洲事务委员会的目标做了大量工作。

1954 年,杜波依斯参加了"支持非洲解放大会"(Conference in Support of African Liberation)。大会发布的《支持非洲解放宣言》("Declaration in Support of African Liberation")要求帝国主义国家让非洲殖民地自治,在非洲人民中间实行完全的选举权,建立真正的代议制政府,给予非洲人结社的自由,停止迫害非洲各国的黑人领袖,消除种族歧视,拆除各殖民国家的军事基地,

---

① Du Bois. "The Future of Europe in Africa." Aptheker. ed. *W. E. B. Du Bois: Against Racism: Unpublished Essays, Papers, Addresses, 1887-1961*: 195-197; Aptheker. ed. *Newspaper Columns by W. E. B. Du Bois*: 402-403.

② Du Bois. "Memorandum to the Secretary for the NAACP Staff Conference." Aptheker. ed. *W. E. B. Du Bois: Against Racism: Unpublished Essays, Papers, Addresses, 1887-1961*: 258.

③ Paul Robeson. *Here I Stand*. New York: Othello Associates, 1958: 127; Du Bois. *Autobiography*: 344-345. 1948 年,全国有色人种协进会执行秘书沃尔特·怀特被任命为美国联合国代表团顾问。杜波依斯公开指出,怀特接受这一任命将会使协会与"现[杜鲁门]政府反动、好战的殖民帝国主义"捆绑在一起,他因此被解除职务。参见 Rudwick. *W. E. B. Du Bois*: 293.

归还非洲人的土地，实行计划经济，促进经济发展。①同年，杜波依斯建议
加纳和尼日利亚不要参与反苏"谎言大合唱"，在苏联而非西方资本主义国家
的支持下建立独立的经济体系。他告诫两国政府首脑克瓦米·恩克鲁玛②
（Kwame Nkrumah）和纳姆迪·阿齐基韦（Nnamdi Azikiwe），"改良的资本主
义"只能给两国带来灾难。③

　　1958 年杜波依斯访苏期间，建议苏联科学院设立一个非洲研究所（后来
苏联采纳了杜波依斯的这一建议），研究非洲的政治、经济、历史、文化、艺
术以及与非洲问题相关的人类学、民族学、生理学和社会学等，以指导非洲
教育和文化发展。④1959 年杜波依斯访问中国期间，在北京大学发表演说，
经中央人民广播电台向全球广播，建议非洲要向中国和苏联学习，并在他们
的援助下走上一条自尊、自立、自强的发展之路。⑤

　　杜波依斯梦寐以求的是看到一个真正意义上的泛非运动。⑥这个愿望在
"二战"以后得以实现。1945 年 10 月 15－21 日，在"二战"刚刚尘埃落定、
非洲民族解放运动沛然兴起之际，1919 年之后的第五次泛非大会在英国曼彻
斯特拉开帷幕。这次大会在泛非主义运动史上具有里程碑意义。它主要有以
下几大特点：（1）非洲民族解放运动领导人加纳的恩克鲁玛和肯尼亚的乔
莫·肯雅塔（Jomo Kenyatta）等人第一次在大会的筹备和组织中发挥了重要
作用。（2）非洲的代表第一次以政治组织的名义而不是个人的身份参加大会。
（3）从涉及的非洲国家、代表的政治组织以及参加的人员来看，这一次会议
具有最为广泛的代表性。（4）以往的泛非大会主要是非洲以外的少数中、上
层黑人知识分子参加的会议，而这次一大批非洲殖民地的政党、工会和文化
组织的参与，表明泛非运动开始吸引广大非洲人并得到其支持，会议决议也
表明上层领导开始认识到团结广大人民群众的重要性。（5）大会一改以往对
殖民主义、帝国主义国家呼吁、恳求的态度，对其罪行进行了毫不留情的谴
责与揭露，并且提出了全面彻底的反帝、反殖民主义纲领，坚决要求政治独

---

　　① Horne. *Black and Red*: 189-190.
　　② 恩克鲁玛在宾夕法尼亚州的林肯大学获得了神学学位，在费城当了一段时间牧师。后来在宾夕法
尼亚大学获得了哲学和社会学的硕士学位。
　　③ Horne. *Black and Red*: 341.
　　④ Du Bois. "A Scientific Study of Africa." Aptheker. ed. *W. E. B. Du Bois: Against Racism: Unpublished
Essays, Papers, Addresses, 1887-1961*: 316-317.
　　⑤ Du Bois. *Autobiography*: 405-408.
　　⑥ Du Bois. "The Pan-African Movement." Foner. ed. *W. E. B. Du Bois Speaks*, 2: 177, 178.

立和经济民主。（6）大会一改过去和平协商的策略，宣布为了争取独立不惜使用暴力。

杜波依斯应邀主持了这次大会，并被大会一致推选为泛非大会国际主席（International President of the Pan-African Congress）。大会第一、二次会议主要讨论了英国及其殖民地的种族歧视问题。会上通过决议，要求英国政府规定：在其殖民地基于种族、信仰或肤色的种族歧视是犯罪；向所有符合条件的黑人提供就业。大会的第三、四次会议主要讨论英、法、比等殖民国家在西非的殖民地问题，揭露了殖民统治的本质及其给西非人民带来的政治、经济和社会灾难。在政治方面，欧洲殖民统治摧毁了当地的民主制度；欧洲殖民国家在西非进行的所谓宪政改革实际上是要对那里的人民进行政治奴役；间接统治是一种压迫制度，也是对西非人民权利的践踏；帝国主义国家在西非人为地分割土地、划分边界，旨在阻碍西非人民的政治统一。在经济方面，殖民国家掠夺西非的矿产、农产、土地等经济资源，阻碍了西非的工业化，使西非人民的经济与生活陷入困境，饥寒交迫。在社会方面，殖民统治造成了西非民众文盲普遍、营养不良、健康恶化、卖淫嫖娼等诸多社会问题。大会一致认为，实现西非人民的完全独立是解决西非现存问题的唯一办法。[①]

大会还分析了北非、东非、中非和南非的局势，抨击了欧洲殖民者的政策。大会讨论了东非尤其是英属肯尼亚所面临的种族冲突的危险，致函英国工党艾德礼政府立即采取以下措施以消除危机：（1）实行"四大自由"和《大西洋宪章》的原则；（2）废除剥夺非洲人土地的法令，停止欧洲人殖民，将土地分配给无地的非洲人；（3）非洲人不受阻碍地开发其经济资源；（4）立即废除一切种族歧视立法，给予非洲人平等的公民权；（5）给予非洲人言论、出版、结社的自由；（6）改革征税制度和民法及刑法；（7）让所有儿童接受免费义务教育；（8）保障21岁以上男子与妇女的选举权和被选举权；（9）由政府对所有公民实行医疗、健康和福利保障；（10）废除强制劳役，实行同工同酬原则。[②]

大会通过决议，要求殖民国家给予乌干达、坦噶尼喀、肯尼亚、索马里、赞比亚、突尼斯、阿尔巴尼亚、利比亚以及苏丹人民以民主权利和独立与自治权，谴责英属南非的种族隔离和扩张政策，要求英国在加勒比海、圭亚那

---

① Padmore. *Pan-Africanism or Communism*: 162-165.

② Padmore. *Pan-Africanism or Communism*: 166-167.

以及洪都拉斯等殖民地实行民族自治和民族自决,改变这些地区的经济结构,实行教育、科技与社会改革。大会还致函埃塞俄比亚、利比里亚、海地政府,表示支持它们维护国家主权与民族独立、反对帝国主义的政治控制与经济侵略的努力,并向印度、印度尼西亚以及越南的民族解放运动领导人致贺信,表示支持他们的斗争,希望看到亚洲与非洲的自由国家团结一致,打破长达几个世纪的殖民主义枷锁,共同抵制西方帝国主义的渗透,维护本国的自由和独立。①

大会最后通过了恩克鲁玛起草的两个宣言。第一个是《致殖民国家宣言》("Declaration to Colonial Powers"),主要内容包括：要求殖民大国尊重《大西洋宪章》所确立的原则；如果西方国家继续维护其武力统治,非洲人不得不诉诸暴力以赢得自由、民主和社会进步；非洲人要求获得受教育权、谋生权和自由表达思想的权利,要求独立和自治；谴责资本垄断、富豪统治和生产仅以私人利润为目的,认为"唯一真正的民主"是"经济民主"。②大会还一致通过了《致殖民地人民宣言》("Declaration to the Colonial People"),强调建立知识分子、工人、农民反对殖民主义联合阵线的重要性；指出各殖民地人民应摆脱帝国主义的政治与经济控制,掌握自己的命运；各殖民地人民应选出自己的领导者治理自己的政府。殖民地人民争取政治权力的斗争是他们实现政治、经济与社会改革的第一步和先决条件。③

这次泛非大会是一次团结反帝的动员和誓师大会。它吹响了非洲人民争取民族解放的号角,促进了非洲人民的觉醒和奋起,为非洲民族解放运动指明了斗争的目标和前进的方向,从而有力地推动了战后非洲民族独立运动的迅速兴起和蓬勃发展。

第五次泛非大会的召开,表明杜波依斯已把泛非主义的火炬传递给了以恩克鲁玛为代表的非洲黑人青年一代。1957 年 3 月 6 日,加纳在泛非主义思想的鼓舞和指引之下率先取得独立。3 月 11 日,杜波依斯在致加纳总理恩克鲁玛的贺信中表达了他对泛非运动在非洲发展的关怀。杜波依斯在信中表示,希望加纳在组织包括非洲各个国家和地区的代表在内的新型泛非运动中发挥领导作用。这种泛非会议应着重讨论事关非洲进步的政治、经济、文化、教育等问题,争取在欧洲和亚洲之间建立一个新的经济与文化中心。新"泛非"

---

① Padmore. *Pan-Africanism or Communism*: 167-169.

② Padmore. *Pan-Africanism or Communism*: 170.

③ Padmore. *Pan-Africanism or Communism*: 171-172.

要倡导和平，不加入任何军事联盟，不卷入欧洲争端，避免国外资本的控制与剥削，自己加工当地生产的原料，并与世界其他国家和地区公正、平等地开展贸易，发展"泛非社会主义"（Pan-African socialism），建设泽被非洲人民的福利国家。新"泛非"还要重写非洲史，剔除旧的非洲史中白人的歪曲和谎言。要在尽可能广泛的基础上教育一切黑人青年，使他们成为富有知识、远见、品德和责任心的现代人。在信的末尾，杜波依斯写道，在此把他荣膺的"泛非大会国际主席"的称号移交给值得信赖的"适当的继承人"，希望加纳召集在非洲土地上召开的第一次泛非大会。①可见，杜波依斯的"新泛非主义"是希望非洲能够开展政治体制、经济体制和教育文化改革，彻底消除殖民主义的"遗毒"，并实行独立的外交政策。

非洲青年领导人恩克鲁玛果然不负杜波依斯的期望与嘱托，1958年在加纳首都阿克拉发起召开了两次具有"泛非精神"的大会。第一次是1958年4月召开的第一次非洲独立国家会议。出席会议的主要包括加纳、埃及、埃塞俄比亚、利比里亚、利比亚、摩洛哥、苏丹以及突尼斯等8个非洲独立国家的代表。大会就加强8国之间政治、经济、外交、文化等领域的合作与交流制定了具体原则。②这是非洲国家第一次政府级的协商与合作大会。

1958年12月，恩克鲁玛在阿克拉主持召开了第一届全非人民大会（All-African People's Conference）。来自28个非洲国家和地区的62个民族组织的200名代表会聚一堂。杜波依斯称此大会为"第六届泛非大会"。③大会讨论了非洲的解放和统一问题，号召非洲独立国家联合为若干区域性联邦或团体，以便最终建立"泛非联邦"或"非洲合众国"。④91岁高龄的杜波依斯因健康原因未能接受邀请与会，请其夫人代致贺词。在贺词中，杜波依斯阐述了他的"泛非社会主义"的理想，表达了他期盼非洲独立、振兴和富强的愿望。他说，私人资本主义失败了，非洲除了走社会主义道路，别无选择。这是一个世界趋势。他告诫非洲人不要沉湎于眼前建立在债台上的暂时的虚幻的物质享受，而要勇于牺牲目前的安逸，致力于发展有利于增强国家力量和自立、自卫能力的工业。他还建议非洲向中国、苏联等社会主义国家而不是欧美等国寻求经济援助，以避免重陷殖民帝国主义奴役和剥削的罗网。他

① Du Bois. *The World and Africa*: 296-297; Du Bois. *Autobiography*: 400.

② Esedebe. *Pan-Africanism*: 166-167.

③ Du Bois. *Autobiography*: 401; Aptheker. ed. *Pamphlets and Leaflets by W. E. B. Du Bois*: 350.

④ 中国非洲史研究会，编：《非洲通史》，北京：北京师范大学出版社，1984年，第577页。

希望非洲各国结成紧密的联盟，并把亚洲、西印度群岛和南美洲等地的民族和苏联等国作为自己的盟友。他最后勉励非洲人民："你们失去的仅仅是锁链，你们得到的是一个大陆！你们得到的是自由和作为人的尊严。"[①]

两次阿克拉会议的召开标志着泛非运动的活动中心从欧美转移到非洲本土，并在非洲落地生根，发展为争取非洲独立和统一的政治运动，促进了非洲国家和人民在反帝国主义斗争中的紧密团结和相互支持，推动了非洲民族解放运动的高涨。1963 年 5 月 22－25 日，非洲 31 个国家的政府首脑在埃塞俄比亚首都亚的斯亚贝巴集会，共同签署了《非洲统一组织宪章》，宣告"非洲统一组织"（Organisation of African Unity）成立。其宗旨为：促进非洲国家的统一与团结；协调和增进非洲国家的合作与努力；维护非洲国家的主权、独立和领土完整；争取在非洲消除一切形式的殖民主义；促进国际合作和对《联合国宪章》与《世界人权宣言》的尊重。[②]非洲统一组织是 1900 年以来泛非主义运动发展的高峰。它在加强非洲各国的团结，支持非洲各国反对帝国主义、争取民族独立的斗争，捍卫非洲各国的民族独立，促进非洲经济合作与发展等方面发挥了巨大作用。

杜波依斯曾经写道，亚洲、非洲与美洲等地的有色民族遭受着殖民主义者同样的压迫、剥削、歧视和侮辱，共同的经历应使这些民族相互同情与合作，团结起来，共同参与争取自由与平等的斗争。"这是泛非大会背后的思想"。他说，泛非运动旨在促进非洲人以及世界各地非洲血统的黑人之间的相互理解与合作，形成一个抵制欧洲殖民主义和帝国主义的"联合阵线"，以赢得"黑人民族的经济与精神解放"。[③]杜波依斯的梦想在非洲统一组织建立之时部分地成为现实。他所倡导的泛非运动虽然在 20 世纪前半叶并未取得多少直接成果，但它所体现的世界黑人团结合作，不屈不挠地反对殖民主义、帝国主义和种族主义，争取世界各民族一律平等，争取黑人民族独立、自治、自立、自强、振兴的思想成为泛非主义的思想精髓，成为"二战"后非洲民族解放运动的巨大精神力量，也成为非洲人民乃至世界人民的宝贵精神财富。从这个意义上说，杜波依斯的传记作家埃利奥特·鲁德维克关于泛非运动是"杜

[①] Du Bois. "Africa Awake!" Foner. ed. *W. E. B. Du Bois Speaks*, 2: 312-315; Du Bois. *The World and Africa*: 305-310; Du Bois. *Autobiography*: 402-404.

[②] Esedebe. *Pan-Africanism*: 250.

[③] Du Bois. "Pan-Africa and New Racial Philosophy." Aptheker. ed. *A Documentary History of the Negro People in the United States*, 3: 47, 48.

波依斯最大的失败之一"①的评论失之偏颇。

　　加纳总理恩克鲁玛充分肯定了杜波依斯对泛非运动的贡献。1958 年 12
月，在阿克拉全非人民大会的闭幕式上，恩克鲁玛指出："我们很高兴地看到
今天这么多来自新世界的兄弟姐妹们欢聚一堂。当我们中的许多人还未认识
到我们自己遭受的压迫时，是新世界的黑人最先举起了非洲解放的旗帜。我
们必须提到的两个人的名字是：马库斯·加维和 W. E. B.杜波依斯。"②1970
年，在一本缅怀杜波依斯的论著中，恩克鲁玛写道："他不仅是被压迫者的代
言人，而且也鼓舞了我们争取自由和非洲人自治权利的斗争。"③尼日利亚总
统纳姆迪·阿齐基韦评价道：杜波依斯一直以来的梦想是一个"自由的非洲"。
他 1919 年在巴黎组织的泛非大会，"是为非洲民族主义者的历史性斗争发出
的一个信号，这些民族主义者最终领导这个大陆走向政治解放"。④杜波依斯
本人也早在 1923 年 12 月的《危机》杂志上这样评价他所领导的泛非运动的
作用："我们使一个思想保持生命力。我们坚守了一个伟大的理想。我们保持
了连续性。有一天当团结与合作成为现实之时，早些时候的这些举措的意义
将被确认。"⑤杜波依斯所组织的泛非运动的意义无疑已经为后来世界历史发
展进程所证明和确认。

　　① Rudwick. *W. E. B. Du Bois*: 235.

　　② St. Clair Drake. "Hide My Face? On Pan-Africanism and Negritude." Meier and Rudwick. eds. *The Making of Black America*, 1: 83.

　　③ Clarke. ed. *Black Titan W. E. B. Du Bois*: 3.

　　④ Clarke. ed. *Black Titan W. E. B. Du Bois*: 4.

　　⑤ Aptheker. ed. *Annotated Bibliography of the Published Writings of W. E. B. Du Bois*: 250.

结　语

　　杜波依斯既是一位博学多才的思想家，也是一位积极的行动者。他一生具有多种身份，包括教师、学者、作家、编辑、社会学家、演说家和黑人活动家。他的思想和活动领域广泛，经历长期演变和发展。本书着眼于描绘杜波依斯思想的脉络，探索其思想中各部分之间的有机逻辑关系以及思想的连续性，而对个人关系或具体活动的讨论较少。杜波依斯可谓一位具备全球视野的黑人抗议运动领袖和思想家。他自称是解决黑人问题的"探路者"。在不断探索的过程中，他从一个身居象牙塔但具有强烈的经世致用意识的学者，转变为锋芒毕露的孤勇者，以笔为武器，以口舌为利刃，直接而猛烈地攻击美国乃至全球的种族主义思想与制度。

　　美国学者布罗德里克认为杜波依斯有两大历史贡献：第一，他在积极活跃的 30 年间，为美国黑人指明了方向，不允许黑人接受其作为美国人的权利打一点折扣。他为争取黑人的平等权利，发出了"最响亮的呐喊"。第二，他通过写作和演说，鼓舞了黑人的士气，给了他们斗争的勇气。①1968 年，"二战"后黑人民权运动领袖马丁·路德·金在被刺杀前的演讲中指出：杜波依斯始终认为，支撑对黑人的压迫和权利剥夺的是一个谎言——黑人比白人劣等，就是应该一辈子被奴役。"杜波依斯博士认识到，压迫之拱门的拱顶石（the key-stone of the arch of oppression）是劣等论的神话，他倾其杰出的天赋驳斥这一论调。"②加纳在"二战"独立后的首任总统恩克鲁玛称，杜波依斯的伟大超越了美国的地理边界。他称赞杜波依斯对非洲的热爱，认为他"是争取殖民地以及受压迫人民解放的百折不挠的战士"。③

　　杜波依斯坚持不懈地为美国甚至全球的黑人和其他有色种族的解放之路

---

　① Broderick. *W. E. B. Du Bois*: 230-231.

　② William M. Tuttle, Jr. ed. *W. E. B. Du Bois*. Englewood Cliffs, NJ: Prentice-Hall, Inc., 1973: 2.

　③ Tuttle. ed. *W. E. B. Du Bois*: 2.

奋斗了超过半个世纪，发出了反对种族主义的最强音。他一生全力以赴专注于争取美国黑人在政治、经济、社会、文化等方面享有与白人完全平等的权利，为有色种族和民族赢得独立和自由发展的机会投入了毕生的精力。他为追求真理、揭示真相进行了不懈的探索。尽管他在一生中曾经遭受怀疑、仇视、排斥和迫害，但他对自己所坚持的目标是始终不渝的。

由于身为黑人的特殊经历和作为学者的身份，杜波依斯具有宽广的视野和敏锐的洞见，因此对美国黑人问题有着更为深入的理解。他不仅彻底分析了美国黑人问题，而且揭示了全球范围内种族歧视、剥削和压迫的恶果。他揭穿了由白人编造的美国黑人和世界各有色族群劣等的谎言。他指出了美国《独立宣言》和宪法中自由、平等、民主、正义等政治理念与美国根深蒂固的种族主义之间的矛盾，也指出了白人的政治宣传与其殖民主义和帝国主义活动之间的矛盾。杜波依斯强调种族歧视对美国的民主制度、社会稳定、经济发展和国际形象以及对世界和平和人类文明进步的危害。他根据时代的演变和自己对美国黑人问题认识的加深，提出了解决美国黑人问题和全球种族问题的各种方案。这些方案基于他的丰富阅历、敏锐观察和深入思考逐步形成，并随时代和情况变化进行修正。许多方案都充满着深刻的见解，对拓展黑人运动的思想宝库和斗争策略做出了巨大的贡献。

杜波依斯的第一个重要见解是从白人和黑人两个方面寻找黑人问题的根源，将其归结为白人的种族偏见和黑人的自身落后。他提出的解决方案是要双管齐下，一方面要努力消除黑人社区中的贫困、文盲和犯罪等社会问题，改善黑人自身形象，另一方面要致力于宣传鼓动，揭示事实，改变白人对黑人的看法和态度。虽然杜波依斯在不同的时期强调的侧重点可能不同，但他从未忽略这两个方面的任何一个，始终从双方寻找问题的解决途径。

杜波依斯的第二个重要见解是，黑人争取平等权利的过程中，单纯依靠宣传鼓动争取改变白人对黑人的看法和态度的策略收效缓慢，应当增强黑人的经济力量。由于黑人在生计方面没有得到保障，他们无法充分行使公民权利。因此，必须同时改善黑人的经济状况，使他们能够应对生存危机，增强和展示自己的经济实力，并利用此种实力来改善自身的社会、教育和文化情况。杜波依斯认为，经济实力是争取黑人公民权利的坚实后盾和重要筹码。正因为如此，杜波依斯从19世纪末期开始主张发展黑人"群体经济"，一直到20世纪30年代美国经济大危机时期提出的建设黑人"经济国中国"、发展"工业民主"的主张，都是重视解决黑人的经济与生存问题的体现。在美国经济大危机时期，杜波依斯提出了如下设想：在一个相对独立的小环境中建立独立且自主的黑人社会，并实现各个经济活动的一体化、促进黑人经济的"内循环"，以提高总体实力。

杜波依斯的第三个重要见解是，资本主义制度是黑人遭受经济剥削和种族歧视的根源。他在 20 世纪 30 年代至 40 年代倡导黑人"经济国中国"，试图在黑人群体内部开展实验，实行一套不同于资本主义经济制度的黑人经济运行模式，消除利润和剥削，但在"二战"过后，他逐渐认识到，在资本主义制度下，黑人无法获得真正的平等和自由，也无法从贫困和压迫中脱身。因此，他声称黑人的唯一出路在于社会主义，在于实行彻底的体制改革。在他生命的最后时刻，他选择加入了美国共产党。

杜波依斯的第四个重要见解是，在世界范围内同样存在着一个更大范围、危害更深的种族问题，其表现是压迫和掠夺有色种族和民族的殖民主义和帝国主义，而殖民主义和帝国主义严重威胁到了世界和平，受害的只能是亚非拉广大有色种族。美国的黑人问题是世界范围的种族问题的一部分，二者之间存在着紧密的联系。种族偏见和战争是一个问题的两个方面，而和平是解决世界各种问题的前提条件。他越来越深刻地认识到，不解决世界范围内的种族问题，不在世界范围白人殖民主义国家与殖民地有色种族之间建立平等、友好的关系，不维护世界和平，美国国内的黑人问题便难以解决。正因为如此，他一直致力于泛非主义，反对殖民主义和帝国主义，反对战争，争取世界和平。①杜波依斯的反殖民主义、和平思想，也都没有偏离其消除美国国内和全球范围种族主义这一思想核心。有学者认为，杜波依斯是美国较早认识到争取种族平等的国际意义的一个人，在 20 世纪初就宣布 20 世纪的问题是肤色界线问题。②这表明杜波依斯是一个具有全球视野的学者、思想者和活动家。

杜波依斯对美国种族问题的认识，在许多方面超出了他的同时代人，其影响也远远超出了他本人所处的时代。他的思想和理论对于后来的民权运动产生了深远的影响，成了黑人争取平等权利的重要思想源泉。这在"二战"

---

① 值得一提的是，杜波依斯从有色种族的角度"戴着有色眼镜"看世界，有时候也会做出错误的判断。例如，他为日本 1937 年全面发动侵华战争做辩护，认为作为有色种族的日本人侵占中国的行为，是因为中国面对欧洲列强的扩张不作为，日本挺身而出，有助于抵挡欧洲帝国主义的入侵和对亚洲的控制。参见 Broderick. *W. E. B. Du Bois*: 194.

② Lewis. *W. E. B. Du Bois*: 4.

后爆发的大规模群众性民权运动中得到了充分体现。许多民权运动领导人的思想都与杜波依斯的思想具有历史关联性和相似性。

1964－1968 年，正当美国民权运动取得实质性进展，法律上的种族隔离被彻底摧毁之际，北部和西部多个城市的黑人聚居区突然爆发了大规模的黑人骚乱，震动了整个美国。这是美国城市黑人社会内部各种问题的总爆发，它使民权运动领袖们越来越清醒地认识到解决黑人的生活与生存问题的重要性。1967 年 7 月 27 日，林登·约翰逊总统任命了一个国内骚乱全国咨询委员会（the National Advisory Commission on Civil Disorders），负责调查 1967 年夏天城市黑人种族骚乱普遍爆发的原因。该委员会的调查报告指出，在就业、教育和住房等领域存在着普遍的种族歧视和种族隔离，使黑人长期不能分享经济发展的成果；白人撤离城市中心和黑人向城市中心的迁移造成了黑人在大城市中心区的聚居和黑人聚居区资源的枯竭及城市设施状况的恶化；黑人被隔离在城市聚居区，因为没有足够的就业机会而穷困潦倒，于是他们走向吸毒、犯罪，或者依靠社会福利，从而变得仇视社会；黑人民权运动中赢得的立法和司法胜利提高了他们的期望值，而政治承诺与社会现实之间的落差令他们十分沮丧，对社会深怀敌意和不满；在南部争取平等权利的斗争使北部的黑人敏锐地感觉到聚居区经济的不平等；白人以暴力应对非暴力的抗议活动，州和地方的政府官员蔑视联邦政府的民权法案，抵制取消种族隔离，促使黑人诉诸暴力；许多黑人开始认为他们正受着白人"权力结构"（power structure）的政治压迫和经济剥削；感到没有权利、没有表达意见和解决问题的渠道的黑人开始诉诸暴力；一些黑人抗议团体放弃了非暴力的策略，转而主张种族自尊、种族团结、黑人权利和诉诸暴力；对于许多黑人来说，警察是白人权利、白人种族主义和白人压迫的象征；黑人普遍认识到警察的暴力和腐败及他们在执法上对白人和黑人执行双重标准。国内骚乱全国咨询委员会报告的基本结论是：北部城市黑人骚乱在很大程度上代表着"300 年来种族偏见的高潮"。该委员会认为解决黑人问题的关键只有一个，那就是："白人美国人必须认识到阻碍黑人参与美国主流生活的牢固的社会、经济和教育屏障。"[①]

在这种背景下，以 20 世纪 60 年代中后期北部和西部城市黑人骚乱为标

---

① *Report of the National Advisory Commission on Civil Disorders*. New York: Bantam Books, 1968: 203-207.

志，美国黑人民权运动策略发生了明显转变。首先，前期依靠联邦政府和法院，反对南部各州和地方的种族歧视与种族隔离的法律和做法，争取平等；后期，集中于北部和西部的黑人社区，主要针对黑人的就业、教育和住房问题。其次，前期主要针对表现在交通、公共设施和政治中明显的传统种族主义形式；后期集中于美国制度结构中更深层的、更难对付的种族主义根源。① 有学者指出，南部黑人所面临的是法律和宪政的问题，而北部和西部聚居区的黑人所面临的是社会和经济的问题。② 1963 年以后，以马丁·路德·金领导的 25 万人"向华盛顿进军"（March on Washington）运动为标志，战后民权运动的策略与目标发生了明显的变化，由着重致力于消除法律上的种族歧视、争取宪法权利到更为关注黑人民众的经济与社会问题。③1964 年《民权法》通过之后，争取种族平等大会（Congress of Racial Equality，CORE）开始转向关注北部城市黑人贫民窟的问题。詹姆斯·法默（James Farmer）指令 CORE 各地分会在城市聚居区建立办公室，着手解决那里的黑人的住房、卫生等问题。④马丁·路德·金计划于 1967 年在华盛顿举行大规模的"穷人示威运动"（poor people's campaign），以争取政府保障黑人的就业和住房。他逐渐认识到，公民权利和政治权利"对于一个遭受经济奴役的民族来说毫无意义"。⑤从某种意义上说，民权运动的这种发展逻辑和马丁·路德·金思想的变化与杜波依斯的思想历程不无某些相似之处，都强调解决黑人问题的经济方面的重要性，都深入到了黑人民众生活与生存层面，这是黑人问题在法律层面之外另一方面的根本问题。

战后民权运动中许多黑人领袖也认识到种族主义与资本主义制度的联系，认识到资本主义制度是产生种族主义的土壤，他们坚信不推翻资本主义，美国黑人和世界被压迫的有色民族便无法实现真正的解放。1964 年 5 月，马尔科姆·X 指出："这个国家的制度无法产生美国黑人的自由……对于一个相

---

① Jerome H. Skolnick. *The Politics of Protest*. New York: Ballantine Books, 1969: 129-130.

② Godfrey Hodgson. *In Our Time: America from World War II to Nixon*. London: Macmillan London Limited, 1977: 180.

③ August Meier and Elliott Rudwick. "Radicals and Conservative: Black Protest in Twentieth Century America." Bromley and Longino. eds. *White Racism and Black Americans*: 412.

④ Farmer. *Lay Bare the Heart: An Autobiography of the Civil Rights Movement*. New York: Arbor House, 1985: 266-267.

⑤ Robert L. Allen. *Black Awakening in Capitalist America: An Analytic History*. Garden City, New York: Doubleday & Company, Inc., 1969: 113.

信资本主义的白人来说不相信种族主义是不可能的。有资本主义就不可能没有种族主义。"因此，黑人必须对美国的整个社会制度进行彻底的改革。①学生非暴力协调委员会国际事务主任詹姆斯·福曼（James Forman）强调说："只有最后摧毁具有生机的美国资本主义制度这只疯狂的章鱼窒息亚、非、拉人民的剥削和种族主义的吸血的触角，我们的解放才会到来。"② 黑人作家和社会活动家詹姆斯·鲍德温（James Baldwin）认为，如果不对美国的社会和政治结构进行彻底而深入的改革，就不可能彻底改善美国黑人的处境。③这显然与杜波依斯晚年的认识不谋而合，也就是说，需要从美国国家体制上寻求根除种族主义的路径。

与杜波依斯一样，"二战"后民权运动的许多领导人也主张把反对美国国内的种族主义和世界范围的殖民解放运动联系起来。马尔科姆·X 认为，美国黑人应该与世界各地被压迫的人民团结起来，把美国争取自由平等的斗争上升到争取人权的国际斗争的水平。④黑豹党（Black Panther Party）信息部主任埃尔德里奇·克利弗（Eldridge Cleaver）提出，不能再孤立地谈论或解决美国的种族问题，因为"如果亚洲、拉美和非洲国家强大而自由，那么美国的黑人将在尊严和自尊中安全、无忧和自由地生活。一个冷酷的事实是，在非洲、亚洲和拉美国家遭受殖民枷锁的桎梏之时，美国黑人却深陷压迫的罪恶之中，不允许发出一丁点儿抗议之声。……对美国黑人最为持久的拯救之路是尽其所能保证非洲、亚洲和拉美的国家自由和独立"。⑤这是对杜波依斯的有关论述的回应，也可以从一个侧面反映出他对民权运动走向深入和激进化的影响。

在 20 世纪五六十年代的民权运动时期，一些黑人领袖试图通过国际组织施压解决美国的黑人问题。马尔科姆·X 试图将美国侵犯人权、对黑人实行种族灭绝的恶行反映到联合国。1964 年 4 月，他在纽约的演说中建议把"山姆大叔"（Uncle Sam）送到"世界法庭"（"world court"）上，让他说说"为什么黑人在一个所谓自由的社会不自由"，应该把"山姆大叔"送到联合国，

---

① Allen. *Black Awakening in Capitalist America*: 32, 33.

② E. U. Essien Udom. "Black Identity in the International Context." Huggins, Kilson, and Fox. eds. *Key Issues in the Afro-American Experience*, 2: 254.

③ James Baldwin. *The Fire Next Time*. New York: Random House, Inc., 1995: 84.

④ Allen. *Black Awakening in Capitalist America*: 36.

⑤ Eldridge Cleaver. *Soul on Ice*. New York: Dell Publishing Co., Inc., 1968: 125.

控告他违背《联合国人权宪章》。1964 年 7 月，他再次提出把美国的种族问题交由联合国进行裁决。在非洲旅行期间，他多方努力促使非洲国家在联合国谴责美国的种族主义。① 黑豹党建议举行由联合国监督的美国黑人全民公决，以决定继续待在美国，还是成为一个拥有主权的独立国家。②这与马库斯·加维和杜波依斯试图通过"一战"后建立的国联和"二战"后建立的联合国解决美国种族问题的做法一脉相承。

总之，如果要深刻理解杜波依斯思想的影响，必须将其放在其去世以后迄至今日的黑人历史发展进程中，甚至"二战"后世界历史的进程中去考察。杜波依斯给世界人民和美国黑人留下了一笔极为宝贵的精神财富，他的种族平等思想和争取世界和平的思想代表了世界人民的诉求。他的坚韧不拔、不屈不挠的斗争精神，鼓舞着一代又一代黑人为争取和维护自己的权利而不断奋斗。他阐述的黑人应该团结合作、自尊自信、自立自强的思想，今天对于包括黑人在内的世界各民族群体仍然有很大的借鉴意义。

虽然在不同的时期，杜波依斯提出了不同的解决美国黑人问题的思路，但是他的终生目标和核心思想是一贯的。他希望美国能够尽早将种族主义的毒瘤从美国政治制度和社会生活的肌体上割除，实现真正的政治民主，让各种族平等参与，包括黑人在内。他追求消除经济领域的种族偏见和阶级剥削，消除失业和贫困，让每个人都有平等的机会享受国家的经济繁荣，实现他所设想的"工业民主"。此外，他还追求在全球范围内实现民主，希望欧美殖民帝国主义国家能将其宣扬的民主原则落实到它们统治下的殖民地的有色民族身上，让世界上所有受压迫和受剥削的有色民族都能平等地参与国家治理。正是由于他对世界各地受压迫和剥削的有色民族与种族命运的关注，他被誉为"世界公民"（world citizen）和"世界政治家"（world statesman）。③

然而，杜波依斯一生所追求的上述目标很显然带有一些理想主义色彩。在不触动美国资本主义制度的前提下，反映广大民众意志的政治民主和经济民主都是不可能实现的。如他在 20 世纪 30 年代经济大危机时期所倡导的黑人"经济国中国"，设想建立一个独立于资本主义经济制度之外的一体化黑人经济体系，以实现他所设想的"工业民主"，这显然具有强烈的空想色彩。而殖民主义国家也不可能将其宣扬的民主原则推广到它们统治的殖民地。实践

---

① Allen. *Black Awakening in Capitalist America*: 38.

② Allen. *Black Awakening in Capitalist America*: 266.

③ Du Bois. *In Battle for Peace*: 75.

证明，只有通过强有力的手段，包括暴力手段，推翻殖民主义统治并获得独立和自由后，殖民地人民才能靠自己的力量创建适合本国国情的民主制度。然而杜波依斯却一直坚持采用和平、合法和渐进改革的路线来实现他的理想，反对进行暴力革命。

早在 1903 年，他在《黑人的灵魂》一书中就明确宣布："我们必须以一切文明的、和平的方式争取世界赐予人们的权利。"[①]此后，他又在不同的场合多次阐述了这一思想。他认为，黑人只占美国人口的十分之一，而面对的是占绝大多数的白人，因此通过暴力和革命来解决黑人问题是不切实际的。武力不可能迫使美国白人平等对待黑人。[②]诚然，杜波依斯的主张有其合理的一面，那种不顾客观条件盲目采取暴动的行为是不可取的，也是极其有害的。当然暴力革命有时也是推动社会进步的一个重要力量，是得到历史验证了的。20 世纪 60 年代中后期北部和西部城市黑人骚乱，将北部和西部黑人聚居区的社会问题曝光出来，推动了联邦政府一系列改革立法的出台。因此，若仅仅局限于使用温和手段，杜波依斯的政治民主、工业民主和世界民主的理想难以实现。

杜波依斯曾经对实现种族平等满怀乐观和希望，后来一度失落而彷徨。他曾说过："悲观就是懦弱。"[③]他还写道："只要太阳日复一日地升起，希望就不会泯灭。"[④]1957 年，他在提前准备好的遗书中告诫世人："当你活着的时候，要相信生活！相信人类总会存在下去并且走向更加伟大、更加广阔和更加美满的生活。唯一可能的死亡是仅仅因为伟大目标的姗姗来迟、因为时间的久远漫长而失去对这一真理的信仰。"[⑤]然而杜波依斯同时也感到，在美国无法实现他的计划，美国不可能真正践行独立革命所揭橥的理想。1956 年，他悲叹道："美国文化腐败透顶……我们只想发财和炫耀。美国的民主死了。"[⑥]1961 年 10 月 1 日，杜波依斯申请加入了美国共产党。在入党申请书中，他写道："资本主义无法实现自身的改革。它必然自取灭亡。……共产主义……是人类生活的唯一出路。"[⑦]同年，他失望地离开美国，迁居加纳并加

---

① Du Bois. *The Souls of Black Folk*: 94-95.

② Du Bois. *Dusk of Dawn*: 195, 286, 289, 302.

③ Du Bois. *Darkwater*: 230.

④ Aptheker. ed. *Newspaper Columns by W. E. B. Du Bois*, 1: 392.

⑤ Du Bois. "Last Message of Dr. Du Bois to the World." Foner. ed. *W. E. B. Du Bois Speaks*, 2: 326.

⑥ Tuttle. ed. *W. E. B. Du Bois*: 25.

⑦ Horne. *Black and Red*: 310.

入了加纳国籍。

1963 年 8 月 27 日，杜波依斯带着满心的遗憾离开了人间。如果他在天有灵，唯一可以令他慰藉的是，他在生命的终点终于回到了他魂牵梦绕的"精神故乡"——非洲，并长眠于这块祖先们生于斯长于斯的大地上。而且，接过他的斗争旗帜的新一代美国黑人领袖，率领黑人民众通过群众性的运动，终于彻底摧毁了美国歧视性的法律体系和美国社会盘根错节的种族隔离制度。当然，要彻底根除美国社会普遍存在的隐性的种族歧视依然任重而道远。所以有学者认为，美国需要进行第三次重建（third Reconstruction），才能让美国黑人享受到完全的平等，包括心理上的平等以及经济平等和政治平等，才能消除阻碍黑人实现美国的承诺的障碍。这第三次重建不能仅仅局限在南部，必须是全国性的。①

1963 年 8 月 29 日，加纳共和国首任总统恩克鲁玛为杜波依斯举行了隆重的国葬，并将他安葬在加纳首都阿克拉郊外。中国也派出了一个代表团参加杜波依斯的葬礼。毛泽东主席、宋庆龄副主席、周恩来总理、外交部部长陈毅等党和国家领导人在获悉杜波依斯逝世之后，给其家属发去了唁电。毛主席在其唁电中写道："杜波依斯博士是我们时代的一位伟人。他为黑人和全人类的解放进行英勇斗争的事迹，他在学术上的卓越成就，和他对中国人民的真挚友谊，将永远留在中国人民的记忆里。"周总理在唁电中说："杜波依斯博士的一生，是战斗的一生，是寻求真理走上彻底革命道路的一生。从本世纪初叶起，杜波依斯博士一直是美国黑人的著名领袖，坚决为美国黑人的自由、平等和解放事业进行英勇的斗争。在他九十三岁高龄的时候，他更决心献身于全人类的彻底解放事业，为共产主义而奋斗。他的不妥协精神和不断革命精神是一切被压迫人民学习的榜样。他的品德、智慧和在学术上的成就，说明黑人是一个优秀的人种。今天被压迫的美国黑人和其他被压迫的民族，都在进行着如火如荼的解放斗争，这是全世界人民反对以美国为首的帝国主义、反对一切剥削和压迫的伟大斗争的一部分。"②由此可见，杜波依斯作为中国的国际友人，在中国人民心目中的地位是相当高的。恩克鲁玛在全国播放的悼词中称杜波依斯是一个"了不起的人物"，是他"真正的朋友和父

---

① Hodgson. *In Our Time*: 462.

② 《毛主席电唁杜波依斯博士逝世；宋副主席周总理陈外长分别致电杜波依斯夫人表示哀悼》，《人民日报》，1963 年 8 月 30 日，第 1 版。参见人民日报图文数据库：http://data.people.com.cn/rmrb，最后访问时间：2022 年 10 月 1 日。

亲"。①

在杜波依斯去世之时，20 世纪 60 年代民权运动中的标志性事件之一"向华盛顿进军"运动正在举行。在集会上获悉杜波依斯离世消息的全国有色人种协进会领导人罗伊·威尔金斯（Roy Wilkins）向参与集会的群众宣布："尽管杜波依斯博士在晚年选择了另外一条道路，但不容置疑的是，他在 20 世纪初期所发出的呐喊，让你们今天为了这个事业聚集在这里。"②这表明杜波依斯的同代人以及后来的许多学者，都无法理解为什么他晚年积极反对殖民主义、帝国主义，争取世界和平，加入美国共产党。

尽管如此，我们也不能否认杜波依斯对种族主义的深刻剖析，以及他在美国黑人争取种族平等的进程中所做出的卓越贡献。他的思想必将永远在历史长河中闪耀光芒，为后人不断带来新的启示。虽历经沧桑岁月，我们也不能忽略黑人思想家与活动家杜波依斯的历史地位。正如马丁·路德·金所说："历史不会忘记杜波依斯。"③

---

① Lewis. *W. E. B. Du Bois: Biography of a Race*: 10.

② Lewis. *W. E. B. Du Bois: Biography of a Race*: 2.

③ Foner. ed. *W. E. B. Du Bois Speaks*, 1: 13.

主要中英文参考书目

一、主要中文参考文献

（一）主要中文报刊文章（新闻报道与一般性介绍）

埃闻. 在编纂中的非洲百科全书. 世界知识. 1964 年第 12 期.

爱泼斯坦. 对杜波依斯博士的一点追忆. 西亚非洲. 1994 年第 1 期.

鲍明路. 悼杜波依斯博士（诗）. 雨花. 1963 年第 9 期.

北大师生集会庆贺杜波依斯博士寿辰. 北京大学学报（人文科学）. 1959 年第 1 期.

冰心. 悼杜波依斯博士. 世界文学. 1963 年第 9 期.

柴泽民宴请杜波依斯夫人. 人民日报. 1974 年 9 月 27 日，第 4 版.

陈安. W. E. B. 杜波依斯：黑人之魂. 凤凰周刊. 2009 年第 36 期.

成杰彬. 杜波依斯博士与中国. 羊城晚报. 1981 年 8 月 30 日.

电贺杜波依斯九十寿辰. 人民日报. 1958 年 2 月 22 日，第 5 版.

杜波伊斯博士夫妇到京，郭沫若院长到飞机场迎接. 人民日报. 1962 年 9 月 29 日.

杜波伊斯夫妇离京赴莫斯科. 人民日报. 1962 年 11 月 4 日.

杜波伊斯赴重庆访问. 人民日报. 1959 年 3 月 15 日.

杜波伊斯向非洲人民发出召唤：非洲，站起来！面向升起的太阳！黑色大陆可以从中国得到最多的友谊和同情. 人民日报. 1959 年 2 月 24 日.

杜波依斯. 约翰的归来. 移模. 译. 世界文学. 1959 年第 4 期.

杜波依斯. 我们在中国的访问. 人民画报. 1959 年第 6 期.

杜波依斯. 我向中国歌唱——献给郭沫若，1959 年 5 月 1 日. 袁水拍. 译. 世界文学. 1959 年第 9 期.

杜波依斯. 必须在美国重建民主. 陈次园. 译. 世界文学. 1960 年第 6

期.

杜波依斯. 加纳在召唤. 冰心. 译. 世界文学. 1963 年第 9 期.

杜波依斯. 黑人与美国内战. 梁碧莹. 译. 中学历史教学. 1981 年第 6 期.

杜波依斯八十四岁寿辰，郭沫若致电祝贺. 人民日报. 1952 年 6 月 10 日.

杜波依斯被选为民主德国科学院通讯院士. 人民日报. 1958 年 2 月 26 日.

杜波依斯博士遗体在加纳阿克拉安葬；我驻加大使黄华参加了葬仪；南汉宸陈垣等分别致电吊唁. 人民日报. 1963 年 8 月 31 日.

杜波依斯的夫人到京. 人民日报. 1967 年 6 月 30 日.

杜波依斯夫人格雷姆热情歌颂新中国. 参考消息. 1959 年 10 月 1 日，第 4 版.

杜波依斯夫人和美国黑人学生谈毛主席声明的巨大影响；美国黑人找到了真理开始反击镇压；"民权法"掩盖不了美国种族主义毒蛇的残酷本性. 人民日报. 1964 年 8 月 9 日.

杜波依斯夫人谈访华印象. 参考消息. 1959 年 10 月 30 日，第 1 版.

杜波依斯夫人致函美作家霍华德. 参考消息. 1963 年 9 月 17 日，第 1 版.

杜波依斯夫人追悼会在京举行——华国锋总理送了花圈　陈永贵郭沫若邓颖超等送了花圈　陈永贵邓颖超等参加追悼会. 人民日报. 1977 年 4 月 3 日，第 3 版.

杜波依斯离京. 宁波报. 1959 年 4 月 23 日，第 1 版.

杜波依斯取得加纳国籍. 人民日报. 1963 年 2 月 20 日.

《杜波依斯通信集》出版. 人民日报. 1981 年 7 月 29 日.

杜波依斯遗骨在阿克拉重新安放；黄华的悼词说非洲人民一定能完成杜波依斯未竟事业. 人民日报. 1986 年 8 月 28 日，第 7 版.

杜波依斯传略. 人民日报. 1963 年 8 月 29 日.

杜波依斯著文："今日中国的伟大奇迹". 参考消息. 1959 年 7 月 12 日，第 1 版.

泛非运动创始人杜波依斯在致大会贺信中指出对西方殖民者必须要小心一定要尽一切力量和它作斗争. 人民日报. 1958 年 12 月 13 日.

何理良. 黑人伟大战士杜波依斯博士. 世界知识. 1963 年第 17 期.

华. 杜波依斯. 世界知识. 1959 年第 4 期.

感谢对杜波依斯博士逝世的慰问和哀悼；杜波依斯夫人电谢毛主席同时致电周总理和我国人民表示感谢. 人民日报. 1963 年 9 月 14 日.

感谢对杜波依斯博博士逝世所表示的慰问和哀悼杜波依斯夫人电谢毛主席周总理等. 宁波大众. 1963 年 9 月 14 日，第 1 版.

高晋元. 抹不掉的光辉——美国黑人社会各界隆重纪念杜波依斯诞辰 125 周年. 西亚非洲. 1994 年第 4 期.

郭沫若. 和杜波依斯博士问答. 人民日报. 1963 年 9 月 8 日.

郭沫若、范文澜、楚图南、茅盾电贺杜波依斯九十寿辰. 人民日报. 1956 年 2 月 23 日.

郭沫若副委员长接见杜波依斯夫人. 人民日报. 1967 年 8 月 11 日.

韩叙. 在杜波依斯诞辰 125 周年纪念会上的讲话. 西亚非洲. 1994 年第 1 期.

和平战士杜波依斯博士. 大公报. 1958 年 2 月 23 日.

欢迎杜波伊斯博士和夫人. 人民日报. 1959 年 2 月 17 日，第 4 版.

黄华. 在杜波依斯诞辰 125 周年纪念会上的讲话. 西亚非洲. 1994 年第 1 期.

黄华大使访问杜波依斯. 人民日报. 1961 年 10 月 17 日.

黄嘉德. 杜波依斯及其新著"在争取和平的战斗中". 文史哲. 1953 年 5 月号。

加纳大学举行祝寿会　授予杜波依斯名誉博士学位. 人民日报. 1963 年 2 月 27 日.

加纳为杜波依斯博士举行国葬. 人民日报. 1963 年 8 月 30 日.

九十高龄犹奋斗　和平战士永青春　首都人士举杯为杜波依斯祝寿. 人民日报. 1959 年 2 月 24 日.

康慨. 杜波依斯中国寿宴六十周年. 中华读书报. 2019 年 2 月 20 日.

李敦白. 被奴役民族的灵魂——评杜波依斯黑人的灵魂. 读书. 1959 年 8 月号。

李红、徐德文. 杜波依斯诞辰纪念会在京举行，江泽民致信祝贺. 人民日报. 1993 年 10 月 12 日，第 1 版.

李文云. 杜波依斯诞辰随想. 人民日报. 1987 年 3 月 1 日.

李准. 致杜波伊斯. 人民日报. 1961 年 12 月 1 日.

林家恒. 黑人的杰出领袖——杜波依斯. 中学历史教学. 1985 年第 2 期.

刘湘屏、谢静宜会见杜波依斯夫人等. 人民日报. 1974 年 10 月 17 日.

[美]罗伯特·佩恩特和戴维·格拉斯伯格. 大巴灵顿的冲突与共识：纪念 W. E. B. 杜波依斯. 王月江. 译. 国际博物馆（全球中文版）. 2010 年第 2 期.

毛主席的声明有力地鼓舞美国黑人斗争；美国黑人必须拿起武器把斗争推向前进；罗伯特·威廉和杜波依斯夫人热烈欢呼；毛主席支持美国黑人抗暴斗争的声明. 人民日报. 1968 年 4 月 18 日.

毛主席电唁杜波依斯博士逝世. 宁波大众. 1963 年 8 月 30 日.

毛主席电唁杜波依斯博士逝世. 人民日报. 1963 年 8 月 30 日.

毛主席接见杜波依斯. 宁波大众. 1959 年 3 月 14 日，第 4 版.

毛主席接见杜波伊斯和斯特朗. 人民日报. 1959 年 3 月 14 日.

毛主席声明鼓舞被侵略被奴役人民反帝斗争；老挝和平中立党代主席和美著名黑人领袖杜波依斯的夫人表示欢迎. 人民日报. 1965 年 5 月 18 日，第 3 版.

茅盾. 顾月圆人寿，光明的更光明，不朽的永远不朽！（庆祝杜波伊斯博士九十一岁华诞）. 人民日报. 1959 年 2 月 23 日.

美国杜波依斯和巴西乔治·亚马多分别写信祝贺亚洲及太平洋区域和平会议. 人民日报. 1952 年 10 月 19 日.

美国国务院不让杜波依斯前往加纳. 人民日报. 1957 年 3 月 5 日.

美国人民反对美国统治集团侵略中国的行为；福斯特和杜波依斯斥责美国的侵略政策. 人民日报. 1955 年 2 月 13 日.

美国务院阻挠中美人民交往心劳日拙/叫嚷杜波伊斯护照不适用于访问中国. 参考消息. 1959 年 2 月 15 日，第 4 版.

美国著名黑人学者杜波伊斯博士和夫人感谢毛主席支持美国黑人的斗争. 宁波大众. 1963 年 8 月 20 日.

美国著名黑人学者杜波伊斯夫妇电谢我支持美共正义斗争. 人民日报. 1962 年 1 月 21 日.

美国著名黑人学者、世界和平理事会理事杜波伊斯博士和夫人到京. 人民日报. 1959 年 2 月 14 日.

美国传记作家——杜波依斯. 外国文学. 2002 年第 1 期.

美联社报道：北京大学师生为杜波依斯祝寿. 参考消息. 1959 年 2 月 25 日，第 1 版.

梅伟强. 时代的伟大杜波依斯. 外国史知识. 1981 年第 9 期.

首都人士同杜波伊斯话别. 人民日报. 1959 年 4 月 20 日，第 5 版.

舒暲. 纪念杜波依斯诞辰 125 周年暨中国杜波依斯研究中心在京成立. 西亚非洲. 1994 年第 1 期.

宋副主任周总理陈外长分别致电杜波依斯夫人表示哀悼. 人民日报. 1963 年 8 月 30 日.

宋庆龄副委员长接见杜波伊斯. 人民日报. 1959 年 4 月 21 日.

苏景龙. 杜波依斯"双重意识"的种族思想及其影响. 小说月刊. 2014 年第 2 期.

孙乃. 号角声仍在耳边回响——纪念杜波依斯博士逝世十六周年. 人民日报. 1979 年 8 月 26 日.

屠岸. 读杜波依斯早年的著作《黑人的灵魂》. 世界文学. 1959 年第 5 期.

王胡. 《杜波依斯的情歌》获美全国书评人协会奖. 中华读书报. 2022 年 3 月 23 日，第 4 版.

王晓真. 学者"改写"美现代社会学发展史——肯定杜波依斯对美国社会学学科创建的贡献. 中国社会科学报. 2015 年 11 月 16 日，第 7 版.

威廉·杜波依斯的贺信（致中国纪念富兰克林大会）. 人民日报. 1956 年 12 月 14 日.

我对外文协和和大设宴　欢迎杜波伊斯博士和夫人. 人民日报. 1959 年 2 月 18 日.

吴秉真. 杜波依斯和他的非洲史学著作. 西亚非洲. 1985 年第 3 期.

吴秉真. 我所了解的杜波依斯. 西亚非洲. 1994 年第 1 期.

夏吉生. 泛非运动的积极倡导者——杜波依斯. 西亚非洲. 1994 年第 1 期.

向争取民族解放、人类进步、世界和平的战士致哀；我国各团体负责人电唁杜波依斯逝世. 人民日报. 1963 年 8 月 29 日.

欣木. 杜波依斯博士——美国共产党的新战士. 中国青年报. 1961 年 12 月 3 日.

亚非作家常设局纪念美国著名黑人领袖杜波依斯诞生一百周年；发扬反帝革命精神，消灭美帝和新老殖民主义；陈毅副总理等出席；郭沫若、杜波依斯夫人和森纳那亚克讲了话. 人民日报. 1968 年 2 月 23 日，第 6 版.

杨立文. 伟人已去，风范长存. 西亚非洲. 1994 年第 1 期.

于民生、郑小箴. 光辉的事业, 和平的战士——杜波依斯夫妇访问记. 人民日报. 1959 年 2 月 22 日, 第 5 版.

在我对外文协和和大的宴会上, 首都人士同杜波依斯话别. 人民日报. 1959 年 4 月 21 日.

中国文化团体电唁杜波依斯逝世. 世界文学. 1963 年第 9 期.

周恩来接见杜波伊斯. 宁波报. 1959 年 2 月 23 日, 第 6 版.

周恩来总理和夫人邓颖超接见和宴请杜波伊斯夫妇. 人民日报. 1962 年 11 月 3 日.

周而复. 黑色的火焰——悼杜波依斯博士. 人民日报. 1963 年 9 月 14 日.

周总理恩克鲁玛总统继续会谈 周总理陈副总理接见杜波伊斯夫人. 人民日报. 1964 年 1 月 16 日.

周总理接见杜波伊斯博士. 人民日报. 1959 年 2 月 23 日.

周总理接见杜波依斯夫人. 人民日报. 1967 年 8 月 26 日.

著名黑人学者杜波依斯博士的夫人对新华社记者说: 全世界人民热烈欢迎毛主席声明 从来没有一个强大国家的领袖发出过支持黑人斗争的号召, 杜波依斯博士和她都感谢毛主席 在古巴的两位美侨支持毛主席声明, 谴责美国肯尼迪政府的种族歧视政策. 人民日报. 1963 年 8 月 19 日, 第 1 版.

著名美国和平战士、黑人学者杜波伊斯博士逝世 我国许多人民团体电唁杜波伊斯逝世. 宁波大众. 1963 年 8 月 29 日, 第 4 版.

著名美国黑人学者和反帝战士杜波依斯博士逝世. 人民日报. 1963 年 8 月 29 日.

著名学者杜波依斯加入美共. 人民日报. 1961 年 11 月 24 日.

邹德真. 杜波依斯与美国黑人争取民权运动. 西亚非洲. 1994 年第 1 期.

（二）主要中文期刊文章（学术研究类）

卜振友. 略论加维运动兴起的原因. 内蒙古民族师院学报（哲社·汉文版）. 第 26 卷, 第 2 期（2000 年 5 月）.

崔波. 逻辑的相继性和共同性: 布克·T. 华盛顿和杜波依斯观点之比较研究（英文）. 思想战线（2013 年人文社会科学专辑）. 第 39 卷（2013 年）.

邓磊、梅倩. 脱嵌与融入: 杜波依斯对黑人问题的教育透视. 外国教育研究. 第 49 卷, 总第 380 期, 1922 年第 2 期.

杜波依斯的种族观. 国外社会科学文摘. 2015 年第 8 期.

冯纪宪. 布克·华盛顿与美国黑人运动. 华东师范大学学报（哲学社会科学版）. 1982 年第 5 期.

顾学稼. 杜波依斯与泛非主义运动. 四川大学学报 （哲学社会科学版）. 1990 年第 1 期.

郭大勇. 杜波依斯与美国的种族问题. 云南师范大学学报 （哲学社会科学版）. 第 42 卷，第 4 期（2010 年 7 月）.

郭文豹. 杜波依斯与非洲. 西亚非洲资料. 1983 年第 90 期.

郭晓洋、马艳红. 论杜波依斯的"双重意识"及其对美国黑人文学的影响. 东北大学学报（社会科学版）. 第 9 卷第 3 期（2007 年 5 月）.

黄颂康. 美国对布克·华盛顿的再评价. 世界历史. 1981 年第 4 期.

［美］霍米·巴巴. 黑人学者与印度公主. 生安锋. 译. 文学评论. 2002 年第 5 期.

李代. 杜波依斯的知识本土化经验——评《被抹杀的学者》及对中国社会学发展的思考. 社会发展研究. 2022 年第 3 期.

李有成. 楷模：杜波依斯、非裔美国知识分子与盖茨的《十三种观看黑人男性的方法》. 当代外语研究. 2010 年第 8 期.

李自勇. 从布克·华盛顿到杜波依斯：略论进步运动时期解决黑人问题道路的探索. 魅力中国. 2010 年第 3 期.

刘依纯. "尼亚加拉运动"的兴起及其对美国黑人民权斗争发展的影响. 世界历史. 2023 年第 1 期.

王恩铭. 论 B. T. 华盛顿的妥协主义思想. 史学月刊. 1998 年第 3 期.

王恩铭. 美国黑人民族主义思想：马库斯·加维政治思想初探. 世界民族. 2009 年第 6 期.

王恩铭. 分离主义与融入主义——从奥巴马现象看美国历史上黑人政治斗争的嬗变. 史学集刊. 2010 年第 6 期.

王恩铭. 马尔科姆·爱克斯与"黑人力量". 世界民族. 2011 年第 5 期.

王业昭. 布克·华盛顿思想解析：文化主导权的视角. 世界民族. 2012 年第 6 期.

王玉括. 所有自传都是历史——杜波依斯《破晓时分》解读. 现代传记研究. 2014 年第 2 期.

王玉括. 杜波依斯论艺术与宣传. 英美文学研究论丛. 2018 年第 1 期.

王卓、王恩铭. 既做美国人又做黑人——杜波依斯民族主义和融合主义思想探析. 世界民族. 2018 年第 3 期.

吴明海、戴家毅. 布克·华盛顿非裔美国人教育思想与实践的"进步性"研究. 教育学报. 2020 年第 5 期.

谢国荣. 试论威尔逊的种族观与种族政策. 世界民族. 2008 年第 6 期.

杨春芳. 美国作家杜波依斯的中国想象. 文学教育. 2022 年第 3 期.

叶英. 杜波依斯的教育理论和理念评述. 河北师范大学学报（教育科学版）. 第 13 卷第 1 期（2011 年 1 月）.

叶英. 理想与现实、共性与个性的结合——析杜波依斯"有天赋的十分之一"理论. 西南民族大学学报（人文社会科学版）. 2012 年第 1 期.

于展. 近 50 年来我国的美国黑人史研究. 史学月刊. 2002 年第 9 期.

于展. 马尔科姆·X 的早期思想轨迹. 史学月刊. 2006 年第 3 期.

于展. 美国民权运动研究的新趋势. 历史教学. 2006 年第 9 期.

于展. 奴役与自由的悖论：评《美利坚的奴役，美利坚的自由》. 中国政法大学学报. 2007 年第 1 期.

于展. 超越黑人民族主义——马尔科姆·X 晚期思想探析. 浙江学刊. 2007 年第 6 期.

于展. 美国民权运动研究述评. 美国研究. 2008 年第 1 期.

于展. 论马尔科姆·爱克斯的种族思想. 世界民族. 2008 年第 3 期.

于展. 国际视野下的美国民权运动史研究新进展. 世界历史. 2014 年第 1 期.

于展. 美国民权运动中的中国因素. 全球史评论. 2014 年。

于展. 冷战初期美国黑人的联合国请愿活动. 首都师范大学学报（社会科学版）. 2019 年第 4 期.

于展. 马尔科姆·X 晚年的海外游历、国际主义及影响. 世界历史评论. 2021 年第 2 期.

岳莹. 杜波依斯"双重意识"对美国黑人文化身份的建构. 玉林师范学院学报. 2014 年第 4 期.

张弛. 黑人精神思想百年流变探析. 理论观察. 2022 年第 3 期.

张静静. 杜波依斯的黑人女性书写与黑人文化观照. 赤子. 2013 年 9 月.

张静静. 杜波依斯对白色性的阐释与批判. 齐齐哈尔大学学报（哲学社会科学版）. 2014 年 1 月号.

张静静. 论《黑人的灵魂》中的灵歌与种族记忆. 北京第二外国语学院

学报. 2015 年第 8 期.

张静静.《埃塞俄比亚之星》：杜波依斯的戏剧实践与艺术思考. 大众文艺. 2018 年第 21 期.

张静静、谭惠娟. 杜波依斯的黑人女性观. 求索. 2014 年第 5 期.

张聚国. 杜波伊斯的黑人"经济国中国"与"自我隔离"思想. 山东师大学报. 1999 年第 1 期.

张聚国. 杜波依斯对解决美国黑人问题道路的探索. 史学月刊. 2000 年第 4 期.

张聚国. 杜波依斯与布克·华盛顿解决美国黑人问题方案比较. 南开学报. 2000 年第 3 期.

张聚国. 杜波依斯与泛非运动. 河北师范大学学报. 2001 年第 3 期.

张士昌. 试评布克·华盛顿. 兰州学刊. 1992 年第 3 期.

张小平. 梦想·回归·族群的否定——休斯、杜波依斯与图默短篇小说中的"私刑"再现. 广东外语外贸大学学报. 第 21 卷第 3 期（2010 年 5 月）.

张晓艳. 浅谈音乐性文本的翻译——以杜波依斯的《黑人的灵魂》中的《悲歌》一章为例. 湖南工业职业技术学院学报. 第 13 卷第 5 期（2013 年 10 月）.

张忠民. 泛非主义的产生及其对非洲的影响. 徐州师范学院学报（哲学社会科学版）. 1992 年第 3 期.

周菲菲、李朝阳. 美国城市化崛起时期黑人高等教育的论争：华盛顿与杜波依斯. 重庆高教研究. 第 3 卷第 4 期（2015 年 7 月）.

朱白兰. 黑人学者、思想巨人——杜波依斯. 中山大学学报（哲学社会科学版）. 1965 年第 2 期.

祝贺、张斌贤. 20 世纪上半叶美国黑人争取教育平等权利的历程. 社会科学战线. 2013 年第 5 期.

（三）相关硕士与博士论文

安国丽."第三种身份"作为困境中的出路？ ——杜波依斯双重意识理论下解读《阳光下的葡萄干》. 石家庄：河北大学硕士学位论文，2016 年.

冯佳. 从"汤姆"到"罗伯逊"：中国现代史上的美国黑人. 北京：北京大学硕士学位论文，2011 年.

郭大勇. 杜波依斯的黑人文化思想研究. 成都：四川大学博士学位论文，

2010 年.

蒿琨. 布克·T. 华盛顿与杜波依斯思想之争及其对非裔领袖的影响. 上海：上海外国语大学博士学位论文，2014 年.

黄倩. 国际政治与全美有色人种协进会的民权斗争（1939－1954）. 武汉：武汉大学博士学位论文，2020 年.

黄钰霞. 徘徊在十字路口——黑人领袖布克·华盛顿与 W. E. B. 杜波依斯民族振兴策略之争，1895－1915. 上海：上海外国语大学硕士学位论文，2012 年.

林士铎. 从非洲到中国：美国黑人抗争思想的国际视角. 新北：淡江大学硕士学位论文，2015 年.

刘倩. 论布克尔·华盛顿. 南充：西华师范大学硕士学位论文，2016 年.

马奕斐. 论美国黑人公共知识分子：历史与现状. 北京：外交学院硕士学位论文，2014 年.

梅倩. 职业抑或自由：布克·华盛顿与杜波依斯关于黑人高等教育的思想比较. 重庆：西南大学硕士学位论文，2022 年.

彭阳. 教育思想家杜波依斯个体成长史研究. 昆明：云南师范大学硕士学位论文，2021 年.

苏景龙. 杜波依斯的文化焦虑. 天津：天津师范大学硕士学位论文，2014 年.

隋晓璇. 文化霸权下的身份追寻之旅：威·爱·伯·杜波依斯作品的后殖民研究. 南京：东南大学硕士学位论文，2013 年.

谢梅. 双重认同与融合：哈莱姆文艺复兴时期非裔女性小说研究. 武汉：华中师范大学博士学位论文，2019 年.

杨婵. 杜波依斯晚年社会活动与身份认同研究. 长春：东北师范大学硕士学位论文，2017 年.

杨晓莉. 杜波依斯女权主义立场的不一致性. 重庆：四川外国语大学硕士学位论文，2018 年.

叶臻. 杜波依斯黑人教育思想研究. 上海：上海师范大学硕士学位论文，2013 年.

张静静. 艺术与宣传：论威·爱·伯·杜波依斯的文学"双重意识". 杭州：浙江大学博士学位论文，2015 年.

张聚国. 杜波依斯对解决美国黑人问题道路的探索. 天津：南开大学博

士学位论文，1999 年.

张瑞琛. 黑人教育新思路——杜波依斯黑人教育思想研究. 重庆：四川外国语大学硕士学位论文，2017 年.

张燕君. 第二次大迁徙后美国黑人家庭状况、成因及其发展趋势. 上海：华东师范大学硕士学位论文，2004 年.

张小丽. 从塔斯克基模式看布克·T. 华盛顿倡导的黑人发展之路. 厦门：厦门大学硕士学位论文，2004 年.

朱光兆. 杜波依斯泛非思想探析. 杭州：浙江师范大学硕士学位论文，2004 年.

（四）主要中文论著（含译著）

［美］杜波依斯. 为和平而战斗. 北京：世界知识出版社，1953.

［美］杜波依斯. 黑人的灵魂. 维群. 译. 北京：人民文学出版社，1959.

［美］杜波依斯. 约翰的归来. 黄子祥. 译. 北京：商务印书馆，1960.

［美］杜波依斯. 非洲——非洲大陆及其居民的历史概述. 秦文允. 译. 北京：世界知识出版社，1964.

［美］杜波依斯. 孟沙的考验：黑色火焰第 1 部. 北京：作家出版社，1966.

［美］杜波依斯. 孟沙办学校：黑色火焰第 2 部. 北京：作家出版社，1966.

［美］杜波依斯. 有色人种的世界：黑色火焰第 3 部. 北京：作家出版社，1966.

［美］杜波依斯. 威·爱·伯·杜波依斯自传：九旬老人回首往事的自述. 邹得真，等译. 北京：大百科全书出版社，1996.

蒿琨. 布克·华盛顿与杜波依斯的思想之争及其对非裔政治领袖的影响（英文版）. 北京：社会科学文献出版社，2017.

刘绪贻、李存训. 富兰克林·D. 罗斯福时代，1929－1945. 北京：人民出版社，1994.

［美］卢瑟·利德基. 主编. 美国特性探索（中译本）. 龙治芳，等译. 北京：中国社会科学出版社，1991.

南开大学历史系，等编. 美国黑人解放运动简史. 北京：人民出版社，1977.

［美］乔安妮·格兰特. 美国黑人斗争史：1619 年至今的历史、文献与分析. 郭瀛，等译. 北京：中国社会科学出版社，1987.

屈书杰. 美国黑人教育发展研究. 石家庄：河北大学出版社，2004；石家庄：河北教育出版社，2016.

[美] J. 斯帕尼尔. 第二次世界大战后美国的外交政策（中译本）. 段若石. 译. 北京：商务印书馆，1992.

谭惠娟、罗良功等. 美国非裔作家论. 上海：上海外语教育出版社，2016.

王恩铭. 美国黑人领袖及其政治思想研究. 上海：上海外语教育出版社，2006.

王建华，等译. 现代美国史学的挑战——美国历史协会主席演说集 1961－1988. 上海：上海人民出版社，1990.

[美] 威廉·福斯特. 美国历史中的黑人（中译本）. 余家煌. 译. 北京：生活·读书·新知三联书店，1960.

吴秉真. 著名的黑人历史学家杜波依斯. 北京：商务印书馆，1996.

谢国荣. 美国民权运动史新探. 北京：商务印书馆，2016.

谢国荣. 民权运动的前奏——杜鲁门当政时期美国黑人民权问题研究. 北京：人民出版社，2010.

解英兰. 美国黑人文化. 北京：中国妇女出版社，2003.

[美]伊莎贝尔·威尔克森. 他乡暖阳——美国大迁移史. 周旭. 译. 北京：文化发展出版社有限公司，2018.

于展. 非暴力直接行动与美国民权运动. 北京：社会科学文献出版社，2015.

[美] 约翰·霍普·富兰克林. 美国黑人史. 张冰姿，等译. 北京：商务印书馆，1988.

詹森·克西迪亚斯. 解析 W. E. B. 杜博依斯《黑人的灵魂》. 王作伟. 译. 上海：上海外语教育出版社，2020.

张友伦、肖军、张聪. 美国社会的悖论——民主、平等与性别、种族歧视. 北京：中国社会科学出版社，1999.

中国非洲史研究会. 编. 非洲通史. 北京：北京师大出版社，1984.

中国美国史研究会. 编. 美国史论文集，1981－1983. 北京：生活·读书·新知三联书店，1983.

中国美国史研究会、江西美国史研究中心. 编. 奴役与自由：美国的悖论——美国历史学家组织主席演说集（1961－1990）. 贵阳：贵州人民出版社，1993.

祝贺. 美国公共学校种族隔离的终结. 杭州：浙江教育出版社，2015.

二、有关杜波依斯的英文文献和专著

Aiello, Thomas. *The Battle for the Souls of Black Folk: W. E. B. Du Bois, Booker T. Washington, and the Debate That Shaped the Course of Civil Rights*. West Westport, CT: Praeger, 2016.

Appiah, Kwame Anthony. *Lines of Descent: W. E. B. Du Bois and The Emergence of Identity*. Cambridge, Massachusetts: Harvard University Press, 2014.

Aptheker, Herbert. ed. *Annotated Bibliography of the Published Writings of W. E. B. Du Bois*. New York: Kraus-Thomson Organization Limited, 1973.

—. ed. *The Correspondence of W. E. B. Du Bois*, 3 vols. Amherst: University of Massachusetts Press, 1973.

—. ed. *W. E. B. Du Bois: Against Racism: Unpublished Essays, Papers, Addresses, 1887-1961*. Amherst: University of Massachusetts Press, 1985.

—. ed. *Newspaper Columns by W. E. B. Du Bois*, 2 vols. New York: Kraus-Thomson Organization Limited, 1986.

—. ed. *Pamphlets and Leaflets by W. E. B. Du Bois*. New York: Kraus-Thomson Organization Limited, 1986.

Balfour, Lawrie. *Democracy's Reconstruction: Thinking Politically with W. E. B. Du Bois*. New York: Oxford University Press, 2011.

Bass, Amy. *Those About Him Remained Silent: The Battle over W. E. B. Du Bois*. Minneapolis, Minnesota: University of Minnesota Press. 2012.

Blum, Edward J. *W. E. B. Du Bois: American Prophet*. Philadelphia: University of Pennsylvania Press, 2007.

Broderick, Francis L. *W. E. B. Du Bois: Negro Leadership in a Time of Crisis*. Calif.: Stanford University Press, 1959.

Bromell, Nick. *A Political Companion to W. E. B. Du Bois*. Lexington, Kentucky: The University Press of Kentucky, 2018.

Carroll, Rebecca. *Saving The Race: Conversations On Du Bois From A Collective Memoir Of Souls*. New York: Harlem Moon, 2004.

Clarke, John Hendrick, Esther Jackson, Ernest Kaiser, and J. H. O. Dell. eds.

Black Titan W. E. B. Du Bois: An Anthology by the Editors of Freedomways. Boston: Beacon Press, 1970.

De Marco, Joseph. *The Social Thought of W. E. B. Du Bois*. Lanham, MD: University of America, Inc., 1983.

Dorrien, Gary. *The New Abolition: W. E. B. Du Bois and the Black Social Gospel*. New Haven: Yale University Press, 2015.

Douglas, Andrew J. *W. E. B. Du Bois and The Critique of The Competitive Society*. Athens: The University of Georgia Press, 2019.

Du Bois, W. E. B. *In Battle for Peace: The Story of My 83rd Birthday*. New York: Masses & Mainstream, 1952.

—. *The World and Africa: An Inquiry into the Part Which Africa Has Played in World History*. New York: International Publishers, 1965.

—. *The Autobiography of W. E. B. Du Bois: A Soliloquy on Viewing My Life from the Last Decade of Its First Century*. New York: International Publishers, 1968.

—. *Dusk of Dawn: An Essay Toward an Autobiography of a Race Concept*. New York: Schocken Books, 1968.

—. *An ABC of Color: Selections Chosen by the Author from over a Half Century of His Writings*. New York: International Publishers, 1969.

—. *Darkwater: Voices from within the Veil*. New York: Schocken Books, 1969.

—. *The Souls of Black Folk*. New York: New American Library Press, 1969.

—. *The Negro*. London: Oxford University Press, 1970.

—. *The Education of Black People: Ten Critiques, 1906-1960*. New York: Monthly Review Press, 1973.

—. ed. *Economic Cooperation Among Negro Americans*. Atlanta, GA: The Atlanta University Press, 1907.

—. ed. *The College Bred Negro American*. Atlanta, GA: The Atlanta University Press, 1910.

Ellis, Reginald K. *Between Washington and Du Bois: The Racial Politics Of James Edward Shepard*. Gainesville: University Press of Florida, 2017.

Farmer. *Lay Bare the Heart: An Autobiography of the Civil Rights*

Movement. New York: Arbor House, 1985.

Foner, Philip S. ed. *W. E. B. Du Bois Speaks: Speeches and Addresses*, 2 vols. New York: Pathfinder Press, 1970.

Gabbidon, Shaun. *W. E. B. Du Bois on Crime and Justice: Laying the Foundations of Sociological Criminology*. New York: Routledge, 2017.

Gillman, Susan, and Alys Eve Weinbaum. eds. *Next to the Color Line: Gender, Sexuality, and W. E. B. Du Bois*. Minneapolis, Minnesota: University of Minnesota Press, 2007.

Gooding-Williams, Robert. *In the Shadow of Du Bois: Afro-modern Political Thought in America*. Cambridge, Massachusetts: Harvard University Press, 2009.

Green, Dan S. and Edwin D. Driver. eds. *W. E. B. Du Bois on Sociology and the Black Community*. Chicago: The University of Chicago Press, 1978.

Hamilton, Virginia. ed. *The Writings of W. E. B. Du Bois*. New York: Thomas Y. Crowell Company, 1975.

Horne, Gerald. *Black and White: W. E. B. Du Bois and the Afro-American Response to the Cold War, 1944-1963*. Albany: State University of New York Press, 1986.

—. *W. E. B. Du Bois: A Biography*. Santa Barbara, California: Greenwood Press, 2010.

Horne, Gerald, and Mary E. Young. *W. E. B. Du Bois: An Encyclopedia*. California: Greenwood Press, 2001.

Ji, Yuan. *W. E. B. Dubois and His Socialist Thought*. Changchun: Jilin University Press, 2001.

Kahn, Jonathon S. *Divine Discontent: The Religious Imagination of W. E. B. Du Bois*. New York: Oxford University Press, 2009.

Katz, Michael B., and Thomas J. Sugrue. eds. *W. E. B. Du Bois, Race, and the City:* The Philadelphia Negro *and Its Legacy*. Philadelphia: University of Pennsylvania Press, 1998.

Huggins, Nathan I. comp. *W. E. B. Du Bois: Writings*. New York: The Library of America, 1986.

Juguo, Zhang. *W. E. B. Du Bois: The Quest for the Abolition of the Color Line*. New York: Routledge, 2001.

Lay, Leslie Alexander. *The Life of W. E. B. Du Bois: Cheer the Lonesome Traveler.* New York: The Dial Press, 1970.

Lemons, Gary L. *Womanist Forefathers: Frederick Douglass and W. E. B. Du Bois.* Albany: State University of New York Press, 2009.

Lester, Julius. ed. *The Seventh Son: The Thought and Writings of W. E. B. Du Bois*, 2 vols. New York: Random House, 1971.

Levander, Caroline. *Cradle Of Liberty: Race, The Child, And National Belonging From Thomas Jefferson To W. E. B. Du Bois.* Durham, North Carolina: Duke University Press, 2004.

Levinson, David. *Sewing Circles, Dime Suppers, And W. E. B. Du Bois: A History of The A. M. E. Zion Church.* New Marlborough, MA: Berkshire Publishing, 2007.

Lewis, David Levering. *W. E. B. Du Bois: Biography of a Race, 1868-1919.* New York: Henry Holt & Company, 1993.

—. *W. E. B. Du Bois: The Fight for Equality and the American Century, 1919-1963.* New York: Henry Holt & Company, 2000.

—. ed. *W. E. B. Du Bois: A Reader.* New York: Henry Holt & Company, 1995.

Logan, Rayford W. *W. E. B. Du Bois: A Profile.* New York: Hill and Wang, 1971.

—. ed. *What the Negro Wants.* Chapel Hill, NC: The University of North Carolina Press, 1944.

Marable, Manning. *W. E. B. Du Bois: Black Radical Democrat.* New York: Routledge, 2004.

Moon, Henry Lee. *The Emerging Thought of W. E. B. Du Bois: Essays and Editorials from "The Crisis".* New York: Simon and Schuster, 1972.

Moore, Jack B. *W. E. B. Du Bois.* Boston: Twayne, 1981.

Morris, Aldon D. *The Scholar Denied: W. E. B. Du Bois and the Birth of Modern Sociology.* Oakland, California: University of California Press, 2015.

Mullen, Bill V. *Un-American: W. E. B. Du Bois and the Century of World Revolution.* Philadelphia: Temple University Press, 2015.

—. *W. E. B. Du Bois on Asia: Revolutionary Across the Color Line.* London:

Pluto Press, 2016.

Mullen, Bill V., and Cathryn Watson. eds. *W. E. B. Du Bois on Asia: Crossing the World Color Line*. Jackson: University Press of Mississippi, 2005.

Porter, Eric. *The Problem of the Future World: W. E. B. Du Bois and the Race Concept at Midcentury*. Durham, North Carolina: Duke University Press, 2010.

Rabaka, Reiland. *Against Epistemic Apartheid: W. E. B. Du Bois and the Disciplinary Decadence of Sociology*. Lanham, MD: Lexington Books, 2010.

Rampersad, Arnold. *The Art and Imagination of W. E. B. Du Bois*. Cambridge, Massachusetts: Harvard University Press, 1976.

Reed, Adolph. *W. E. B. Du Bois and American Political Thought: Fabianism and the Color Line*. New York: Oxford University Press, 1999.

Rudwick, Elliott. *W. E. B. Du Bois: A Study in Minority Group Leadership*. Philadelphia: The University of Pennsylvania Press, 1960.

—. *W. E. B. Du Bois: Voice of the Black Protest Movement*. Urbana: University of Illinois Press, 1982.

Schneider, Ryan. *The Public Intellectualism of Ralph Waldo Emerson and W. E. B. Du Bois: Emotional Dimensions of Race and Reform*. London: Palgrave Macmillan, 2010.

Shaw, Stephanie J. *W. E. B. Du Bois and The Souls of Black Folk*. Chapel Hill, NC: University of Minnesota Press, 2013.

Slate, Nico. *The Prism of Race: W. E. B. Du Bois, Langston Hughes, Paul Robeson, and the Colored World of Cedric Dover*. London: Palgrave Macmillan, 2014.

Stafford, Mark. *W. E. B. Du Bois: Scholar and Activist*. Philadelphia: Chelsea House Publishers, 2005.

Stewart, Carole Lynn. *Strange Jeremiahs: Civil Religion and the Literary Imaginations of Jonathan Edwards, Herman Melville, and W. E. B. Du Bois*. Albuquerque, New Mexico: University of New Mexico Press, 2011.

Stull, Bradford T. *Amid the Fall, Dreaming of Eden: Du Bois, King, Malcolm X, and Emancipatory Composition*. Carbondale, Illinois: Southern Illinois University Press, 1999.

Sundquist, Eric J. ed. *The Oxford W. E. B. Du Bois Reader*. New York: Oxford University Press, 1996.

Tuttle, William M., Jr. ed. *W. E. B. Du Bois*. Englewood Cliffs, NJ: Prentice-Hall, Inc., 1973.

Weinberg, Meyer. ed. *The World of W. E. B. Du Bois: A Quotation Sourcebook*. Westport, Conn.: Greenwood Press, 1992.

Wienen, Mark W. Van. *American Socialist Triptych: The Literary-political Work of Charlotte Perkins Gilman, Upton Sinclair, and W. E. B. Du Bois*. Ann Arbor, Michigan: University of Michigan Press, 2011.

Williams, Daniel G. *Ethnicity and Cultural Authority: From Arnold to Du Bois*. Edinburgh: Edinburgh University Press, 2006.

Wolters, Raymond. *Du Bois and His Rivals*. Columbia: University of Missouri Press, 2002.

Wright II, Earl. *The First American School of Sociology: W. E. B. Du Bois and the Atlanta Sociological Laboratory*. New York: Routledge, 2015.

Zuckerman, Phil. ed. *The Social Theory of W. E. B. Du Bois*. New York: Sage Publications, Inc., 2004.

三、其他主要英文参考书

Allen, Robert L. *Black Awakening in Capitalist America: An Analytic History*. New York: Doubleday & Company, Inc., 1969.

Aptheker, Herbert. *Toward Negro Freedom*. New York: New Century Publishers, 1956.

—. ed. *A Documentary History of the Negro People in the United States*, 3 vols. New York: The Citadel Press, 1951-1974.

Baker, Ray Stannard. *Following the Color Line: American Negro Citizenship in the Progressive Era*. New York: Harper & Row Publishers, 1964.

Baritz, Loren. ed. *The American Left: Radical Political Thought in the Twentieth Century*. New York: Basic Books, Inc., Publishers, 1971.

Bennett, Lerone, Jr. *Before the Mayflower: A History of the Negro in America, 1619-1964*. Baltimore: Penguin Books, 1966.

Berry, Mary Frances and John W. Blassingame. *Long Memory: The Black*

Experience in America. New York: Oxford University Press, 1982.

Boskin, Joseph. ed. *Urban Racial Violence in the Twentieth Century.* Beverly Hill, Calif.: Glencoe Press, 1976.

Broderick, Francis L. and August Meier. eds. *Negro Protest Thought in the Twentieth Century.* New York: The Bobbs Merril Company, Inc., 1965.

Bromley, Davis G., and Longino, Charles F., Jr. eds. *White Racism and Black Americans.* Cambridge, Mass.: Schenkman Publishing Company, Inc., 1972.

Byrd, Rudolph. ed. *The Essential Writings of James Weldon Johnson.* New York: Modern Library, 2008.

Cleaver, Eldridge. *Soul on Ice.* New York: Dell Publishing Co., Inc., 1968.

Cronon, E. David. *Black Moses: The Story of Marcus Garvey.* Madison: The University of Wisconsin Press, 1969.

Crowe, Charles. ed. *A Documentary History of American Thought and Society.* Boston: Allyn and Bacon, Inc., 1965.

Curtis, James C. and Lewis L., Gould. eds. *The Black Experience in America: Selected Essays.* Austin: University of Texas Press, 1970.

De Tocqueville, Alexis. *Democracy in America*, 2 vols. New York: Vintage Books, 1945.

Denton, Virginia Lantz. *Booker T. Washington and the Adult Education Movement.* Gainesville, FL: University Press of Florida, 1993.

Dittmer, John. *Black Georgia in the Progressive Era, 1900-1920.* Urbana, Ill.: University of Illinois Press, 1977.

Engs, Robert Francis. *Freedom's First Generation: Black Hampton, Virginia, 1861-1890.* Philadelphia: University of Pennsylvania Press, 1979.

Esedebe, P. Olisanwuche. *Pan Africanism: The Idea and Movement, 1776-1991.* Washington, D.C.: Howard University Press, 1994.

Foner, Philip S. *American Socialism and Black Americans: From the Age of Jackson to World War II.* Westport, Conn.: Greenwood Press, Inc., 1977.

—. ed. *The Life and Writings of Frederick Douglass*, 5 vols. New York: International Publishers, 1950-1975.

—. ed. *The Voice of Black America: Major Speeches by Negroes in the*

United States, 1797-1973, 2 vols. New York: Capricorn Books, 1975.

Fox, Stephen R. *The Guardian of Boston: William Monroe Trotter*. New York: Atheneum, 1970.

Franklin, John Hope and Isidore Starr. eds. *The Negro in Twentieth Century America: A Reader on the Struggle for Civil Rights*. New York: Vintage Books, 1967.

Franklin, V. P. *Black Self-Determination: A Cultural History of the Faith of the Fathers*. Westport, Conn.: Lawrence Hill & Company, 1984.

Frederickson, George M. *The Black Image in the White Mind: The Debate on Afro-American Character and Destiny, 1817-1914*. Hanover: Wesleyan University Press, 1981.

Garvey, Amy Jacques. ed. *Philosophy and Opinions of Marcus Garvey*, Parts I & II. London: Frank Cass & Co. Ltd., 1989.

Gossett, Thomas F. *Race: The History of an Idea in America*. Dallas: Southern Methodist University Press, 1975.

Grant, Joanne. ed. *Black Protest: History, Documents and Analysis, 1619 to the Present*. Greenwich, Conn.: Fawcett Publications, Inc., 1968.

Hamilton, Charles V. ed. *The Black Experience in American Politics*. New York: Capricorn Books, 1973.

Harlan, Louis R. *Booker T. Washington: The Making of a Black Leader, 1856-1901*. New York: Oxford University Press, 1972.

—. *Booker T. Washington: The Wizard of Tuskegee, 1901-1915*. New York: Oxford University Press, 1983.

—. ed. *The Booker T. Washington Papers*, 15 vols. Urbana: University of Illinois Press, 1972-1984.

Henry, Florette. *Black Migration: Movement North, 1900-1920*. New York: Anchor Press, 1976.

Hill, Robert A. ed. *The Marcus Garvey and Universal Negro Improvement Association Papers*, 7 vols. Berkeley: University of California Press, 1983-1989.

Horne, Gerald. *Race Woman: The Lives of Shirley Graham Du Bois*. New York: New York University Press, 2000.

Huggins, Nathan I., Martin Kilson and Daniel M. Fox. eds. *Key Issues in the*

Afro-American Experience, 2 vols. New York: Harcourt Brace Jovanovich, Inc., 1971.

Johnson, Daniel M. and Rex R. Campbell. *Black Migration in America: A Social Demographic History.* Durham, NC: Duke University Press, 1981.

Johnson, James Weldon. *Along this Way: The Autobiography of James Weldon Johnson.* New York: The Viking Press, 1933.

——. *Negro Americans, What Now.* New York: The Viking Press, 1934.

Jordan, Winthrop. *White Over Black: American Attitudes Toward the Negro, 1550-1812.* New York: W. W. Norton & Co., 1968.

Kellogg, Charles Flint. *NAACP: A History of the National Association for the Advancement of Colored People*, 2 vols. Baltimore: Johns Hopkins Press, 1967.

Kirby, John B. *Black Americans in the Roosevelt Era: Liberalism and Race.* Knoxville: The University of Tennessee Press, 1986.

Kornweibel, Theodore, Jr. ed. *In Search of the Promised Land: Essays in Black Urban History.* New York: Kennikat Press, 1981.

Logan, Rayford W. *The Betrayal of the Negro: From Rutherford B. Hayes to Woodrow Wilson.* New York: Collier Books, 1965.

Lynch, Hollis R. ed. *The Black Urban Condition: A Documentary History, 1866-1971.* New York: Thomas Y. Crowell Company, 1973.

Meier, August. *Negro Thought in America, 1880-1915: Racial Ideologies in the Age of Booker T. Washington.* Ann Arbor: The University of Michigan Press, 1963.

Meier, August and Elliott Rudwick. *From Plantation to Ghetto.* New York: Hill and Wang, 1970.

——. eds. *The Making of Black America*, 2 vols. New York: Atheneum, 1969.

——. eds. *Along the Color Line: Explorations in the Black Experience.* Urbana: University of Illinois Press, 1976.

Moss, Alfred A., Jr. *The American Negro Academy: Voice of the Talented Tenth.* Baton Rouge: Louisiana State University Press, 1981.

Myrdal, Gunnar. *An American Dilemma: The Negro Problem and Modern Democracy.* New York: Harper & Row Publishers, 1962.

Nieman, Donald G. *Promises to Keep: African Americans and the Constitutional Order, 1776 to the Present.* New York: Oxford University Press, 1991.

Osofsky, Gilbert. *Harlem: The Making of a Ghetto: Negro in New York, 1890-1930.* New York: Harper & Row Publishers, 1966.

Ovington, Mary White. *The Walls Came Tumbling Down.* New York: Arno Press, 1969.

Padmore, George. *Pan-Africanism or Communism? The Coming Struggle for Africa.* London: Dennis Dobson, 1956.

Rabinowitz, Howard N. *Race Relations in the Urban South, 1865-1890.* New York: Oxford University Press, 1978.

Report of the National Advisory Commission on Civil Disorders. New York: Bantam Books, 1968.

Robeson, Paul. *Here I Stand.* New York: Othello Associates, 1958.

Ross, B. Joyce. *J. E. Spingarn and the Rise of the NAACP, 1911-1939.* New York: Antheneum, 1972.

Silberman, Charles. *Crisis in Black and White.* New York: Vintage Books, 1964.

Sitkoff, Harvard. *A New Deal for Blacks: The Emergence of Civil Rights as a National Issue,* 2 vols. New York: Oxford University Press, 1981.

Spear, Allan H. *Black Chicago: The Making of a Negro Ghetto, 1890-1920.* Chicago: The University of Chicago Press, 1967.

Steinfield, Melvin. ed. *Cracks in the Melting Pot: Racism and Discrimination in American History.* New York: Glencoe Press, 1973.

Synnestvedt, Sig. *The White Response to Black Emancipation.* New York: The Macmillan Company, 1972.

Thorpe, Earl E. *The Central Theme of Black History.* Westport, Conn.: Greenwood Press, 1969.

Toll, William. *The Resurgence of Race: Black Social History from Reconstruction to the Pan-African Conferences.* Philadelphia: Temple University Press, 1979.

Washington, Booker T. *Up from Slavery.* New York: Airmont Publishing

Company, Inc., 1967.

Weinberg, Arthur and Lila Weinberg. eds. *The Muckrakers: The Era in Journalism that Moved America to Reform: The Most Significant Magazine Articles of 1902-1912.* New York: Capricorn Books, 1964.

Weinstein, Allen and Frank Otto Gatell. *The Segregation Era, 1863-1954: A Modern Reader.* New York: Oxford University Press, 1970.

Wharton, Vernon Lane. *The Negro in Mississippi, 1865-1890.* New York: Harper & Row Publishers, 1965.

Wilkerson, Isabel. *The Warmth of Other Suns: The Epic Story of America's Great Migration.* New York: Random House, 2010.

Williamson, Joel. *The Crucible of Race: Black White Relations in the American South Since Emancipation.* New York: Oxford University Press, 1984.

Wilson, Francille Rusan. *The Segregated Scholars: Black Social Scientists and the Creation of Black Labor Studies, 1890-1950.* Charlottesville, Virginia: University of Virginia Press, 2006.

Wilson, Sondra Kathryn. ed. *The Selected Writings of James Weldon Johnson*, 2 vols. New York: Oxford University Press, 1995.

—. *In Search of Democracy: The NAACP Writings of James Weldon Johnson, Walter White, and Roy Wilkins.* New York: Oxford University Press, 1999.

Wintz, Cary D. *African American Political Thought, 1890-1930: Washington, Du Bois, Garvey, and Randolph.* Armonk, New York: M. E. Sharpe, 1990.

Wolters, Raymond. *Negroes and the Great Depression: The Problem of Economic Recovery.* Westport, Conn.: Greenwood Publishing Corporation, 1970.

Woodson, Carter G. and Charles H. Wesley. *The Negro in Our History.* Washington D.C.: The Associated Publishers, Inc., 1962.

Woodward, C. Vann. *Origins of the New South, 1877-1913.* Baton Rouge: Louisiana University Press, 1971.

—. *The Strange Career of Jim Crow.* New York: Oxford University Press, 1974.

附录一　杜波依斯生平大事年表

1868 年	出生于马萨诸塞州西部小镇大巴灵顿。
1874－1878 年	就读于大巴灵顿公立小学。
1880－1884 年	就读于大巴灵顿公立中学。
1885－1888 年	就读于费斯克大学，获文学学士学位。
1888－1892 年	就读于哈佛大学，先后获哲学文学士学位和历史学硕士学位。
1892－1894 年	留学柏林大学。其间曾去英国、法国、波兰、瑞士、奥地利、意大利和匈牙利等地旅游。1894 年夏季回到美国。
1894－1896 年	执教于俄亥俄州威尔伯佛斯大学，其间与尼娜·高莫结婚。
1895 年	在哈佛大学获历史学博士学位。
1896 年	受聘于宾夕法尼亚大学，着手研究费城黑人。
1897 年	参与发起创建黑人文化团体美国黑人学会。
1897－1910 年	应聘执教于亚特兰大大学，任经济学和历史学教授。主持亚特兰大大学黑人问题研究计划，负责主编 1897－1913 年的年度报告。
1899 年	出版《费城黑人》。
1900 年	参加在伦敦召开的泛非大会，任大会秘书。
1903 年	出版《黑人的灵魂》。
1905 年	发动尼亚加拉运动，担任秘书长。创办《月光》周刊。
1906 年	尼亚加拉运动召开第二次会议。
1907 年	尼亚加拉运动召开第三次会议。创办《地平线》月刊。夏季，赴英格兰、苏格兰和法国旅游。

1908 年	尼亚加拉运动召开第四次会议。
1909 年	尼亚加拉运动召开第五次会议。参加纽约全国黑人大会，参与发起创建全国黑人委员会。出版《约翰·布朗》。
1910 年	全国黑人委员会改称全国有色人种协进会。受聘担任协进会宣传与研究部主任，并当选协进会理事会理事。创办《危机》杂志。
1911 年	参加伦敦第一届世界种族大会。加入社会党。发表第一篇小说《寻找银羊毛》。
1912 年	退出社会党，转而支持民主党候选人伍德罗·威尔逊竞选总统。
1913 年	为纪念黑人解放 50 周年编写大型黑人历史剧《埃塞俄比亚之星》，先后在纽约、华盛顿、费城、洛杉矶等地上演。
1915 年	出版《黑人》。参与抗议种族主义电影《一个国家的诞生》。出访牙买加。
1916 年	参加亚美尼亚会议，这次会议是争取黑人权利各派领导精英试图弥合分歧，实现合作的一次尝试。同年 12 月，杜波依斯积劳成疾，因严重肾炎住院接受左肾切除手术。
1917 年	争取建立隔离的黑人军官训练营。领导沿纽约市第五大街的"沉默抗议大游行"，抗议种族隔离与种族暴力的增加。
1918 年	发表社论《紧密团结起来！》（"Close Ranks"），号召黑人暂且撇开遭受的不公正待遇，参加"一战"。受全国有色人种协进会派遣赴法国调查欧洲战场上美军内部歧视黑人士兵的情况。
1919 年	在巴黎召集第一次泛非会议。
1920 年	出版《黑水》。创办黑人儿童月刊杂志《布朗尼兹的书》。
1921 年	先后在伦敦、布鲁塞尔和巴黎召集第二次泛非会议。
1923 年	先后在伦敦、巴黎和里斯本召集第三次泛非会议。被

柯立芝总统任命为特命全权公使赴利比里亚参加其总统查尔斯·金的就职仪式。

1924 年	在利比里亚、塞拉利昂、几内亚和塞内加尔旅游考察。出版《黑人的天赋》。
1925 年	在纽约哈莱姆建立克里格瓦剧团，编写和上演反映黑人生活的剧作。
1926 年	应邀第一次访问苏联。
1927 年	在美国纽约召开第四次泛非会议。
1928 年	出版小说《黑公主罗曼史》。
1933 年	参与组织第二次亚美尼亚会议。暑期在亚特兰大大学开设"卡尔·马克思与黑人"研讨班。
1934 年	辞去全国有色人种协进会机关刊物《危机》主编和全国有色人种协进会理事会理事等职务。应聘任亚特兰大大学经济与社会学系主任，试图恢复亚特兰大大学黑人问题研究计划。任《黑人百科全书》主编。
1935 年	出版《美国黑人重建》。
1936—1937 年	出访英国、法国、比利时、奥地利、德国、波兰、苏联、中国、日本。
1939 年	出版《黑人民族的历史与现实》。
1940 年	出版《黎明前的黑暗》。
1943 年	召集南方黑人赠地学院在亚特兰大大学召开黑人问题研究首次会议。
1944 年	南方黑人赠地学院在亚特兰大大学召开黑人问题研究第二次会议。访问海地和古巴。离开亚特兰大大学，应聘全国有色人种协进会特别研究部主任。
1945 年	作为美国代表团的顾问参加旧金山联合国成立大会。主持在曼彻斯特召开的第五次泛非会议。出版《肤色与民主》。主编并出版《黑人百科全书：预备卷》（*Encyclopedia of the Negro: Preparatory Volume*）。
1947 年	主编并向联合国人权委员会提交请愿书《致世界人民的呼吁书》，谴责美国的种族主义，呼吁联合国干预。访问牙买加、格林纳达、特立尼达和古巴。出版《世

界与非洲》。

1948 年	因公开发表备忘录批评美全国有色人种协进会政策而被解职。应保罗·罗伯逊（Paul Robeson）之邀，担任非洲事务委员会副主席。
1949 年	参与发起纽约文化和科学界争取世界和平大会。参加巴黎首届世界和平大会和莫斯科全苏和平大会。
1950 年	参与发起建立和平信息中心，在全美组织禁止核武器的《斯德哥尔摩倡议书》签名活动。参加布拉格世界和平会议。访问波兰。经美国工党提名竞选美国参议员。原配夫人尼娜·高莫去世。
1951 年	与和平信息中心的四位领导人一起遭指控和审判，罪名是该中心未能依法登记，因缺乏证据而得到赦免，但护照被注销。与雪莉·格雷厄姆（Shirley Graham）结婚。
1952 年	出版《为和平而战》。
1955 年	访问格林纳达和巴巴多斯。
1957 年	出版《黑色的火焰》三部曲（the Black Flame Trilogy）之一《曼萨特的磨难》（*The Ordeal of Mansart*），三部曲通过小说的形式讲述美国黑人从重建时代一直到 20 世纪 50 年代的历史。
1958 年	重新获得护照，访问英国、法国、荷兰、比利时、捷克斯洛伐克、民主德国和苏联。参加在苏联塔什干召开的亚非作家会议。
1959 年	与尼基塔·赫鲁晓夫会面。对中国进行了为期两个月的访问，其间与毛泽东、周恩来会面，周恩来为其举办了 91 岁生日晚会，在北京大学对非洲发表演说，通过中央人民广播电台向全球广播。访问瑞典和英国。出版《黑色的火焰》三部曲之二《曼萨特办学》（*Mansart Builds a School*）。
1960 年	赴加纳参加加纳共和国成立典礼。
1961 年	出版《黑色的火焰》三部曲之三《有色世界》（*Worlds of Color*）。10 月 1 日加入美国共产党。应恩克鲁玛之

邀前往加纳，主持编纂《非洲百科全书》。

1962 年   赴北京参加中华人民共和国成立 13 周年庆典。

1963 年   入加纳国籍。出版《肤色 ABC》。8 月 27 日与世长辞。8 月 29 日，加纳为其举行了隆重的国葬后，葬于阿克拉郊外的加纳国家公墓。

附录二 两篇美国学者的书评

笔者按：本书的英文版在美国出版之后，有两位美国学者为英文版写了书评，指出了一些问题，同时也肯定了其学术价值。这两篇书评，既有助于帮助读者进一步理解杜波依斯的思想，也有助于刚刚步入学术殿堂的莘莘学子吸取教训，避免再次陷入某些学术研究的误区。

书评一

小多米尼克·卡普西（Dominic J. Capeci Jr.），撰写书评时为美国西南密苏里州立大学历史学教授，现为更名后的美国密苏里州立大学教授。书评原载《南方史杂志》（*The Journal of Southern History*），第69卷，第2期（2003年5月号），第462—463页。感谢卡普西教授许可本人将其书评的中文版作为本书的附录发表。

张聚国，中国南开大学的一位学者，从一个大家熟悉的角度，勾勒了 W. E. B. 杜波依斯争取种族自由的斗争，指出"二战"之后，杜波依斯完全摒弃了美国的民主资本主义，转而推动强调民族自决和社会主义的世界民主。①确实，鉴于杜波依斯给美国黑人领袖留下的遗产及其对殖民主义的灭亡与泛非社会主义（Pan-African socialism）来临的"先见之明"（第145页），张认为杜波依斯是"美国最伟大的黑人思想家"（第178页）。张强调杜波依斯主张温和的社会主义，指出他认为通过暴力革命争取社会变革属于"自杀

---

① 这是对本人观点的误读。本人书中明确指出，杜波依斯认为反对殖民主义、维护世界和平以及倡导社会主义与争取美国国内黑人的平等权利之间存在关联，其根本目的是消除美国国内乃至世界范围的种族主义。——笔者注

行为"（第 141 页），并且白人工人无力克服美国的种族主义。总之，杜波依斯的社会主义不同于苏联和中国的社会主义。张认为，对于此问题的误读，造成如下错误观点："杜波依斯的同时代人以及今天的一些美国学者认为他晚年走向激进"（第 141 页）；这一认识部分解释了为什么他在美国的第二次"红色恐慌"（Red Scare）中成为打击的目标。除了杜波依斯的激进主义的程度之外，张还低估了杜波依斯似乎对痴迷于"冷战"的政府官员构成的威胁。

张承认他能够获取到的资料有限且他在英语表达上存在困难，正是这些问题损害了他的研究。他的文字表达简洁，但这也正说明他的解释有时需要更多的证据。张主要依据的是杜波依斯出版的作品，大多数是赫伯特·阿普特克（Herbet Aptheker）主编的著作。虽然张获取杜波依斯的文件（1979 年以来就有了缩微胶卷的形式）有困难，但使用它们，还有他的散文和诗歌，才能对 20 世纪最多产的学者之一进行彻底的分析。张的资料似乎是单维度的，因为他很少引用杜波依斯同时代人的文件，也很少纳入戴维·莱维林·刘易斯（David Levering Lewis）、埃里克·J.桑德奎斯特（Eric J. Sundquist）[①]等人的重要二手研究。

张的写作也有问题。问题不单单是表达问题，而是太接近其他人的语言，尤其是杜波依斯的，以至于许多句子很少包含张自己的语言。在应使用引号的地方，他经常更改一两个单词（例如，第 80 页、第 119 页、第 144 页、第 146 页、第 153 页、第 163 页），因此他的叙述的展开就像笔记卡片堆砌。经常读起来感觉杜波依斯的文风限制了张自己的进一步分析。

作为一个影响深远的人物，杜波依斯需要从各个角度进行解读。张提供了众多解读中的一种，但他的书表明一些资料和语言问题有待其他国际学者解决。我们不解的是，为什么张在形成了自己的观点之后，在出版之前，不去丰富其资料，并对博士论文进行修订。

小多米尼克·卡普西

西南密苏里州立大学

---

　　① 本次修订之前，笔者阅读了几本杜波依斯在全国有色人种协进会的同事的著作，也系统阅读了戴维·莱维林·刘易斯的两本厚厚的著作。刘易斯教授著作的特点是对杜波依斯的人际关系与活动介绍得非常详尽。另外据查，埃里克·J.桑德奎斯特只有一本他主编的杜波依斯文集，并无专著。具体为：Eric J. Sundquist. *The Oxford W. E. B. Du Bois Reader*. New York: Oxford University Press, 1996. ——笔者注

书评二

默勒菲·凯特·阿桑特（Molefi Kete Asante），美国天普大学非洲学系教授，《黑人研究杂志》（*Journal of Black Studies*）的创刊主编，非洲中心论研究院（Molefi Kete Asante Institute for Afrocentric Studies）院长，"非洲中心论"（Afrocentricity）的提出者，重点研究非洲史和非裔美国人。书评原载《黑人研究杂志》，第33卷，第6期（2003年7月号），第832－834页。感谢阿桑特教授许可本人将其书评的中文版作为本书的附录发表。

张聚国，在位于中国天津市的南开大学历史研究所①从事教学工作，担任美国历史与文化研究中心的副主任②，撰写了一本很有说服力的书。《杜波依斯：对废除肤色界线的探索》（*W. E. B. Du Bois: The Quest for the Abolition of the Color Line*）探讨了杜波依斯在思考解决20世纪初期美利坚民族的突出问题时影响其思想的各种因素。

聚国如其他许多学者一样，认识到杜波依斯是一个思想先驱，致力于正义和人类的尊严。因此，杜波依斯探讨了泛非主义、黑人民族主义以及社会主义，以解决棘手的种族主义问题。在杜波依斯于1963年在加纳（他自我放逐到该国）去世之前，反对他的人曾多次迫使他思考他本人与美国之间的关系。他的反对者们认为，他争取自由、正义与和平的努力是激进的。

聚国教授③在这本重要的论著中指出，历史不会忽视杜波依斯在寻求解决美利坚民族最困扰人的社会问题的答案中的独特努力。因此，这本书很棒的一点是，真实而深刻地描述了美国社会持久的种族与肤色难题。

聚国教授凭借敏锐的历史眼光，对塑造美国的多种因素进行了精彩的分析，一开始就贴切地将杜波依斯置于他的时间框架。杜波依斯于1868年2月23日出生在马萨诸塞州大巴灵顿。这个镇总人口5000人，但具有黑人血统

---

① 此为本人在2000年南开大学历史研究所、古籍研究所以及历史系合并为历史学院之前的学习与工作单位。——笔者注

② 写作此博士论文之时，我还只是南开大学历史研究所的博士生，担任美国历史与文化研究中心的副主任是在1999年8月留在南开大学任教之后的事情。——笔者注

③ 应为副教授。——笔者注

的居民不超过 50 人。然而，由于身为黑人，青年杜波依斯在这个以白人为主的小镇就感受到了种族主义。大巴灵顿的白人居民通过影射、报复性行动、对抗以及窃窃私语让杜波依斯以及其他黑人认识到自己与众不同。实际上，其邻居的这种态度改变了杜波依斯的性格，使其沉默寡言并且经常郁郁寡欢，同时也使他下定决心与种族主义做斗争。杜波依斯回顾过往，反躬自省，认为自己有责任利用自己强大的思维能力尽可能地推动非洲种族的发展。他每前进一步，杜波依斯自己的著作中定义为肤色界线的种族问题都一直萦绕于其心头。

杜波依斯天资聪颖，具有写作的天赋，让他引以为豪的是，他在学习成绩上遥遥领先于他的白人同学。他的教育经历包括从费斯克大学和哈佛大学取得了学位。费斯克大学位于田纳西州纳什维尔市，这是一所专门为黑人学生所建立的学校。正是在这个黑人人民的温暖环境中，杜波依斯深刻地理解了自己以及他的文化。

正如在高中时期一样，在大学期间（1885－1888），他再次脱颖而出，并开始更深入地思考美国的种族问题。南部的种族歧视明目张胆，充满污言秽语，令人难堪，且残酷野蛮。杜波依斯对有关种族的关键问题的认识之深刻程度超过了其一生中的任何时期。然而，正如聚国在其书中所揭示的，杜波依斯致力于克服种族屏障。他希望并决心消除肤色界线。一些学者可能认为杜波依斯对于种族偏见充满斗志，然而聚国细致研究了杜波依斯如何通过学术研究和行动消除肤色界线。聚国认真解读杜波依斯的语言，并根据其观点确定这位学者针对肤色界线的战略性路径，由此进行了全新的历史分析。

然而，通过这本书我们了解到，杜波依斯从未接受过美国的种族主义。确实，他曾经评论道：他"身处哈佛，但却并不属于它"。聚国教授从多个角度证明，这就是杜波依斯对美国国内的肤色偏见的反应。尽管杜波依斯显然属于美国，但在某种深刻的意义上，他确实属于整个世界。这本书写得很好，论证有力，令人信服，陈述了有关杜波依斯摧毁肤色界线的英勇斗争的事实。对于想要了解杜波依斯所采用的解决肤色界线问题的策略的人，我推荐这本书。

默勒菲·凯特·阿桑特
天普大学

后　记

　　本书基于本人 1996－1999 年在南开大学历史研究所攻读地区与国别史方向的博士研究生期间撰写的博士学位论文。在博士学位论文通过答辩之后，恰逢美国科尔盖特大学（Colgate University）历史系教授格雷厄姆·郝吉思（Graham Hodges）应邀来南开大学讲学，他主动提出要将南开大学美国史专业的四篇有关美国黑人史的博士学位论文纳入其主编的"非裔美国人历史与文化丛书"（"Studies in African American History and Culture"），其中就包括我这篇。博士学位论文答辩时的中文标题为《杜波依斯对解决美国黑人问题道路的探索》，2001 年由纽约劳特利奇出版社出版时，本人将其翻译为"W. E. B. Du Bois: The Quest for the Abolition of the Color Line"。[①]2018 年，这家出版社又发行了我这本书的电子版。郝吉思教授先后专门为我邮寄了几十本英文美国史学术专著。在此，我向他致以深深的谢意。

　　本书除在博士学位论文基础上增加了一些内容并对部分文字进行了修改之外，还扩充了中英文参考文献。尽管我无法找到并通读所有的相关书籍，但我还是借此修订出版之机，将我最近查到的一些书目列在参考文献里面，目的是方便感兴趣的学者了解本课题的主要研究成果。另外，我在原书第四章增加了第四节：《与马库斯·加维的路线分歧》，因为杜波依斯与马库斯·加维之间的分歧与冲突是美国黑人历史上一个不容忽略的重要话题，是美国黑人权利斗争史上融入主义与分离主义思想冲突的一个典型案例。

　　本书出版之际，我想向南开大学历史研究所美国史教研室的杨生茂老师、张友伦老师、陆镜生老师、李剑鸣老师、杨令侠老师、赵学功老师和肖军老师表达我的诚挚敬意，感谢他们给予我学习上的指导和悉心的培养。杨生茂、张友伦、陆镜生等老一辈学者心无旁骛，坐得住史学研究的"冷板凳"，奠定

---

① *W. E. B. Du Bois: The Quest for the Abolition of the Color Line.* New York: Routledge, 2001.

了南开美国史研究踏实认真的学风。在这些老师辛勤耕耘的基础之上，南开大学历史研究所（即后来的美国历史与文化研究中心）形成了一个优秀的美国历史教学和科研团队。这些老师们的脚踏实地、虚怀若谷、专注学术、淡泊名利的作风对我们这些初入学术殿堂的学生影响深远，使我们终身受益匪浅。在我于南开大学攻读博士学位期间，他们把自己的治学经验和生活感悟毫无保留地传授给我。在我于1999年留校任教之后，各位老师仍然在学术发展和个人生活方面给予我极大的帮助，让我感受到南开美国史学术团队大家庭的温暖。在此，我要特别感谢原南开大学美国历史与文化研究中心主任李剑鸣教授（现为复旦大学教授）、杨令侠教授、赵学功教授和肖军副教授，他们在各个方面，曾经给予了我很多帮助。

我尤其要感谢我的业师张友伦先生，虽然当时他已近古稀之年，同时还在指导着多个博士生，但他仍然耐心、细致地为我们批改论文，指导我们查找资料和写作谋篇。我保存至今的手稿上，仍然可以看到恩师在很多地方的手写批注，这些批注一直都是我心中的宝贵财富。这部书稿中，处处都浸润着先生为我花费的心血和精力。当然，本书任何的不足和问题，都归于我本人的才疏学浅，与先生无关。再次感谢我的恩师张友伦先生！

我要感谢美国印第安纳大学的王希先生和在我读博期间正在美国堪萨斯大学访学的杨玉圣先生。他们不仅热心地为我邮寄了一些当时在国内查找不到的、撰写博士学位论文不可或缺的文献和著作，还在我的学术研究和个人成长上给了我很多有价值的建议。没有他们提供的这些资料，本书会有更多的遗憾和不足。感谢杨老师这些年来在生活和学习上对我的一贯关注和支持，在我于1993－1996年在北京师范大学历史系求学期间，他在生活上曾经给我兄弟般的关怀。在我人生的路口，他曾经为我指点迷津。他是我一生中可遇不可求的良师益友。

此外，我还要特别感谢时任中国国际友人研究会副会长的舒暲先生。他为我提供了很大的帮助和便利，允许我查阅并复印中国国际友人研究会保存的当时国内仅存的一套40卷杜波依斯出版著作全集。这套全集是杜波依斯的养子戴维·杜波依斯于1995年6月4－11日应中国国际友人研究会邀请访华期间赠送给该研究会的，如果没有这套杜波依斯全集，我可能无法完成这篇博士学位论文的写作。因此，我也要特别感谢舒暲先生对我的研究所给予的大力支持和帮助。

最后，我要感谢南开大学出版社的责任编辑宋立君先生以及参与本书稿审校的所有编审人员，他们所体现出来的专业精神和学术水平使书稿的诸多瑕疵得以纠正，他们的辛勤付出使本书得以面世。

本书是我在南开大学攻读博士学位期间的一篇习作，它只是对杜波依斯复杂思想演变过程的一个粗略描述。这也只是研究杜波依斯思想的一项基础性工作，其中还有许多具体的细节需要更深入的探讨。值得一提的是，1993年10月12日，中国国际友人研究会与中国人民对外友好协会联合举办了"中国人民的老朋友、美国—非洲黑人著名学者杜波依斯博士诞辰125周年纪念会"，并在会上成立杜波依斯研究中心，选举凌青为中心主任。另外，自1980年以来，越来越多的中国年轻学者开始关注杜波依斯的思想与影响，据不完全统计，他们在各类学术刊物已经发表了30余篇有关杜波依斯的学术论文。自2000年以来，中国国内多所高校已经有10多篇有关杜波依斯的硕士学位论文和博士学位论文通过了答辩。希望本书出版后，能够起到抛砖引玉的作用，推动更多学者参与这一课题的研究，由此产生更多更专深的关于杜波依斯的研究成果。

张聚国

2023 年 3 月 31 日

作品简介

杜波依斯是美国黑人史上一位伟大的思想家和活动家。他一生都在努力探索解决美国黑人问题乃至世界范围种族问题的道路。本书是国内第一本对杜波依斯思想发展轨迹进行细致勾勒的学术专著，分析了杜波依斯不同阶段思想发展的特点。与一些学者不同的是，本书作者认为在"二战"以后，杜波依斯的思想并未出现"断层"。本书作者强调不同历史时期杜波依斯思想的连续性，依据杜波依斯个人论著，对其不同时期解决美国黑人问题这个最突出的种族问题的策略演变进行了详尽的分析，对其历史贡献进行了评述。作者指出，进入 20 世纪以来，杜波依斯一直在两条战线上战斗，一条是与美国国内的种族主义做斗争，另一条是与世界范围的种族主义做斗争。因为他认识到，美国国内的种族主义与国际范围的种族主义相互关联，相互依存，不消除世界范围的种族主义，也就难以彻底根除美国国内的种族主义。杜波依斯所倡导的泛非运动、社会主义和共产主义，以及他在后期热衷的反帝反殖民主义以及和平运动，均未偏离他反对国内外种族主义这一思想核心和终身目标。

作者简介

张聚国，南开大学历史学院美国研究中心、教育部人文社科重点研究基地南开大学世界近现代史研究中心副教授，重点研究 19 世纪美国史、美国社会运动与社会改革和种族关系史。在《世界历史》《南开学报》等重点刊物发表学术论文十余篇；在美国纽约出版博士论文英文版：*W. E. B. Du Bois: The Quest for the Abolition of the Color Line*（New York: Routledge, 2001）；合著：《世界现代化历程：北美卷》（江苏人民出版社，2010 年）；出版译著多种。